비극의 탄생 03

시민을 위한 예술을 말하다

소크라테스 죽이기

비극의 탄생 03 소크라테스 죽이기
시민을 위한 예술을 말하다

펴낸날 | 2023년 10월 25일

원저 | 프리드리히 니체
번역과 주해 | 이남석

편집 | 정미영, 이승희
디자인 | 랄랄라디자인, 김대진
마케팅 | 홍석근

펴낸곳 | 도서출판 평사리 Common Life Books
출판신고 | 제313-2004-172 (2004년 7월 1일)
주소 | 경기도 고양시 덕양구 중앙로558번길 16-16. 7층
전화 | 02-706-1970 팩스 | 02-706-1971
전자우편 | commonlifebooks@gmail.com

ISBN 979-11-6023-339-1 (94160
ISBN 979-11-6023-336-0 (세트)

잘못된 책은 바꾸어 드립니다.
책값은 뒤표지에 있습니다.

FRIEDRICH

NIETZSCHE DIE GEBURT TRAGÖ DIE

비극의 탄생 03 소크라테스 죽이기
시민을 위한 예술을 말하다

프리드리히 니체 원저 | **이남석** 번역·주해

평사리
Common Life Books

3권은 현상적으로 보면 고대 아테네 비극의 죽음, 에우리피데스적인 '비극'과 소크라테스적인 '비극'의 탄생을 다룬다. 니체에 따르면 에우리피데스와 소크라테스는 비극의 가장 중요 요소를 부정한다. 그들은 비극의 중요 요소인 서정시와 민요를 무시하고, 합창가무단의 역할을 축소하고, 디오니소스의 분신으로서 비극의 주인공들을 속물적이고 이해타산적인 인간으로 만든다고 니체는 보았다.

3권은 다른 면에서 보면 소크라테스 죽이기 또는 소크라테스 살해를 급진적으로 다룬다. 니체는 겉으로는 소크라테스의 예술관을 다루지만 속으로는 소크라테스의 철학의 근본적 한계를 파고든다. 니체는 소크라테스의 앎, 이성, 오성, 학문적 사고가 예술과 적대적 관계를 맺을 수밖에 없다고 결론 내린다.

소크라테스를 극대화하면 소크라테스주의이고, 소크라테스주의는 아폴론적 척도가 지나치게 비대해지는 현상이다. 소크라테스주의는 이성과 오성이 다른 모든 걸 재단하는 극단적 현상이다. 소크라테스주의는 이성과 오성의 밖, 감성과 욕망, 욕구의 세계, 여기에서 비롯된 예술의 세계를 죽음으로 몰고 간다. 니체는 3권 전체에서 소크라테스 및 소크라테스주의와 목숨을 건 전쟁을 시작한다.

11장은 에우리피데스에 의한 고전적 비극의 학살과 에우리피데스적인 '비극'의 탄생을 다룬다. 11장은 일반적으로 높이 찬양받고 있는 고대 비극 작가 에우리피데스와 그의 비극을 비판적으로 검토한다.

11장은 사티로스와 동격인 '위대한 판신'의 죽음으로 시작한다. 위대한 판신의 죽음은 곧 고전적 비극의 죽음을 뜻한다. 니체는 신 아티카 희극 작가들이 아리스토파네스라는 고전적 희극 작가가 있음에도 불구하고 비극 작가 에우리피데스를 추종한 이유를 살펴본다.

니체는 에우리피데스가 영웅적인 오이디푸스를 이익과 계산에 능숙한 '그래쿨루스적'인 인물로 바꿨다고 말한다. 위대한 영웅들을 속물적인 인간으로 변신시킨 에우리피데스는 '고통 뒤의 행복'이라는 그리스적 명랑성을 '어려운 것을 회피하고 위대한 것을 무시하는' 그리스적 명랑성으로 전환시켰다고 니체는 질타한다.

니체는 에우리피데스가 속물적인 시민을 무대 위로 등장시켰다는 점에서 대중의 환호를 받았다고 보았다. 에우리피데스의 이러한 극을 보고 좋아하는 첫 번째 관객은 바로 사상가로서 에우리피데스 자신이라고 니체는 비아냥거린다.

12장은 에우리피데스의 비극을 더 깊이 들어가 비판적으로 고찰한다. 우리는 여기에서 아이스킬로스와 소포클레스의 비극에서 보지 못한 새로운 '비극'을 보게 된다. 우리는 비극 작가에 의한 비극의 죽음, 비극의 자살을 목도하게 된다.

니체는 에우리피데스가 비극 속에 인류와 속물적 관점을 도입했다고 혹평한다. 니체는 여기서도 깜짝 놀랄 주장을 한다. 그는 에우리피데스가 겉으로는 시인이지만 속으로는 당시 유명했던 소크라테스였다고 주장한다. 니체는 에우리피데스와 소크라테스가 힘을 합쳐 당시 유행하던 비극의 성격을 완전히 바꿨다고 말한다.

우선 구성상의 변화이다. 니체에 따르면 에우리피데스는 서정시적 요소와 민요가 가미된 고대 비극을 음악이 사라진 서사시적 연극으로 변형시킨다. 그 결과 에우리피데스의 비극에서 디오니소스적 요소가 사라지고 아폴론적 요소도 떠나 버린다.

둘째, 형식의 변화가 목적의 변화를 초래했다. 에우리피데스는 이전 비극 작가들이 간헐적으로 이용하던 '기계장치'를 상습적으로 사용한다. 그는 '기계장치'를 이용하여 극의 첫머리 프롤로그에서 극이 어떻게 전개될 것인가를 알려 주고, 극의 말미 에필로그에서 극의 주인공들에게 나아갈 길을 알려 준다.

니체는 프롤로그에 도입된 '기계장치'가 비극의 극적 요소를 결딴냈고, 에필로그에 사용된 '기계장치'가 가치중립적 비극을 도덕적이며 윤리적인 비극으로 넘어가게 만든다고 혹평한다. 니체는 '악명 높은 기계장치'라는 말을 사용하여 에우리피데스가 상습적으로 사용했던 기계장치가 비극의 죽음을 초래했다고 한탄한다.

에우리피데스에 의해 구현된 강력한 아폴론의 힘에 놀란 디오니소스는 어떻게 대응할 것인가? 디오니소스의 추종자들인 마이나데스들은 아폴론의 음악적 자식인 오르페우스를 찢어 죽인다. 2장의 아폴론의 마르시우스 처벌에 대해 디오니소스의 추종자들인 마이나데스는 오르페우스 처벌로 대응한다.

13장은 에우리피데스 극만을 보았던 소크라테스가 에우리피데스와 다르지만 같은 인물이라고 주장한다. 니체는 우리가 상상도 못할 주장을 한다. 니체는 소크라테스를 에우리피데스의 철학적 투사로, 에우리피데스를 소크라테스의 문학적 전사로 규정한다.

소크라테스와 에우리피데스는 아이스킬로스와 문학적 동맹을 맺고 있던 소포클레스를 앎과 도덕을 기준으로 현명하다고 칭찬하면서 자신들의 편으로 끌어들인다. 니체는 소크라테스가 앎을 기준으로 본능에 근거한 현존 예술과 윤리에 유죄 판결을 내린다고 단언한다.

'모르는 것을 안다'는 소크라테스적인 앎은 예술세계에 전례 없던 도덕적이고 윤리적인 예술을 마침내 만들어 낸다. 니체는 이런 소크라테스가 기존의 모든 그리스적인 가치를 철저하게 파괴한 무시무시한 '악마'라고 단정한다. 소크라테스라는 악마는 고대의 판다로스, 아이스킬로스, 피디아스, 페리클레스, 피티아, 디오니소스를 단숨에 땅속에 유폐시켜 버렸다고 니체는 한탄한다.

니체는 마지막으로 학문 정신에 의거하여 죽음 앞에 공포를 느끼지 않고 떠나가는 소크라테스 앞에 비극 작가 지망생 플라톤이 자신의 영혼을 버리고 엎드렸다고 말한다.

14장은 우리에게는 생소한 시를 짓는 소크라테스와 그 결과를 다룬다. 철학적으로 사유하는 소크라테스가 아니라 시를 짓는 소크라테스가 우리 앞에 모습을 드러낸다.

니체는 소크라테스가 이솝 우화를 받아들여 우화시를 지었고, 공감과 하나됨의 시를 도덕과 윤리를 손쉽게 전달할 수 있는 수단으로 전환시켰다고 주장한다. 소크라테스는 시를 도덕과 윤리의 판별자인 오성에 근거해야만 한다고 보았고, 이에 감동한 플라톤은 비극 작가가 되려는 길을 포기하고 자신의 시를 불태운다.

소크라테스의 영향을 받은 플라톤은 여러 글쓰기를 모아 자신만의 독창적인 대화적 글쓰기를 창조한다. 플라톤의 글쓰기는 결국 시를 철학과 신학의 시녀로 만든다. 플라톤의 글쓰기에 이르러 결국 고대 비극의 위대한 음악적 시는 소멸하게 된다. 그 결과 아폴론이 지녔던 예술은 소크라테스와 플라톤의 문답법에 의해 논리적 도식주의로 전락한다.

'악명 높은 기계장치'를 상습적으로 사용하는 비극은 올바름과 선을 추구하는 예술로 전락한다. 음악적 예술의 죽음! 착한 일을 한 자는 사후에 복을 받는다는 소크라테스적 낙관주의가 모든 예술을 지배한다. 누구나 따라야 하는 도덕의 탄생! 누구나 따르고 있는 전대미문의 도덕적 예술의 발생!

그 결과는 무엇인가? 비극에서 아폴론이 떠나면 디오니소스도 떠난다. 결국 비극의 전부라고 할 수 있는 합창가무단이 몰락하고, 디오니소스적인 비극은 숨을 거둔다. 디오니소스적인 예술과 비극의 죽음은 어디에서 비롯하는가? 시, 우화시를 짓는 소크라테스에서 시작한다고 니체는 논리적 결론을 내린다.

15장은 시, 우화시를 짓는 소크라테스가 도대체 누구인가를 다룬다. 소크라테스의 영향력은 해질녘 그림자처럼 갈수록 커진다는 것, 아테네인들만이 아니라 인류의 대부분은 소크라테스 앞에서 주눅이 든다. 왜 그런가를 니체는 집중적으로 탐구한다.

니체는 여기에서 우리가 알고 있던 이성적이고 합리적인 소크라테스를 폐기한다. 니체는 소크라테스를 이론적 인간이자 형이상학을 미친 듯이 추구하는 광기 들린 자로 평가한다. 니체에 따르면 소크라테스는 학문을 위해 목숨을 바치고, 학문이라는 종교를 위해 삶을 최초로 내던진 기이한 자이다. 영원한 진리를 뜻하는 '베리타스'는 소크라테스의 삶 그 자체이다.

소크라테스와 같은 자는 어떤 자인가? 니체에게 소크라테스는 현실에서 도망가는 염세주의자이다. 소크라테스는 현실에서는 학문을 위해 목숨을 바치는 실천적 염세주의자다. 니체에게 소크라테스는 낙관주의자다. 소크라테스는 앎에 의해서 세상의 모든 걸 파헤치고 이해할 수 있다고 자부하고, 착하게 살면 '사후 영생과 행복'을 누린다는 걸 알고 있는 최초의 낙관주의자다.

마지막으로 니체는 우리가 예상치 못했던 중대한 질문을 던진다. 감성과 욕망을 부정하고 앎, 이성, 학문, 사후 행복을 추구하던 소크라테스는 왜 죽기 직전 감성과 욕망의 음악을 하는가? 니체는 이 질문으로 소크라테스의 한계를 폭로한다.

니체의 논리적 추론은 다음과 같다. 소크라테스는 이론과 학문의 한계에 도달했다. 그는 앎, 이성, 논리, 학문으로 파헤칠 수 없는 또 다른 세계가 있을 수 있다는 것을 깨달았다. 그는 이성과 학문의 한계를 깨달았기에 예술에 의존할 수 밖에 없었다. 소크라테스는 이성의 한계를 보완하기 위해서, 이성의 태생적 한계를 넘어서기 위해서는 감성과 욕망의 또 다른 세계가 절대 필요하다고 생각했다. 바로 소크라테스가 죽기 직전 우화시를 쓴 근본적인 이유는 이성의 태생적 한계 때문이라고 니체는 전 세계에 폭로한다.

　니체는 15장 마지막에서 다시 도발을 한다. 디오니소스적 예술과 소크라테스적 학문이 전쟁을 벌인다면, 아폴론적인 척도를 넘어 과도함이 지나친 예술과 서정시와 민요로 충만한 음악이 전투를 한다면, 소크라테스에 영향을 받은 올바름의 종교와 인간의 감정과 욕망을 자연스럽게 드러내는 합창가무단이 투쟁을 한다면 우리는 어떻게 할 것인가? 당연히 디오니소스의 편에 서서 전쟁, 전투, 투쟁의 한복판에 들어서야 한다고 니체는 우리에게 호소한다.

차례

일러두기

* 이 책은 *Friedlich Nietzsche: Die Geburt der Tragödie Oder Griechenthum und Pessimismus*을 원본으로 삼았다.
* 원문의 굵은 글씨는 원서를 따랐다.

에우리피데스와
죽은 비극의 탄생

1. 위대한 판신의 죽음

그리스 비극은 전체적으로 본다면 예전에 자매 관계[1]였던 예술 장르와는 전혀 다르게 사멸했다. 저 모든 예술이 노쇠해지면서 가장 아름다우면서도 상당히 편안하게 죽음을 맞아 서서히 사라져 간 반면, 그리스 비극은 자살에 의해 죽음을 맞았다. 아름다운 후손을 남기고, 살려고 애쓰지 않고 삶과 이별하는 것이 특히 행복한 자연상태라고 한다면, 저 고대 예술 장르의 종말은 우리에게 그토록 행복한 자연상태를 보여 준 것이다. 고대의 예술 장르는 천천히 가라앉아 갔으며, 이미 저 예술 장르의 아름다운 후손들이 사멸해 가는 그들의 눈앞에서 서 있었으며 그 주도자들이 아주 용감하면서도 안달이 나서 솟구쳐 나타났다. 이와 반대로 그리스 비극이 죽자마자 엄청 심각하게 느껴질 정도로 깊은 공허가 발생했다.[2]

일찍이 티베리우스 시대에 그리스 뱃사람들이 고독한 섬에서 '위대한 판신이 죽었다'라는 말로 세상을 뒤흔들 듯 외쳤듯이, 이제$_{jetzt}$ ^{3} 그리스 세계를 통해서 다음과 같은 고통스러운 비탄이 울려 퍼진다.^{4}

비극이 죽었다! 비극이 죽자 시도 사라져 버렸다! 사라져라, 너희들과 함께 기형적이고 쇠락한 후계자들도 죽어 버려라! 하데스로 들어가 버려라, 하데스에서 그 옛날 거장들의 부스러기를 물리도록 먹을 수 있을 것이다!^{5}

1. 왜 니체는 형제 관계나 남매 관계라는 말 대신에 '자매 관계였던 예술 장르'라는 말을 썼을까? 자매 관계라는 말은 비극의 생성과 죽음을 이해하는 데 도움이 되므로 살펴보자.

우선 예술가에게 영감을 주는 예술의 신인 무사(Mousa, 영어로는 뮤즈Muse) 여신을 독일어 여성 명사인 die Kamöne로 부르는 것에서 찾아볼 수 있다. 또한 비극을 형성하는 데 일조한 비극의 무사 멜포메네(Melpomene, 노래), 독창의 무사 에라토(Erato, 사랑스러움), 서정시의 무사 에우테르페(Euterpe, 기쁨), 희극의 무사 탈리아(Thalia, 풍요와 환성), 합창과 가무의 무사 테르프시코레(Terpsichore, 춤의 기쁨)는 여성형 명사이므로, 여기서도 단서를 찾아볼 수 있다.

하지만 무사 여신들에서 '자매 관계'를 끌어내는 데에는 한계가 있다. 니체가 비극을 설명하는 데 여성형 명사를 사용하지 않는 다른 예술 장르도 존재하기 때문이다. 예컨대 독일어에서 중성형 명사를 쓴 서사시das Epos, 건축das Bauer, 민요das Volklied, 사티로스극das Satyrspiel 등이다.

'자매 관계'는 비극의 기원과 관련하여 독일어의 여성형 명사와 관련된 예술 장르에서 찾아야 한다. 4장 4절 해설 1을 보면, 디티람보스에서 비극과 사티로스극이 발생했다고 아리스토텔레스는 말한다. 여기에서 비극과 첫 번째 자매 관계는 디티람보스die Dithyrambos라는 것을 알 수 있다. 사티로스극das Satyrspiel은 중성명사이므로 배제해야 한다. 또 다른 자매 관계는 니체가 5장에서 설명한 서정시die Lyrik이다. 5장에서 설명한 비극의 중요 구성 요소 중 하나인 민요das Volklied는 배제해야 한다. 민요는 중성명사일 뿐만 아니라 언제 어디서도 사라진 적이 없기 때문이다. 결론적으로 말하면 니체가 비극과 자매 관계에 있던 예술 장르라고 설명한 것은 디티람보스와 서정시라고 볼 수 있다.

비극과 자매 관계에 있던 디티람보스가 죽음을 맞이하기 전, 서사시의 틈을 비집고 들어온 서정시가 그 맹위를 떨칠 무렵, 비극이 머리를 내밀며 디티람보스와 서정시를 수용하여 발전한다. 다른 말로 하면 디티람보스와 서정시는 비극을 자식으로 낳고, 자신들의 새로운 삶을 이어 간다.(서정시가 죽는다는 것은 비극이 발생할 무렵의 상황적 표현으로 보는 게 좋을 듯하다.)

2. '다른 모든 예술이 아름다운 죽음을 맞았다'라는 것은 자신의 형식과 내용 등을 계승하는 동시에 또 다른 형태로 발전시킨 적절한 후계자를 낳고 죽었다는 뜻이다. 이를 자매 관계에 한정시켜 놓고 해석한다면, 디티람보스와 서정시는 아이스킬로스, 소포클레스와 같은 시인에 의해 위대한 고대 비극과 사티로스극을 낳고 죽었다는 뜻이 된다. 전체적으로 확대시켜 놓고 해석한다면, 남근찬가는 아리스토파네스와 같은 작가에 의해 희극을 낳고 소멸했다는 뜻이 된

아홉 무사Mousa 여신들. 왼쪽부터 차례대로 칼리오페, 탈리아, 테르프시코레, 에우테르페, 폴리힘니아, 클레이오, 에라토, 우라니아, 멜포메네이다. (왼쪽 뮤즈 석관, 2세기 전반, 루브르 박물관 소장. 드로잉은 작가 미상, 《마이어의 백과사전》, 1888년)

다. 더 확대 해석한다면, 대부분의 예술 장르는 사라지기 전 자신을 닮았으면서도 전혀 다른 새로운 예술 장르를 낳고 죽었다는 일반적인 뜻이 된다.

'비극이 자살에 의해 죽음을 맞았다'라는 것은 비극이 비극 작가에 의해 숨을 거두었다는 뜻이다. 니체에 따르면 그 비극 작가는 3대 비극 작가의 막내로 알려진 에우리피데스이다. 니체는 에우리피데스가 비극 작가이지만 비극의 형식과 내용을 살해했다는 점에서 비극은 자살이라는 죽음을 맞았다고 판단한다.

3. 니체는 11장에서 '이제'로 옮긴 'jetzt'란 말을 14번이나 사용한다. 5장 1절 해설 1을 참고하며 니체가 어떤 의도로 이 말을 많이 사용했는지 유추해 보는 것도 글을 읽는 즐거움 중에 하나일 것이다.

4. 판신의 죽음과 관련한 이야기는 플루타르코스의 『신탁의 실패에 대해서On Why Oracles Came To Fail』(491b~e)에 다음과 같이 전한다.

저는 멍청이도 사기꾼도 아닌 한 사람으로 이와 같은 말을 들었습니다. 당신들 중 몇몇이 들어 본 적 있는 연설자는 아에밀리아누스의 아버지인 에피테르스Epitherses입니다. 그는 우리 마을에 살았고 저의 문법 선생님이기도 합니다. 오래 전 이탈리아로 항해를 하던 중 그는 화물과 많은 승객을 태운 배에 탄 적이 있습니다. 에키나데스Echinades섬 근처에서 바람이 멈추고 배가 팍시Paxi 근처로 밀려갔을 때 이미 날이 저물었습니다. 대부분 사람들이 깨어 있었고, 다수가 저녁 식사 후 와인을 계속 마시고 있었습니다. 갑자기 팍시 섬에서 누군가가 타무스Thamus를 큰 소리로 부르는 소리에 모두 깜짝 놀랐습니다. 타무스는 이집트 도선사로 배 위에 있는 누구도 그 이름을 알지 못했습니다. 연속 두 번 이름을 부르는 소리가 들렸지만 그는 대답하지 않았습니다. 세 번째 부르는 소리가 들리자 그는 대답했습니다. 자신의 목소리를 들은 자가 '팔로데스Palodes에 도착하면 위대한 판신이 죽었다라고 알려라'라고 말했습니다. 모두 이 말을 들었고, 에피테르스는 깜짝 놀라 명령대로 하는 게 좋을지 개입하지 않는 게 좋을지, 이 문제를 어떻게 할지를 토론했습니다. 이런 혼동 중에 타무스는 만약 미풍이 불어 배가 되돌아가면 이 말을 전하지 않을 것이지만, 바람이 없어 바다가 고요해지고 목적지에 도달한다면 들은 말을 전할 것이라고 결심했습니다. 마침내 그는 팔로데스에 도착했고, 그곳에는 바람도 파도도 없었습니다. 엄숙해진 타무스는 육지를 바라보면서 '위대한 판신이 죽었다'라고 그가 들었던 말을 전했습니다. 그가 말을 마치기도 전에 한 사람이 아니라 엄청난 사람들이 경악스럽게 외치며 탄식하고 울부짖었습니다. 많은 사람들이 배에 있었으므로 이 이야기는 곧 로마로 퍼졌고, 티베리우스 카이사르는 타무스를 불렀습니다. 티베리우스는 그 이야기의 사실 여부를 확인하고, 곧 판에 대해서 조사를 하도록 했습니다. 티베리우스의 궁전에 있던 수많은 학자들은 판이 헤르메스와 페넬로페의 아들이라고 추측했습니다.[1]

5. '위대한 판신이 죽었다'라는 말은 '위대한 사티로스가 죽었다'라는 말과 같은 뜻이다. 이 말은 플루타르코스의 『신탁의 실패에 대해서』(491a)에 나온 말로, 일반적으로 고대 세계의 죽음을 일컫는다. 니체가 이 말을 쓴 이유는 판신의 죽음이 곧 비극의 죽음이라는 상징을 보이기 위해서이다. 니체는 판신의 죽음으로 우리가 알고 있던 고전적 비극이 죽음을 맞았고, 그 대신 고전적 비극의 정신과 내용을 완전히 살해한 새로운 비극이 등장했음을 보여 주고자 했다.

앞에서 살펴본 대로 고대 비극에서 합창가무단은 사티로스의 분신이다. 판신의 죽음은 곧 사티로스의 죽음이다. 사티로스의 죽음은 비극을 구성하는 합창가무단의 죽음이다. 결론적으로 합창가무단의 죽음은 비극의 죽음을 뜻하고, "비극이 종말을 고하자 음악도 몰락한다."[2]고 니체는 절규한다. 즉, 합창가무단이 비극에서 맡은 역할이 많이 줄어들고, 합창과 춤 대신 말, 언어, 대화가 주로 역할을 하는 새로운 비극이 등장함을 상징적으로 표현하기 위해 니체는 이 말을 사용했다.

다시 보기

위대한 판신의 죽음과 고대 세계의 종언을 살펴볼 필요가 있다. 판신은 헤르메스와 숲의 님프 또는 오디세우스의 부인인 페넬로페 사이에서 태어났다고 한다. 판신은 주로 목양신으로 숲속에서 살았는데, 그는 반인반수이다. 판의 얼굴은 인간이지만 온몸은 털투성이이다. 판신의 허리 아래는 염소의 모양이며, 머리에는 염소 뿔이 달려 있으며, 엉덩이에는 염소 꼬리를 달고 있다.(사티로스에 대해서는 이 책 2장 3절 해설 2에 자세히 설명되어 있다.)

판신은 로마 신화에서 춤과 음악을 즐기고, 호색한으로 강력한 성적 이미지를 상징한다. 판신은 디오니소스의 추종자이며, 기독교의 입장에서 이교도의 상징이다. 또한 로마 신화에서 판신은 그리스 신화의 마르시우스가 아폴론과 음악 대결을 펼쳤듯이 아폴론과 음악 대결을 펼친다. 위 두 가지 사실에서 판신과 사티로스는 형상은 다르지만 동일한 속성을 지닌 존재로서, 디오니소스를 따라다니는 추종자이자 디오니소스적 가치를 지닌 자들이란 점을 추론할 수 있다.

'위대한 판신이 죽었다'라는 것이 어떤 의미가 있는지는 티베리우스 황제Tiberius Julius Caesar Augustus와의 관계에서 나타난다. 티베리우스는 기원전 42년에 태어나서 기원후 37년에 죽었으므로, 그의 생존 기간에 예수가 탄생했음을 알 수 있다. 음습한 기독교, 윤리와

도덕이 지배하는 시대의 등장, 금욕주의 상징의 전조가 되는 예수
의 탄생은 곧 음악, 춤, 술과 더불어 자연과 인간이 하나 되는 것의
상징적 표현인 위대한 판신의 죽음이다.

　예수의 탄생이 판신의 죽음을 불러왔는지, 반대로 판신의 죽음이
예수의 탄생을 불러왔는지 논쟁하는 것은 무의미하다. 중요한 것은
디오니소스를 따르는 판신의 죽음이 고대 디오니소스적 자연철학
의 죽음과 윤리와 금욕적 종교라는 새로운 세계 질서의 탄생을 가
져왔다는 점이다.

　위대한 판신의 죽음, 다른 말로 노래와 춤과 술을 즐기는 사티로
스의 죽음은 인간에게 어떤 의미를 갖는가? 니체는 이를 뒤에서 위
대한 판신과 사티로스가 죽자 비극과 시도 죽었으며, 인간을 거인
으로 만들었던 자연철학적 가치와 세계관도 몰락한다고 말한다. 위
대한 판신의 죽음은 곧 건강하고 자연적이었던 고대 세계의 조종이
었으며, 인간이 인간다움을 잃는 세계사적 사건이었다라고 니체는

상징적으로 말한다.

니체가 지금까지 디오니소
스의 시종들로 설명한 사티로
스 대신 판신이라고 말한 이
유가 있다. 로마가 유럽의 중
심이었기 때문이다. 로마는
지중해를 중심으로 유럽, 아
시아, 아프리카 북부 등을 지
배했다. 그리스 신화는 로마
신화가 되었고, 로마적 가치
가 유럽의 보편적 가치가 되
었다. 그리스 신화는 곧 로마
신화로 표현되거나 로마의 언
어와 가치로 표현되었다. 판
신은 이 점에서 사티로스의
대용품이다.

음악을 즐기는 로마 시기 판 동상 (2세기, 이라클
리온 고고학 박물관 소장)

2. 신 아티카 희극의 아버지, 에우리피데스

하지만 비극 속에서 자신들의 전임자들과 대가들을 존경했던
새로운 예술 장르가 꽃을 피웠다. 그 무렵 새로운 예술 장르는 자
신들 어머니의 속성을 그대로 지니고 있기는 하다. 하지만 경악
스럽게도 저 장르란 그 오랜 죽음의 투쟁에서 보여 주었던 것에
지나지 않음을 알게 된다. 에우리피데스[1]가 비극과 목숨을 건 투
쟁을 벌였다.[2]

나중에 나온 저 장르가 바로 **신 아티카 희극**으로 알려졌다.[3] 신 아티카 희극 속에는 퇴화된 비극의 형태가 생명을 유지하고 있다. 이는 고대 비극이 이미 고통스럽게 죽었지만 여전히 강력한 영향력을 행사하고 있음을 보여 주는 기념비이다.

1. 백과사전적인 에우리피데스가 아니라 니체적인 에우리피데스를 살펴볼 필요가 있다. 니체는 에우리피데스를 간단명료하게 다음과 같이 정리한다.

> 에우리피데스는 이러한 소박한 합리주의의 시인이다. 모든 본능의 적대자인 에우리피데스는 의도적인 것과 의식적인 것을 추구한다. 사람들이 흔히 말하는 것과 같은 사람은 더 이상 존재하지 않는다.
>
> ……
>
> 에우리피데스는 해부학적으로 인물을 탄생시킴으로써 인물들을 창조한다. 따라서 인물들 안에 숨겨져 있는 것은 아무것도 없다.
>
> ……
>
> 에우리피데스는 의식된 미학을 따른 최초의 극작가이다.
> 에우리피데스의 신화는 윤리적 합리주의의 이상적 프로젝트이다.
> 에우리피데스는 소크라테스로부터 개인의 개체화를 학습했다.[3]

에우리피데스의 작품에서 디오니소스적 흥분의 자리에 자극 자체가 들어선다. 아폴론적 평정의 자리에 사유의 냉정함이 들어선다. 에우리피데스는 음악의 전 영역을 독차지하고서 효율적인 모든 것을 차용한다. 즉, 그는 양식의 혼합을 불러들인다. 그는 영원한 신화를 포기하고 그 자리에 새로운 것

을 만들어 냈다.[4]

이 자리에서 니체가 에우리피데스를 어떻게 바라보았는지 설명하는 것은 불가능하다. 11장과 12장은 위에 인용한 문장을 풀이한 것이나 마찬가지이다. 니체 평생의 과업 중 하나가 사상가로서 에우리피데스의 정체를 밝혀내는 것이고, 마지막 문장에 나온 음악가로서 에우리피데스를 깨부수는 것이기 때문이다. 에우리피데스가 나올 때마다 니체가 에우리피데스를 어떻게 보았는지 이 명제적 정리와 연결해서 살펴보아야 한다.

2. 니체는 고대 그리스 비극 작가 에우리피데스가 고대 그리스 비극을 죽음으로 몰고 갔다고 말한다. 비극 작가 에우리피데스에 의한 비극의 죽음 때문에 앞에서 니체는 고대 그리스 비극이 '자살'을 했다고 표현한다.

3. 고대 희극은 고희극, 중희극, 신희극으로 구분한다. 고대 희극은 아리스토파네스가 대표하고 그의 작품은 온전한 형태로 많이 남아 있다. 중희극이나 신희극은 아리스토파네스 사후 출현한 희극을 말하며, 작품이 온전한 형태로 남아 있는 게 거의 없고 단편으로만 전한다. 니체는 아리스토파네스의 고희극이 중희극이나 신희극에 전승되지 않고, 비극 작가 에우리피데스의 신희극에 전승된 이유를 파헤친다.

다시 보기

다음의 표를 보자. 고대의 고희극은 아리스토파네스로 대표된다. 비극의 마지막 대표자는 에우리피데스이다. 희극 작가 아리스토파

네스와 비극 작가 에우리피데스는 약 한 세대 정도 차이가 난다. 확실한 것은 에우리피데스가 아리스토파네스보다 시간적으로 먼저 태어나 일찍 죽은 반면, 고희극의 대표자 아리스토파네스는 에우리피데스보다 더 오래 살았을 뿐 아니라 문학 활동도 더 늦게까지 했다는 점이다.

니체의 문제의식은 간단하다. 비극이 비극을 낳고, 희극이 희극을 낳는 것은 너무나 정상적이다. 그런데 왜 비극이 희극을 자식으로 낳았는가? 이 문제의식을 다양한 형태의 질문으로 바꿔 던져 보자. 그것도 비극 작가 에우리피데스 사후 백여 년 뒤, 희극 작가 아리스토파네스 사후 약 두 세대 뒤 희극은 비극을 부모로 받아들였는가? 왜 신희극은 고희극이나 중희극을 부모로 삼지 않았는가? 비극에 어떤 일이 발생했기에, 비극의 마지막 대표자 에우리피데스의 비극에 어떤 변화가 생겼기에 신희극 작가들은 비극과 그 마지막 대표자인 에우리피데스를 부모로 받아들였는가? 비극의 유전자를 가진 부모가 왜 희극의 유전자를 가진 자식을 낳았는가? 유전자가 다른 부모와 자식이 있다면, 세간의 사람들이 의심이 눈초리를 던지는 것은 너무 당연하지 않은가? 누구나 질문을 던져 봤을 만한 평범한 질문이 위대한 전환을 가져온 니체식의 질문이다.

니체는 이런 당연한 질문에서 에우리피데스의 유전자에는 기존 비극과 다른 유전자가 배태되어 있었다고 간파한다. 니체는 에우리피데스의 유전자적인 새로운 특징이 기존 비극의 형식과 내용을 완전히 바꾸었다고 생각했다. 니체는 에우리피데스가 가져온 비극의 형식과 내용의 변화가 무엇인지 집요하게 추적하고, 그것이 어떤 결과를 가져왔는지 묻는다.

니체는 나아가 또 다른 질문을 던진다. 시인으로서 에우리피데스가 비극에 가져온 변화가 시를 넘어 인류 전체에 어떤 질곡을 초래했는가? 시인 에우리피데스는 직업이 시인이 아니라 사상이 직업이 아니었는가? 니체는 비극의 희극 잉태라는 문학적 변태가 사상적 변태를 초래하고, 궁극적으로 건강하고 자연철학적인, 디오니소스적인 인류가 음습하고 규칙적이며 윤리적인 인간으로 키워졌다고 답변한다.

니체는 시인이자 사상가로서 에우리피데스와 그의 동반자이며 사상가이자 음악가인 소크라테스를 건강한 인류의 주적으로 설정하는 위대한 철학적 대모험을 강행한다. 니체는 평이한 질문을 던지고서 뜻밖의 놀라운 사유 혁명의 대장정에 나선다.

3. 오디세우스의 그래쿨루스적 인간으로의 침몰

이런 관계를 고려해 본다면, 신희극 작가들이 에우리피데스에게 느끼는 정열적인 애착이 명백해진다. 현재jetzt 죽은 자(에우리피데스-역)가 여전히 이 순간에도 오성Verstande을 가지고 있다는 것을 일반적으로 확증할 수 있다면, 지하세계에 있는 에우리피데스를 방문하기 위해서 목을 매달 수도 있다는 필레몬의 바람은 그리 낯설지 않다.[1] 하지만 에우리피데스가 메난드로스[2]와 필레몬[3]과 어떤 공통점을 가지고 있는지, 에우리피데스가 양자에게 어떻게 모범적인 영향을 주었는지를 특징짓기 위해서 간단하게, 사심 없이, 남김없이 말한다면, 관객der Zuschauer[4]이 에우리피데스에 의해 무대 위로 도입되었다고 말하는 것으로 충분하다.[5]

에우리피데스 이전 프로메테우스적인 비극 작가들이 자신들의 주인공들을 어떤 실체Stoffe 위에 세우려 했고, 그들이 현실의 진짜 가면을 무대 위로 가져오는 데 얼마나 멀리했는가를 알고 있는 자라면, 에우리피데스의 진짜 이상한 목적을 명료하게 이해할 것이다. 에우리피데스는 일상적인 삶을 사는 인간을 관객의 영역에서 무대 위로 올려 세웠다.[6] 예전에 위대하고 대담한 속성을 표현했던 거울은 이제jetzt 실패한 일련의 본성mißlungnen Linien der Natur을 양심적으로 상연하는 저 고통스러운 충실성을 보여 준다.[7] 고대 예술의 전형적인 그리스인이었던 오디세우스는 이제jetzt 새로운 시인의 수중에서 그래쿨루스적인Graecolus 인물로 침몰했다.[8] 이제jetzt부터 오디세우스는 선량하면서도 교활한 가내 노예로서 드라마적 흥미의 정중앙에 놓이게 된다.[9]

에우리피데스는 아리스토파네스의 『개구리』에서 자신만의 비방秘方에 의해서 비극 예술을 거대한 비만으로부터 해방시켰으며, 무엇보다도 그 흔적을 자신의 비극 주인공들에게서 찾을 수 있다고 떠벌린다.[10] 실제로 관객은 이제jetzt 에우리피데스의 무대 위에서 자신의 분신을 보고 그들이 말하는 걸 들을 수 있게 되었으며, 저 분신이 그토록 훌륭하게 말하는 것을 잘 이해하는 것에 환호작약했다. 하지만 이러한 기쁨만으로 끝난 것은 아니다. 사람들은 에우리피데스에게서 말하는 법도 배웠다. 에우리피데스는 아이스킬로스와 경연에서 스스로 이를 자랑질했다.[11] 대중들은 이제jetzt 에우리피데스에게서 기술적으로 그리고 약삭빠르게 소피스트적으로 고찰하고 협상하며 추론하는 걸 배웠다.[12]

총괄해서 말하면 공공 언어의 이러한 변화에 의해서 에우리피데스는 신희극을 가능하게 만들었다. 이제jetzt부터 일상이 어떻게 무대 위에 올라왔으며 어떤 격언으로 표현되었는지는[13] 더 이상 비밀이 되지 않았다. 에우리피데스가 자신의 모든 정치적인 희망을 걸었던 시민적인 평균성Mittelmäßigkeit이 이제jetzt 발언할 기회를 얻었다.[14] 그 이전에는 비극에서는 반신반인Halbgott이, 희극에서는 술 취한 사티로스 또는 반인반수Halbmensch가 언어적 특성을 규정했다.[15]

그리고 아리스토파네스의 작품에 나오는 에우리피데스는 보편적이며, 너무 명확하며, 일상적인 삶과 행위를 묘사했으며, 저마다 이것을 판단할 능력을 갖추게 했다고 한껏 자랑질한다. 이제jetzt 전체 대중이 철학을 하고 전례 없이 똑똑하게 토지와 재산을 관리하며 자신의 소송을 진행하게 되었다면, 이는 에우리피데스 자신의 공적이자 에우리피데스에 의해 시민에게 접목된 지혜가 성공한 결과라는 것이다.[16]

1. 이 문장은 여러 면에서 토론 거리가 많다. 토론을 이해하기 위해서 원문을 중심으로 살펴보자. 이 말은 필레몬의 단편 115에서 나

오는 말이다. 원문은 아래와 같다.

εἰ ταῖς ἀληθείαισιν οἱ τεθνηκότες
αἴσθησιν εἶχον, ἄνδρες ὥς φασίν τινες,
ἀπηγξάμην ἂν ὥστ᾽ ἰδεῖν Εὐριπίδην.

영어로 옮기면 아래와 같다.

If it be true that in the grave the dead
Have sense and knowledge, as some men assert,
I'd hang myself to see Euripides.[5]

우리말로 옮기면 아래와 같다.

죽은 자도 감각과 지식을 가지고 있다는 것이
사실이라면, 사람들이 단언하듯이
나는 에우리피데스를 만나기 위해 목을 매달 것이다.

첫 번째 논쟁점은 죽은 자를 단수로 볼 것인가 복수로 볼 것인가
와 관련된 것이다. 죽은 자를 복수로 보는 경우를 살펴보자. '죽은
자들이 오성을 가질 수 있다면'으로 해석되는 경우이다. 이 경우 필
레몬 역시 죽은 자들 중 하나이므로 그 역시 오성을 가질 수 있다
면, 죽어서 에우리피데스를 만나고 싶다는 뜻이다. 죽은 자를 단수
로 보는 경우를 살펴보자. 죽은 자는 에우리피데스가 된다. 만약 죽

은 자인 에우리피데스가 죽어서도 오성을 가지고 있다면, 에우리피데스를 극히 존경한 필레몬은 에우리피데스에게 배울 것이 있으므로 지금 당장이라도 목을 매달고 죽을 수도 있다.

복수로 보건 단수로 보건 결과는 똑같다. 결국 필레몬은 죽어서라도 오성을 가진 에우리피데스를 만나고 싶다는 뜻이 된다.

더 중요한 논쟁이 될 만한 지점은 αίσθάνομαι란 단어이다. 이 단어는 aisthánomai(to perceive)와 −σίς(-sis)로 구성된다. 이 단어는 영어로 sense and knowledge, feeling[*6], the powers of perception[*7] 등 다양한 뜻을 가진 말로 번역된다.

이 말은 사전적으로, 첫째, 오감에서 느껴지는 지각(Perception from the senses, feeling, hearing, seeing), 둘째, 오감 이외에 지성에 의해서 느껴지는 지각(Perception by the intellect as well as the senses, 셋째, 인지 가능한 육감(That which is perceived: scent), 넷째, 구분 가능한 인지 능력(Ability to perceive: discernment), 다섯째, 윤리적인 문제의 인지 또는 도덕적 식별 능력(Cognition or discernment of moral discernment in ethical matters) 등을 뜻한다.

니체가 이런 여러 뜻 중에서 '오성Verstand'으로 번역한 것은 여러 점에서 유의미하다. 오역이 아니라 의도적인 번역이다. 칸트에 따르면 '오성'은 '감성의 대상을 사유하는 능력'으로 절대로 틀릴 수 없는 윤리적인 것과 객관적인 보편타당한 진리를 낳는다. '오성'에 의한 결과물은 인간이 무조건 따라야 하는 진리이다. 반면 이성은 신, 우주 등을 탐구하지만 오류가 있을 수 있다.

니체는 이 장 7절에서 에우리피데스가 '오성'에 의해 새로운 비극을 창조한다고 말한다. 즉, 에우리피데스는 자신의 비극을 통해서 대중들에게 누구나 따라야 할 객관적이고 보편적인 기준을 제시했으며, 이 기준은 누구나 무조건 따라야 하는 하나의 보편적 가치이다. 이 가치를 무조건 따라야 하는 관객은 무리화되고 군중화될 수밖에 없다. 그 결과 시민은 스스로 이성을 갖춘 하나의 인간이 아니라 주체성을 상실한 무리나 군중이 된다. 뒤에 나오는 관객, 대중, 군중 등은 이 '오성'을 무조건적으로 받아들이는 존재들로서, '오성'의 영향력하에 있는 실체가 된다.

2. 메난드로스(기원전 342~292년)는 그리스 아테네 시인이자 극작가로서, 에우리피데스의 숭배자이자 모방자이다. 그는 극을 집필하면서 고대 비극의 주인공이던 신들이나 영웅 대신 다양한 일반 시민들을 주인공으로 내세웠다. 그는 에우리피데스의 영향으로 실제 생활을 날카롭게 고찰하고 감정을 분석하고 도덕적 격언 등을 자주 사용했다.

3. 필레몬(기원전 362~262년)은 상당히 대중적인 인기를 누린 고대 그리스 아테네 극작가로서, 전형적인 신희극 작가이다. 그는 에우리피데스의 『메디아』를 패러디한 극을 쓰기도 했다. 그의 작품은 위트가 넘치고, 플롯의 전개는 깔끔하며, 해결 방법이 명료하며, 인물은 주로 현실적이며, 삶과 일치하는 격언으로 가득 차 있다.

4. 관객Zuschauer이라는 말은 이 글 뒤에서 청중Publikum으로, 대중Masse으로, 마지막에 시민Volk으로 변형되어 사용된다. 니체는 이 단어들을 미묘하지만 약간의 뉘앙스 차이를 두고 쓴다. 대충 구분한다면 다음과 같다. 관객은 말 그대로 비극을 바라보는 사람들을 뜻한다. 청중은 극장에 모인 관객이 하나로 집단화하여 나타나고 있음을 말한다. 대중은 극장 밖에 존재하면서도 청중보다 더 무리화된 집단

으로서 무의식적인 집단적 행동을 하는 것을 뜻한다. 시민은 대중에서 벗어나 하나의 독자적 인격체로서 스스로 판단하는 개인이다.

이 글에 맞추어 극을 관람하는 자와 극작가의 관점에서 살펴보면 다음과 같다. 극작가가 개별 관객을 상대로 극을 전개할 때, 극작가의 이야기를 주체적으로 받아들이면 관객이다. 받아들이는 관객들이 극작가의 이야기와 주장에 일체화된 반응을 보인다면 청중이다. 청중이 더 무리화되어 극장 밖에서도 개인으로서 정체성과 특이성을 상실하고 극작가의 주장에 조정당하는 존재가 된다면 대중이다. 마지막으로 극을 관람하는 집단적 존재이기는 하지만 개별적인 판단이 가능한 존재라면 시민이다.

5. 메난드로스와 필레몬 그리고 에우리피데스의 공통점은 무엇인가? 니체는 관객을 무대 위로 올렸다고 간결하게 정리한다. 이 말을 우리는 아이스킬로스와 소포클레스 그리고 에우리피데스 비극의 등장인물과 관련하여 두 유형으로 분류하고 하나의 공통점을 끌어내 설명해야 한다.

첫째, 세 작가의 극에 나오는 주인공은 같되 다르다. '같다'는 것은 등장인물들 대다수가 신, 반신반인, 영웅들이라는 점이다. '다르다'는 것은 동일한 등장인물이지만 성격이 무척 달랐음을 뜻한다. 누가 최고 비극 작가인가를 둘러싼 아이스킬로스와 에우리피데스의 대결을 풍자한 아리스토파네스의 『개구리』에 보면, 양자의 등장인물이 현격히 달랐음을 알 수 있다.

아이스킬로스 : 맨 먼저 그(에우리피데스)가 나에게서 얻어간 인간들의 **천성을** 살펴보시오.

그들은 고귀하게 태어난 것도 아니고 8척 장신도 아니지 않은가?

도망자들도, 부랑자들도 아니고

요즘 같은 악당들도 아니며, 아무짝에도 쓸모없는 놈들도 아니다.

절대 아니다. 그들은 창과 투창,

하얀 털이 달린 투구, 화관, 정강이받이를 하고

일곱 겹의 쇠가죽을 둘러싼 정열을 가지고 숨을 쉬는 자들이지요.[8]

에우리피데스의 극에도 동일한 신, 반신반인, 영웅들이 나오지만, 그들은 신이 신답지 않은 행동이나 말을 했다는 것을 아리스토파네스는 풍자한다. 예컨대 아이스킬로스는 『개구리』에서 다음과 같은 말을 한다.

아이스킬로스 : 들들 볶는 자여! 고귀한 사상과 훌륭한 관념은

그에 걸맞은 언어를 낳아야 한다는 걸 모르는가?

게다가 반신들의 경우에는 더 고결한 표현으로 말하는 것이 좋다오.

이는 그들이 우리들보다 더 훌륭한 옷을 입는 것과 마찬가지오.[9]

반면 에우리피데스는 신, 반신반인, 영웅의 얼굴에 시민의 탈을 씌어 놓고 인간의 언어로 말하게 한다.

에우리피데스 : 우리는 일반인이 사용하는 언어를 말할 필요가 있다오.[10]

신의 형상을 하고 신적인 언어를 사용하는 아이스킬로스의 주인

공들과, 신의 형상을 하고 일반인이 말하는 언어를 사용하는 에우리피데스의 주인공은 형상의 측면에서는 분명 같지만, 언어의 측면에서는 전혀 다르다.

둘째, 아이스킬로스와 에우리피데스의 비극에서 조연 인물은 구분된다. 양자는 분명 대별된다. 에우리피데스의 주인공들은 아이스킬로스의 등장인물들과 달리 평범한 시민들 이하의 사람들이 많이 출현했다.

> 아이스킬로스 : 그(에우리피데스)가 짓지 않은 죄가 있단 말인가?
> 포주, 성소에서 아이를 낳는
> 여인들 그리고 자기 오빠들과 섹스하는
> 여성들, 사는 게 사는 게 아니라고 말하는
> 여성들을 도입한 게 그가 아니라 말인가?[11]

에우피데스의 지지자들이 평범한 자들 이하였다는 것은 에우리피데스가 아이스킬로스가 차지하고 있는 비극의 옥좌를 요구할 때도 분명하다.

> 노예 : 에우리피데스는 하데스에 내려오자
> 그(에우리피데스)는 도둑놈, 가방 날치기꾼, 존속살해범,
> 훔치는 업으로 삼는 모든 놈들에게
> 자신의 수사학을 보여 주기 시작했죠. ……[12]

아리스토파네스의 극이 일종의 풍자와 해학이라는 점을 전제하

면, 에우리피데스의 극에 등장한 조연 인물들은 우리가 일상에 접하는 평범한 사람들이거나 그 이하의 신분임을 알 수 있다. 하지만 아이스킬로스 비극에도 평범한 시민들이나 그 이하 신분의 사람들 역시 출연한다. 아이스킬로스와 에우리피데스의 극에 평범한 신분 이하의 조연들이 등장한다면, 니체의 이 말은 어떤 뜻인가?

이를 우리는 '관객'이라고 칭하는 자들이 무대 위에 올라왔을 때 어떤 역할을 하는가를 중심으로 살펴보아야만 한다. '관객'은 에우리피데스 이전에는 무대 밖에서 신, 영웅, 반신반인을 관람했던 자들이란 것이 주지의 사실이다. 양자의 차이는 무엇인가? 아이스킬로스와 소포클레스의 작품 속에서 '관객'이라 칭해질 수 있는 자들은 존재하지만 맡은 역할이 거의 없다. 있다 해도 단순한 전달자 정도이거나 극히 미미한 역할만을 맡을 뿐이다. 반면 에우리피데스의 극에 이르면 '관객'이라 칭해지는 자들은 단순히 무대 위에 오르는 정도가 아니다. 그들은 무대 위에서 일정한 역할을 맡을 뿐만 아니라 주인공과 적당한 수준의 대화를 나눌 정도로 역할이 커진다.『개구리』에서 에우리피데스는 이를 분명히 밝힌다.

> 에우리피데스 : 내 극에서는 여성도 말했으며, 노예도 물론이고
> 주인도, 처녀도, 노파도 또한 말했지요.[13]

결론적으로 이야기해 보자. 신과 반신반인, 영웅이 주인공으로 출현하고 조연으로 일반 시민과 그 이하 신분의 시민이 출현한다는 점에서 아이스킬로스, 소포클레스와 에우리피데스는 동일하다. 하지만 양자의 비극에서 주인공과 조연이 하는 말과 역할은 완전히

다르다.

니체의 지적은 명쾌하다. 주인공과 조연이 하는 말이 다르다는 것이다. 특히 에우리피데스의 비극에서 신, 반신반인, 영웅들보다 못한 '관객'과 같은 신분에 속하는 자들이 무대 위에서 제 목소리로 말을 내기 시작했다. 이어 신희극 작가의 극 속에서 관객들에 지나지 않았던 자들이 주인공으로 등장하고 주도적인 역할을 한다. '에우리피데스가 관객들에게 말할 능력을 주었다.'라는 니체의 이 다음 주장은 이에 근거하여 해석하면 된다.

6. 아이스킬로스와 소포클레스는 신, 반신반인, 영웅들을 무대의 주인공으로 올렸고, 그 역할 역시 신, 반신반인, 영웅들이었다. 그들은 신과 영웅의 탈을 쓴 신들이었다. 반면 에우리피데스는 신, 반신반인, 영웅들을 무대의 주인공으로 올렸지만, 그들은 인간의 일상 삶을 보여 주는 역할이었다. 그들은 반신반인과 영웅의 가면을 쓴 일반인이었다.

7. 신적인 영웅 등의 주인공에서 일반적인 시민으로 주인공의 변화를 지적한 내용이다. 아이스킬로스와 소포클레스의 비극에서 주인공들은 오이디푸스처럼 원하지 않는 죄를 짓거나 프로메테우스처럼 스스로 확신에 차서 죄를 짓는다. 하지만 이들은 이 죄가 양심에 위배되는가 아닌가를 고민하지 않는다.

반면 에우리피데스의 개별 주인공들은 죄를 짓고, 이 죄가 법적, 사회적 의미에서 죄인가 아닌가, 양심에 위배되는가, 도덕을 파괴하는 것은 아닌가를 끊임없이 고민한다. 에우리피데스의 주인공들은 신의 형상을 했지만 인간적인 자기 번민에 빠진 고통스러운 인간의 전형이다.

8. 그래쿨루스Graecolus는 영어로 '하찮은 그리스인little greece' 또는 '경멸받을 만한 그리스인contemptible greece'이란 라틴어 축소명사이다. 그래쿨루스는 로마인들이 그리스인들을 경멸적으로 부를 때 사용한 말이다.

원래 로마인들은 한편으로 그리스인들의 문학, 철학, 문화 등을 매우 높게 평가했지만, 다른 한편으로는 그리스인들의 쾌락적이며 낙천주의적인 인생관을 경멸했다. 또한 로마인들은 그리스인들이 말을 잘하고 교활하다고 생각했다.

제3차 마케도니아 전쟁 당시 로마는 기원전 168년 피드나 전투Battle of Pydna에서 마케도니아를 패퇴시킨 후, 그리스가 또다시 다른 나라와 동맹이나 연합을 하여 전투를 걸어올 것을 우려했다. 로마는 피드나 전투에서 승리한 후 그리스 시민 15만 명을 노예로 팔았다. 이때 팔린 노예들은 로마에 들어와서 가내 노예로 정착했다.

이때부터 로마인들은 이전부터 그리스인들에 대해 가지고 있었던 생각에 덧붙여, 그리스인들을 '그래쿨루스'라고 불렀다. '그래쿨루스'는 로마인의 입장에서 하찮고 경멸받을 만한 행동을 하며, 쾌락적이며 낙천적인 삶을 사는 그리스인을 뜻할 뿐만 아니라 로마인이 그리스인을 지배하고 있다는 것을 의미한다.

9. 아이스킬로스와 소포클레스와 같은 비극 작가들이 오디세우스와 같은 '영웅'을 무대 위에 올렸다고 한다면, 에우리피데스 같은 비극 작가는 오디세우스와 같은 '속물'을 무대 위에 올린다는 뜻이다. 이 문장대로라면 가장 전형적인 그리스인인 오디세우스는 영웅인가 속물인가라는 질문이 던져진다. 영웅인가, 속물인가? 호메로스의 『오디세이아』에서 묘사한 오디세우스가 영웅적 속성과 속물

적 속성을 다 가지고 있다가 정답이다.

　우선, 오디세우스는 영웅이다. 그는 인간으로 태어나 신이 된 헤라클레스 못지않게 트로이 전쟁에서 승리를 거둔 후 20여 년 간 키클롭스, 키르케, 지하 하데스 여행, 칼립소 등 온갖 모험을 겪는다. 그는 온갖 고통을 겪으면서도 집으로 돌아갈 수 있다는 희망을 버리지 않는 낙천주의자이다. 그는 갖은 고생 끝에 결국 집으로 돌아와 아들 텔레마코스와 힘을 합쳐 자기 부인의 구혼자들을 몰아낸다. 오디세우스의 기약 없으면서도 머나먼 여행은 많은 사람들의 모험심을 부추긴다. 온갖 고초를 겪고 살아남은 그의 뛰어난 행동은 많은 사람들의 영웅심을 자극한다. 마침내 집으로 무사하게 돌아가는 그의 귀환은 많은 사람들에게 꿈과 희망을 안겨 준다. 오디세우스는 예나 지금이나 모험과 용기의 대명사로서 우리에게 마찬가지로 들뜬 기대감과 영웅심을 자극한다.

　반면 오디세우스는 속물 중 속물이다. 그는 속물 그 자체이다. 호메로스 『오디세이아』의 첫마디는 "들려주소서, 무사 여신이여! …… 임기응변(다재다능한, 언제든지 준비가 된, 또는 재간이 많은)에 능한 그 사람(오디세우스)의 이야기를"로 시작한다. '임기응변(versatile, ingenious, so ready at need)'은 달리 말하면 교활함이자 노회함이며, 목적을 달성하기 위해 수단과 방법을 가리지 않는 것이다. 모든 배를 파멸시키는 세이렌의 노래가 울리는 곳에 도달하였을 때, 그는 자신의 몸을 돛대에 묶고 선원의 귀에 밀랍을 채워 빠져나온다. 그는 이런 교묘한 방법으로 세이렌의 아름다운 노래를 듣는 행운을 누린다. 그는 키클롭스의 섬, 키르케의 섬, 칼립소가 사는 섬 등에서도 교묘한 방법을 통해 죽을 운명을 헤치고 살아남는다. 오디세

오디세우스와 세이렌. 오디세우스가 선원들의 귀를 밀랍으로 막고 자기 몸은 돛대에 묶고서 세이렌의 아름다운 노래를 듣고 있다. 오디세우스는 선원에게 자신이 풀어 달라고 말하면 더 세게 묶으라고 명령한다. 오디세우스는 이런 임기응변으로 세이렌의 아름다운 노래를 들으면서도 세이렌의 난파 위험에서 벗어난다. (존 윌리엄 워터 하우스, 1891년, 빅토리아 국립 미술관 소장)

우스가 어려움에 처할 때마다 헤쳐 나온 방법은 말 그대로 임기응변이었다. 오디세우스의 행적은 나쁘게 보면 상대를 이기기 위해 수단과 방법을 가리지 않은 교활함 그 자체이다.

오디세우스는 영웅적 속성을 지닌 그리스인이자 속물적 속성을 지닌 '리틀 그리스인'인 그래쿨루스이다. 속물적 속성은 영웅적 측면이 드러나지 않으면 더 추하게 보이기 마련이고, 영웅적 성격은 속물적 성격이 감춰질수록 더 장엄하게 보이기 마련이다. 문제는 누가 어떻게 묘사하느냐에 달려 있다. 니체는 아이스킬로스와 소포클레스 비극의 비극적 죽음 이후, 에우리피데스 비극의 희극적 탄생 이후, '영웅적 오이디푸스'와 같은 영웅은 죽었다고 말한다. 그 대신 자잘한 계산과 영악한 잇속에 능한 '속물적 오이디푸스'가, 바로 현재의 우리와 같은 속물이 무대의 주인공이 되었다고 니체는 한탄한다.

10. 비만에서 해방시킨 비극에 대해 아리스토파네스는 『개구리』에서 다음과 같이 말한다.

> 에우리피데스 : 내가 처음 당신에게서 이런 극을 물려받았을 때,
>
> 과장과 허풍으로 잔뜩 차 있었죠.
>
> 우선 나는 액포, 걷기, 완화제의 도움을 받아
>
> 이 극을 날씬하게 만들고서, 그 무게도 줄였죠.
>
> 나는 학구적인 담소에서 끄집어낸 물약을 이 극에다 투약하고
>
> 그리고 독창가로 이 극을 돌보았죠.
>
> ......
>
> 에우리피데스 : 내가 우연히 건진 것을 그 안에 넣거나
>
> 내가 노력해서 발견한 것을 거기에 덧붙이는
>
> 그런 어리석은 짓을 하지 않았어요. 처음 등장하는
>
> 인물이 내 대신
>
> ......
>
> 극의 전말을 설명하도록 했지요.
>
>
> 에우리피데스 : 그렇게 극을 여는 말을 한 후, 나는
>
> 극에서 불필요한 어떤 것도 남겨 두지 않았지요. 절대로.[14]

비극을 비만에서 해방시켰다는 것은 비극을 처음부터 이해하기 편하도록 쉽게 설명했다는 걸 말한다. 이 말은 에우리피데스 비극과 그 이전 비극의 가장 커다란 차이점을 설명해 준다.

에우리피데스 비극의 가장 큰 특징은 극의 가장 맨 앞에 나오는 프롤로그이다. 그는 프롤로그를 통해 극이 앞으로 어떻게 진행될 것인가를 모두 설명해 준다.(니체는 프롤로그가 비극을 어떻게 파멸시켰는가를 뒤에서 상세히 설명한다.) 반면 그 이전의 비극은 처음부터 끝까지 복잡한 사건이 연속으로 일어나는 동시에 끊임없이 생각하도록 구성되어 있다. 따라서 비극에 초집중하지 않으면 극의 참맛을 알기 어렵다.

11. 아리스토파네스는 『개구리』에서 에우리피데스가 시민들에게 말하는 법을 가르쳤다고 풍자한다.

> 에우리피데스 : 나는 이러한 사람들이 여기서 자신들의 사고방식에 따라 말하는 법을 가르쳤지요. ……[15]

12. 우선 니체가 말한 비극의 변화에 근거한 이해이다. 니체는 앞에서 '판신의 죽음'을 통해 고대 그리스 비극의 비극적 죽음을 암시했다. 니체는 음악과 춤이 중심인 아이스킬로스의 비극에서 '언어'가 중심인 에우리피데스의 비극으로의 전환을 비극의 자살, 비극의 비참한 죽음이라고 판단했다.

니체가 비극이란 합창가무단이 본질이라고 언급한 것을 떠올려 보자. 합창가무단의 역할이 줄어듦은 곧 음악과 춤의 줄어듦을 말하고, 이는 고전적 비극의 종말을 향해 폭주하는 기관차와 다름

없다.

전체적으로 아이스킬로스에서 에우리피데스에 이르기까지 극이 진행되었던 저 단계는 전체적 기조로 본다면 합창가무단이 대체적으로 축소된다는 점이다. 한발 더 나가 살펴본다면, 마치 식민지가 본국 수도를 지배하듯이 무대배경[16]이 오케스트라를 압도했으며, 무대 위 인물들의 대화와 그들의 독창이 전면에 등장했으며, 지금까지 주도적이었던 합창가무적-음악적인 전체 표현을 압살했다.[17]

니체가 에우리피데스를 비극의 교살자, 압살자, 살해자 등으로 부른 것은 합창가무단의 역할을 줄였기 때문이다. 니체는 에우리피데스가 합창가무단의 본질인 음악과 춤이 아니라 말로 비극을 만들었다고 비판한다.

에우리피데스는 학문의 길 위에서 말로 디티람보스의 효과를 만들어 내기 위해 비극적 사유를 추구했다.[18]

니체는 언어 중심적인 에우리피데스의 비극이 곧 비극의 근원적 가치를 훼손했다고 이해한다. 실제로 아이스킬로스와 에우리피데스의 비극에서 합창가무단이 차지하는 역할을 양적으로 비교해 봐도 현격한 차이가 난다. 에우리피데스의 비극에서 합창가무단이 차지하는 양은 현격히 줄어든다. 즉, 그만큼 춤과 음악이 줄어들었다.

다른 한편에서 본다면 이 문장은 에우리피데스가 합창가무 대신 실제로 언어를 어떻게 다루었는가에 대한 질문을 필요로 한다. 아리스토파네스의 『개구리』는 이에 대한 적절한 답을 준다.

> 에우리피데스 : …… 말들을 위해 섬세한 규칙을 도입하고
>
> 시행들을 산뜻하게 다듬었지요. 나는 그들이 생각하고,
>
> 보고, 이해하고, 새로운 전개와
>
> 이중 거래를 사랑하고, 최악의 사태를 짐작하고,
>
> 모든 면에서 영리해지라고 가르쳤지요.[19]

에우리피데스는 과거 합창가무단이 춤추고 노래하면서 수행한 역할을 등장인물들이 말을 통해서 생각을 말하고 표현하는 것으로 바꾼다. 니체는 이 점을 예리하게 포착한다. 에우리피데스 덕분에 말할 줄 알게 된 대중들이 이기심과 욕심을 탐욕적으로 계산할 줄 알게 된다. 결국 인간의 욕망과 바람을 적절히 표현한 반인반수 사티로스들은 무대 위에서 사라진다.

이 두 가지를 합쳐 결론을 내려 보자. 에우리피데스는 고전 비극을 죽음으로 몰고 갔다. 그는 사티로스를 무대 밖으로 쫓아내고 일반인을 등장시킨다. 그는 극도의 고통을 참고, 근원적 일자와 합일을 추구한 춤과 음악에게도 사형을 내리고, 등장인물에게 계산하고 타협할 줄 아는 대화와 말의 능력을 부여한다.

13. 에우리피데스가 비극을 준비하면서 유난히 격언을 많이 쓴 것을 뜻한다.

14. 시민적인 평균성bürgerliche Mittelmäßigkeit과 Maß의 관계를 살펴보자. Maß에 대해서는 3장 2절 다시 보기에서 자세히 설명했다. Mittelmäßigkeit는 자 또는 척도Maß를 중심으로 놓고 위와 아래, 전

후좌우를 다 제거한 중간 정도로, 평균, 보통, 중간, 평범, 범용 등을 뜻한다. 시민적인 평균성(평범성)이란 시민 중에 정치, 경제, 문화, 학문 등 다양한 영역에서 상층과 하층을 제거하고 남은 중간 값이라고 할 수 있다. 편의상 우리가 흔히 말하는 문화적인 중산층이라고 이해해도 좋다. 여러 측면에서 극단적인 견해나 의견을 제거한 중간 정도 의견을 가진 집단으로 봐도 좋다.

니체는 이런 시민적인 평균성에 문제를 제기한다. 시민적인 평균성은 한발만 더 나가면 삶에 아무런 의욕도 없고 오로지 살기 위해서만 자신의 삶을 소비하는 그런 계층적 속성의 한 단면이다. 무기력, 나태, 권태, 소비, 안주, 안락을 특징으로 보여 주는 시민적인 평균성은 니체적 관점에서 삶의 의지 상실의 전형이며 프로이트적 관점에서 욕망과 욕구 상실의 전형이다.

니체는 고대 그리스 아테네에서 왜 시민적인 평균성이 나타나게 되는가를 두 가지 측면에서 살펴본다. 니체는 우선 에우리피데스의 공연에서 나오는 주인공들과 조연들이 그런 삶을 보여 준다고 단언한다. 그들은 아이스킬로스와 소포클레스의 비극에서 나오는 신, 반신반인, 영웅들 대신 극의 주인공과 조연이 됨으로써 시민적 평균성의 가치를 대변한다.

이들은 자신들의 재산을 지키는 데 혈안이 되어 있는 자들로서 고상한 가치나 심오한 세계관은 없다. 니체는 이것을 가능하게 만든 자가 에우리피데스이며, 그가 시민들에게 그렇게 말하도록 가르쳤다고 평가한다.

다른 하나는 소크라테스이다. 소크라테스 역시 소피스트적 논박을 통해 보편적인, 달리 말하면 평균적인 가치를 시민들에게 주입했다고 니체는 평가한다. 이에 대해서는 13장부터 자세히 다룬다.

니체는 모든 시민이 시민적인 평균성(평범성)을 극복하고 초인이 되기를 바란다. 하루하루 삶의 이익에 매달려 사는 하루살이 인생이 아니라, 자신의 삶을 뚜벅뚜벅 개척해 가는 시민이 진정한 시민이라고 생각한다.

15. 반신반인Halbgott은 인간과 신의 결합에서 나온 존재이며, 반인반수Halbmensch는 인간과 짐승의 결합에서 나온 사티로스와 판신 같은 존재이다. 반신반인은 비극에서 영웅이나 신적인 존재인 주인공을 말하고, 반인반수는 합창가무단을 말한다.

반신반인은 인간이 신적인 존재를 지향한다는 의미이다. 반신반인은 인간으로서는 견디기 힘든 상황을 담담히 견뎌 내는 고결하고 강인한 언어로 말하며, 주로 비극의 영웅이 하는 말을 통해 나타난다. 반면 반인반수는 인간의 본성 중 짐승적인 측면이 있다는 뜻이다. 반인반수는 인간이 자신의 진정한 욕망과 욕구를 강렬하게 노출하는 것으로, 주로 합창가무단의 합창과 춤을 통해 나타난다.

아이스킬로스와 소포클레스의 비극이 반신반인과 반인반수의 음악과 춤, 언어로 이야기되었다고 한다면, 에우리피데스의 비극은 시민적인 평균성(평범성)의 언어로 나타난다.

16. 아리스토파네스는 『개구리』에서 일상적인 삶과 행위 묘사와 판단 능력을 갖췄다는 걸 다음과 같이 표현한다.

> 에우리피데스 : …… 나는 가정사에서 또한
> 우리가 이해하는 유용한 문제를 도입했으며,
> ……

에우리피데스 : 나는 이러한 사람들이 여기서

그러한 일들을 생각하게 가르쳤지요.

나는 예술 속에 논리를 도입했어요.

나는 그들이 질문꾼이 되게 만들었어요.

이제 그들은 모든 걸 보고

모든 걸 이해할 수 있게 되었지요.

이제 그들의 정신은 이전보다

심오해졌지요.[20]

아리스토파네스는 『개구리』에서 시민들이 재산관리와 소송에 매진하는 모습을 아주 일상적인 모습을 통해서 다음과 같이 풍자한다.

에우리피데스 : 그들은 이전보다 훨씬 더

자신들의 집을 잘 정리하게 되었지요.

그래서 이제 그들은 곧장 묻곤 해요. '이것 어디 있어?'

'어떻게 되어 가고 있지?', '누가 그걸 가져갔어?'

디오니소스 : 이제 아테네인들은

집에 들어가면 집에 있는 하인들에게

고함을 치고, 괴성부터 지르기 시작하지.

'내 항아리 어디 있어?', '내 정어리는?'

'누가 정어 대가리를 먹어 치운 거야?'

'작년부터 쓰던 내 술잔은,

망가진 거야, 사라진 거야?'

'내 마늘 한 쪽은 어디 있어?'

'어제까지 가지고 있었는데,

누가 내 올리브 깨물어 먹었어?"[21]

에우리피데스의 입과 이를 비판하는 디오니소스의 말에서 뱉어나온 대사들은 일상의 소소한 소유물과 관련된 아테네 시민의 쫀쫀함과 쪼잔함을 드러내는 풍자이다. 이를 확대하면 법정에서 자신의 소유물과 관련된 법정 투쟁으로 이해할 수 있다.

에우리피데스는 자신이 일반 시민에게 이런 소유권과 관련된 소송을 진행시킬 정도의 지식을 전수했다고 자랑한다. 니체는 에우리피데스의 이러한 자랑질을 비판한다. 지중해 전역과 아시아의 절대 강국 페르시아를 패배시켰던 아테네 시민들이 즐겼던 비극을 보라. 그들은 프로메테우스를 통해 절대 강자 제우스와 다툼을 벌였으며, 오이디푸스를 통해 인간에게 주어진 숙명적 운명을 사유했다. 반면 에우리피데스가 도입한 시민적 평균성(평범성)이란 결국 시민을 삶의 버러지와 이익의 기생충으로 만든다고 니체는 비판한다.

다시 보기

음악과 말 또는 음악과 대화의 대투쟁을 다룬 절이다. 아리스토텔레스는 아이스킬로스가 배우를 한 명에서 두 명으로 늘렸으며, 소포클레스는 세 명으로 늘렸다고 말한다. 그 후 드라마에서 대화가 중심적인 자리를 차지하기 시작한다고 그는 말했다.[22] 실제로 아이스킬로스, 소포클레스, 에우리피데스의 비극을 살펴보면, 에우리피데스에 이르러 등장인물이 훨씬 더 많아진다.

아리스토텔레스는 비극의 초기에도 합창가무단과 그 장長과 배우의 대화가 있었다고 말한다. 실제로 아이스킬로스의 극이나 소포클레스의 극을 살펴보면 코로스장과 배우의 대화가 있으며, 코로스와 코로스장이 극에서 상당히 중요한 역할을 한다.

하지만 에우리피데스에 이르면 대화가 합창가무단을 압도하는 현상이 발생한다. 우리가 잘 알고 있는 에우리피데스의 『박코스의 여신도들』에서도 배우들의 대화가 주를 이루고 합창가무단과 그 단장인 코로스장과 배우들의 대화는 극도로 축소됨을 볼 수 있다. 『박코스의 여신도들』이 디오니소스를 찬양하는 극이라고 한다면, 합창가무단이 주를 이루는 것이 비극이라면, 에우리피데스의 이런 극작법은 디오니소스와 그를 기리는 비극을 모독하는 것이다. 아이스킬로스의 『아가멤논』에서 합창가무단과 그 장 그리고 주인공의 대화가 주를 이룬 것과 비교한다면, 에우리피데스의 극작법은 파란이다.

아리스토텔레스는 합창가무단 역시 배우의 한 사람으로 간주하고 극의 일부분으로 활동해야 한다고 강조하면서 에우리피데스의 합창가무단 활용법을 비판한다.

합창가무단 또한 배우들 중 한 명으로 간주되어야 할 것이다. 합창가무단은 전체의 통합적 일부이며, 극적 행위에서 일부를 차지해야 할 것이다. 합창가무단은 이때 에우리피데스 방식이 아니라 소포클레스 방식으로 해야 할 것이다.[23]

아리스토텔레스는 에우리피데스 이후 합창가무단이 플롯과 무관하게 발전하게 된다고 말한다. 비극 내에서 합창가무단의 역할 축소는 곧 음악과 춤의 현저한 축소와 대화의 증가를 뜻한다. 대화가 이제 비극에서 중심적인 자리를 차지한다.

니체는 '비극의 파멸은 대화에서 시작한다'라고 명확하게 지적한다. 모든 드라마의 주인공이 패배해서는 안 되는 것과 마찬가지로 비극의 주인공 역시 절대 패배해서는 안 된다. 에우리피데스 비극의 주인공은 대화와 말을 할 뿐이다. 합창과 가무를 하는 주인공 대신, 이제 번드르르한 말과 논리로 무장한 주인공이 등장한다.[24] '음악극'이라는 비극에서 음악은 자리를 잃기 시작하고, '대화극'이 이제 비극의 중심에 선다.

에우리피데스는 합창가무단의 역할을 축소시키고 말과 대화를 극의 중심으로 끌어올린다. 그는 음악을 교살함으로써 비극을 압살한다. 에우리피데스가 비극을 자살로 몰고 간 자라고 니체는 11장 앞머리에서 밝힌 것도 바로 이 때문이다.

4. 노예적 명랑성

이제jetzt 신희극은 그처럼 가공되고 계몽된 대중에게 도움을 요청했으며, 에우리피데스는 합창가무단의 선생님이 될 정도였으며, 이때부터 관객으로 구성된 합창가무단은 연습을 통해 훈련해야만 했다.[1] 관객으로 구성된 합창가무단이 에우리피데스식의 운율로 노래를 부르자마자, 해피엔딩으로 끝나는 극적인 모든 장르가 교활함과 노회함으로 무장하고서 지속적으로 승리의 노래를 부르게 된다.[2] 또 다시 합창가무단의 선생님인 에우리피데스는 지속적으로 찬양을 받게 된다. 비극 시인들이 비극과 똑같이 죽

었다는 것을 알지 못했더라면, 사람들은 에우리피데스에게서 더 많이 배우고 싶어 죽으려고 했을 것이다.[3]

하지만 그리스인들은 비극의 죽음과 더불어 자신의 불멸성을 포기했으며, 이상적 과거에 대한 믿음뿐만이 아니라 이상적 미래에 대한 신념도 포기했다.[4] '노인이 되어서는 경솔하고 변덕스럽다'라는 유명한 묘비명 시는 노쇠한 그리스에도 적용된다.[5] 찰나 Augenblick, 기지機智Witz, 경박Leichtsinn, 변덕Laune은 쇠퇴기 그리스가 최고로 중시한 신성神性이었다.[6] 이제jetzt 제5 신분인 노예계급이 최소한 신념이란 측면에서 지배하게 된다.[7]

이제jetzt 일반적인 측면에서 '그리스적 명랑성'에 관해 언급된다면, 그 명랑성이란 노예적인 명랑성으로서, 어려운 것에 대해 전혀 책임지지 않으며, 위대한 것을 얻으려고 절대 노력하지 않으며, 현재보다 과거나 미래를 어떤 경우에도 절대 높게 평가하지 않는 걸 말한다.[8] 겉으로 드러난 이러한 '그리스적 명랑성'은 기독교 초기 사백 년 동안의 침울하고 공포심에 사로잡힌 인물들을 그토록 격앙시켰던 바로 그것이다. 초기 기독교 인물들에게 그리스적 명랑성이란 이처럼 진지함과 경악스러움으로부터 여성적인 도피, 안락한 향락에 대한 자기만족적 허용으로 비춰졌다. 그들은 이런 태도를 경멸적인 눈으로 바라보았을 뿐만 아니라 반기독교적 의식 그 자체로 받아들였다.[9]

수백 년 동안 지속된 고대 그리스에 대한 관점이 거의 극복되지 않은 채 창백하면서도 붉은 빛blaßrote[10]을 띠는 명랑성의 색채를 지녔던 것도 바로 이들의 영향력 때문이었다는 것이 추가되어야 한다. 또한 과거 육백 년 동안 비극의 탄생, 비밀 제의, 피타고라스와 헤라클레이토스가 존재하지 않았던 것처럼 보이는 것도, 위대한 시대의 예술 작품이 존재하지 않은 것처럼 보이는 것도 그들의 영향력 때문이다. 그럼에도 이러한 모든 것들은 그러한 노년기와 노예적인 삶의 추구와 명랑성의 토대로부터 전혀 설명되지 않으며, 자신들의 존재 토대로서 완전히 다른 세계관이 있었음을 보여 줄 뿐이다.[11]

1. 이 말에 따른다면 에우리피데스 이전의 합창가무단은 연습을 하지 않았고, 에우리피데스 이후부터 합창가무단은 연습을 했다는 뜻이다.

　에우리피데스 이전의 고전적 비극 디오니소스 축제의 참여자들 중 일부가 합창가무단을 구성했다고 8장 2절에서 밝혔다. 이때의 합창가무단은 축제에서 행했던 춤과 노래를 무대 위에서 그대로 수행하면 된다. 하지만 에우리피데스의 합창가무단은 춤과 노래가 중심이 아니라 말과 대화가 중심이므로 이를 능숙하게 하려면 연습이 필요했다.

　내용상으로 이런 구분이 가능하지만, 실제로 연습을 했는지 안했는지의 여부를 가릴 수 없다. 하지만 일반적으로 무대 위의 공연은 연습을 전제로 하므로, 니체의 이 말은 단지 고전적 비극과 에우리피데스 비극의 합창가무단을 내용상으로 구분하기 위한 걸로 이해하는 게 좋을 듯하다.

2. 『비극의 탄생』이 출판되었던 1872년, 이 책의 원제목은 『음악정신으로부터 비극의 탄생』이었다. 비극의 탄생을 음악정신으로부터 찾는 것이 이 책의 목적이므로, '에우리피데스식의 운율로 노래를

부르자마자'는 11장에서 가장 중요한 핵심어라고 할 수 있다. 그러나 정작 니체는 6장의 민요를 다루면서도 이를 자세하게 설명하지 않았듯이 여기에서도 이에 대한 설명을 하나도 하지 않고 넘어간다. 이 부분을 메꿔서 이해하는 것은 우리의 몫이다.

'에우리피데스식의 음조로 노래를 부르자마자'를 이해하기 위해서는 6장 1절 해설 1을 참고해야 한다. 이에 대한 내용은 아리스토파네스의 『개구리』 1200~1245행에 설명되어 있다. 아이스킬로스는 에우리피데스의 프롤로그를 '작은 양모 조각', '작은 기름병', '작은 자루'로 박살낼 수 있다고 말한다. 그는 그 예로 '작은 기름병'으로 에우리피데스의 프롤로그에 나온 구절들에 운율을 붙인다. 아이스킬로스는 에우리피데스를 놀리기 전 다음과 같이 말한다.

> 아이스킬로스 : 작은 기름병 등이 자네의 이암보스격에
> 멋지게 꼭 들어맞을 것이네.'[25]

6장 1절 해설을 보면 이암보스격은 기본적으로 단장, 즉 '—∪'이 세 번 진행되는 것을 뜻한다. 이암보스격은 서정시인 아르킬로코스가 이용했으며, 민요에서 주로 사용되던 운율이다. 비극은 대화를 도입하면서 이 운율을 주로 사용했다. 아이스킬로스와 소포클레스가 만든 고전적 비극은 이런 이암보스격을 주로 사용한다. 에우리피데스는 이 이암보스격을 바꾸어서 '단단단', 즉 '∪∪∪'를 사용한다. 우리 식으로 말하면 '작은', '기름', '병'이 각각 하나의 단, '∪'를 사용한 셈이다. 이런 식으로 발음을 해 본다면 음이 무척 빠르고 가팔라짐을 알 수 있다.

또한 에우리피데스는 장단격 사절운율trochaic tetrameter '一∪—∪/
一∪—∪/—∪—∪/—∪—∪/'을 많이 사용했다. 장단격 사절운율은
고전적 비극이 나타나기 전, 사티로스극에서 춤적인 요소가 많을
때 주로 사용한 것으로 격렬한 흥분을 자아내는 데 사용했다.

> 장단격 사절운율을 그들이 본래 사용했던 이유는 풍자적이며 오늘날보다
> 춤추는 것과 훨씬 더 연관되어 있기 때문이다.[26]

에우리피데스는 춤적인 운율인 장단격 사절운율을 대화에 도입
함으로써 말을 빠르게 하도록 했다.

결론적으로 이야기해 보자. 에우리피데스는 고전 비극이 주로 사
용하던 민요조의 이암보스격 대신 음을 빠르게 하기 위해서 이암보
스격을 변형시키고 흥분을 자아내는 장단격 사절운율을 사용했다.
즉, 단단단의 빠른 운율과 사티로스적인 춤에 사용된 장단격 사절
운율이 대화에 도입됨으로써, 코미디적인 희극적 운율로 발전할 수
있는 계기가 만들어진다.

깐죽거림처럼 보이는 '작은 기름병'은 에우리피데스의 모든 부분
을 파괴하는 숨겨진 폭탄이다. 아리스토파네스는 '작은 기름병'으
로 에우리피데스가 고전적인 비극의 운율에서 일탈했다고 지적한
다. 나중에 신희극 극작가들은 에우리피데스를 따라 위와 같은 운
율을 사용하여 극을 만들었고, 희극적인 운율을 발전시킨다.

신희극 극작가들은 고희극의 스승인 아리스토파네스를 내팽개
치고, 왜 비극 작가인 에우리피데스를 스승으로 받아들이고 숭배했
는가? 희극이 재미, 너스레, 풍자와 해학, 말개그와 몸개그, 흥미진

진, 해피엔딩 등의 속성을 지니고 있다면, 고희극이나 신희극은 동일하다. 그렇다면 고희극과 신희극의 차이는 어디에서 비롯하는가? 이 질문은 곧 고희극의 대표자인 아리스토파네스는 어떤 운율을 사용했는가라는 질문으로 바뀐다.

고희극의 아리스토파네스와, 비극 작가이지만 신희극의 아버지인 에우리피데스는 운율적 요소에서 차이가 있다는 결론에 이른다. 아리스토파네스는 고희극 작가이지만 대화와 독백에서 주로 민요조의 이암보스격을 주로 사용했다. 그는 속성적 측면에서 코미디 작가이지만 운율적 측면에서는 여전히 비극적 요소를 사용한 작가이다. 풍자시는 이암보스격을 사용했으며, 후일 일부 시인들은 이 운율을 사용하여 희극 작가가 되고 일부 시인들은 서사시 대신 비극 작가가 되었다고 아리스토텔레스는 말한다.[27] 아리스토파네스는 이암보스격을 사용하여 풍자적 요소를 강조했던 것이다.

운율적 측면에서 신희극 작가들은 에우리피데스의 극에 사용된 빠른 단단단격과 강렬하고 흥겨운 장단사격을 받아들인다. 그들은 내용적 측면에서도 희극의 모태인 아리스토파네스의 풍자와 해학을 버리고 소시민적 평균성의 해피엔딩을 새로운 희극의 내용으로 창조한다. 마지막으로 주인공의 측면에서 그들은 반신반인, 영웅 등을 버리고 관객, 일반인을 등장시킨다.

운율이 바뀌자 내용도 바뀐다! 음악이 바뀌면 모든 게 바뀐다. 니체가 하고 싶은 말이다. 사물의 근저에 있는 음악, 근원적 일자와 만날 수 있는 음악이 바뀌면 내용도 속성도 모든 게 바뀐다. 신희극은 음악적 요소를 바꿈으로써 희극의 내용적 측면마저 바꿔 버린다. 신희극 작가들은 기존 질서, 권력, 권위를 비웃는 풍자와 해학의 진짜 아버지 아리스토파네스를 버리고, 하하호호 해피엔딩 희극의 의붓아버지 에우리피데스를 받아들인다.

3. 그리스인들은 비극이 죽음을 맞았고, 비극 시인들 역시 죽었다는 것을 이미 알았다. 그리스인들은 비극 시인을 자처한 에우리피데스를 비극 시인으로 인정하지 않았다. 그렇기 때문에 그리스인들은 죽은 에우리피데스에게 배우기 위해 죽으려고 하지 않았다.

4. '비극이 죽자 그리스인들은 죽음을 맞는다, 비극이 죽자 이상적 과거와 미래도 사라진다'는 9장을 한마디로 요약한 것이다. 수동적 영웅 오이디푸스를 보라. 불운한 과거를 보낸 오이디푸스는 결국 죽어 가면서 명예를 얻었고, 죽은 뒤 모든 사람의 존경을 받는다. 능동적 영웅 프로메테우스를 보라. 절대 권력자 제우스와 다투었던 프로메테우스는 협상을 끌어냈으며, 죽지 않고 인간의 마음과 영혼 속에 살아간다.

니체의 관점에 따르면 비극의 주인공들은 죽으나 죽지 않고 살아 있는 불멸적 존재가 되고, 과거의 고통과 고난도 결국 미래의 영광을 위한 토대가 된다. 그리스인들은 비극을 보면서 우리가 알고 있는 기독교과 같은 종교의 영생과 불교의 윤회와는 다른 형태의 불멸성을 느끼고 향유한다. 그들은 과거와 현재의 고통과 고난을 미래의 영광을 위한 사다리로 받아들였다.

'위대한 판신이 죽었다'가 건강한 고대 시대의 죽음을 알렸듯이, 비극의 죽음은 건강한 그리스인의 죽음을 알리는 조종이었다. 이암보스격의 변화가 신희극의 도래를 알렸듯이, 비극의 죽음은 과거와 현재의 고통과 고난을 종교적 속죄와 윤리적 대가로 받아들이는 시대가 열림을 알린다.

5. 괴테의 격언시 묘비명 시 481번에 실린 시이다. 나이가 들면 지혜롭고, 사려가 깊어지고, 조바심 내지 않으며, 순리를 알고, 타인의 말에 귀 기울일 줄 아는 등의 장점이 있다고 우리는 흔히 생각한다. 괴테는 이런 말을 다 헛소리라고 비웃는다.

괴테의 묘비명 시를 수용한 니체 역시 노인을 그리 좋게 보지 않는다. 니체는 『인간적인 너무나 인간적인 Ⅱ』 2장 방랑자와 그의 그림자, 269번 글에서 인간의 나이를 계절과 비교하여 설명한다. 니체는 스무 살까지는 인생을 준비하는 시기, 20대는 힘들지만 견뎌내야 하는 여름, 30대는 불안정하지만 희망을 품는 봄, 40대는 수확을 거두는 가을과 비교한다.

그렇다면 50살 이후는? 우리는 곧장 겨울이라고 말할 것이다. 하지만 니체는 인간에게 겨울은 없다고 단언한다. 즉, 인간은 50살 이후에도 생명을 유지하기는 하지만, 존재하기는 하지만 아무런 존재의 의미가 없다고 니체는 단언한다.

> 인간의 삶에 겨울은 없다. 사람들은 드물지 않게 종종 발생하는 잔혹하며, 춥고, 고독하고, 희망도 사라지고, 나을 가망이 없는 병든 시기를 인간의 겨울 시기라고 부르고 싶어 할지 모른다.[28]

인간에게 겨울이 없다는 것은 곧 노인이 되면 삶의 의미가 없다는 뜻이 된다. 노인이 되면 우리가 알고 있는 장점이 생기는 것이 아니라 쇠퇴기 그리스와 같은 특성을 갖게 된다.

6. 니체는 괴테의 묘비명 시에 나온 인간으로서 노인의 특징을 국가의 쇠퇴기, 노인기 국가의 특성에 적용한다. 인간의 노인기와 국

가의 쇠퇴기를 위와 같은 명사로 정리한 것은 정확한 뜻을 전달해 주지 못한다. 풀어 설명하면 다음과 같다. Augenblick(찰나)는 '순간만 바라보고', Witz(기지)는 '당장 부딪친 일만 넘으려 하고', Leichtsinn(경박)은 '매사를 가볍게 생각하고', Laune(변덕)은 '끊임없이 좋은 기분만 유지하는' 것 등이다.

니체의 이런 해석의 바탕에는 노인은 언제 죽을지 모르고, 쇠퇴기 국가 역시 언제 망할지 모른다는 전제가 깔려 있다. 노인과 쇠퇴기 국가는 미래를 바라보고 생각하는 것이 아니라 현재 맞닥뜨리고 있는 순간과 찰나만을 바라본다. 양자는 오랜 경험과 다양한 해결 방법을 알고 있으므로 아무리 어려운 문제에 부딪쳐도 해결할 수 있지만 역시 먼 미래가 아니라 당장 닥친 문제만 넘어서려 한다. 노인과 쇠퇴기 국가는 복잡하고 어려운 문제를 많이 겪어 왔으므로 아무리 어렵고 복잡한 문제에 부딪친다 해도 쉽게 넘어설 수 있다고 생각하거나 가볍게 생각하는 경향이 있다. 노인과 쇠퇴기 국가는 닥친 죽음 앞에서 최대한의 행복과 쾌락을 누리는 것, 당장 아프지 않는 것을 가장 중요한 것으로 생각한다.

7. '제5 계급'과 '노예계급'은 3절에서 나온 '그래쿨루스적인 오디세우스', 즉 영웅적인 오디세우스가 아니라 속물적인 오디세우스를 말한다. 헤시오도스의 『일과 날』에 따르면 인류는 네 번 멸망하고 다섯 번 창조되었다. 그 순서는 황금 종족, 은 종족, 청동 종족, 반신의 영웅 종족, 철의 종족이다. 고대 그리스 서사시와 비극에 나오는 오디세우스는 반신 종족인 반면, 신희극의 등장인물로 나오는 '그래쿨루스적인 오디세우스'는 철의 종족이다.

8. 우리가 일반적으로 말하는 '그리스적 명랑성'이란 '노예적 명랑

성'이며, 이는 '속물적 명랑성'이다. 속물적 명랑성은 그래쿨루스적인 오이디푸스가 보여 주는 행태인 동시에 나이 든 노인과 쇠퇴기 국가가 보여 주는 명랑성이다. 여기서 말하는 '노예적 명랑성'은 두 가지 측면에서 살펴볼 수 있다.

한 측면은 비극의 주인공을 다룬 9장과 연결한 설명이다. '어려운 것에 대해 책임지지 않는다'는 오이디푸스처럼 고통스럽고 힘든 일을 주체적으로 맞서 해결하지 않는다는 걸 빗댄 것이다. '위대한 것을 얻으려 하지 않는다'는 프로메테우스처럼 현재 최고의 권력과 힘에 맞서 무언가 새로운 것을 얻으려 하지 않는다는 걸 뜻한다. '과거나 미래보다 현재를 중시한다'는 오이디푸스와 프로메테우스 두 주인공을 동시에 언급한 것이다. 오이디푸스는 끔찍한 과거를 경험하고 고통스러운 현재를 겪고 있지만 미래에, 즉 사후에 행복을 얻는다. 프로메테우스 역시 오이디푸스와 마찬가지로, 과거에 제우스에게 도전하여 현재 고통을 겪고 있지만 결국 미래에 제우스가 협상을 하지 않을 수 없게 만든다.

이를 바탕으로 다른 측면에서 일반적인 노예적 명랑성이 설명된다. 노예적 명랑성은 노예적인 신념을 가진 사람들이 일반적으로 갖는 명랑성이다. 이 명랑성은 니체의 말 그대로 이해하면 된다. 어려운 것을 싫어하고, 커다란 무엇을 위해 노력하지 않으면서 현재에 안주하는 것을 뜻한다. 고대 그리스 쇠퇴기 시민의 일반적인 명랑성이 바로 노예적 명랑성이고, 이 명랑성은 현재 우리가 일반적으로 이해하는 명랑성과 같다. 니체는 우리가 노예적 명랑성을 지닌 일반적인 시민으로서, 극도의 고통 뒤에 오는 즐거움을 얻으려 노력하지 않는다고 말한다. 명랑성 등에 대해서는 9장 1절 해설 6

과 9장 2절 해설 3을 참고하면 좋다.

9. 초기 기독교인들이 그리스적 명랑성을 어떻게 바라보았는가를 말한다. 그들은 원죄에 의한 '현재의' 고통, 그 고통을 달게 받아들이도록 사막 등에서 수행한 뒤에 사후 '구원'에서 얻는 행복을 추구한 자들이었다. 그들은 이 점에서 고대 그리스 비극의 명랑성과 유사한 명랑성을 지녔다. 하지만 그들은 니체식 고대 그리스 비극의 염세주의적 명랑성을 보지 않고, 바로 자신들이 살기 이전의 신희극의 노예적 명랑성을 그리스적 명랑성으로 받아들인다.

10. blaßrote는 blaß(창백한, 핏기 없는)와 rot(붉은)가 결합하여 '분홍빛'이란 뜻이다. 분홍색으로 번역하면 니체가 말한 쇠퇴기 그리스적 명랑성의 의미가 드러나지 않는다. 오히려 양자를 분리하여 그대로 살려 주는 것이 더 좋은 말이다. '창백하면서도'는 노예적인 명랑성을 드러내고 '붉은 빛'은 제5 신분 계급의 신념을 나타낸다. 쇠퇴기 그리스적 명랑성이란 노예적인 명랑성으로 음울하면서도 과장되게 밝은 듯이 보이는 상태를 뜻한다.

11. 초기 기독교인들이 현재 우리들이 이해하는 명랑성에 끼친 영향이다. 첫째, 고대 그리스 비극적인 명랑성을 보지 못하게 만들었다. 둘째, 그 덕분에 고대에 중요했던 비극 예술을 포함한 위대한 것들을 인간의 시야로부터 사라지게 만들었다. 결론적으로 말하면 셋째, 건강한 그리스적 세계관을 몰아내고 기독교적인 세계관만을 유일한 세계관으로 남게 만들었다.

다시 보기

비극 내에서 음악의 소멸과 이해타산적인 대화의 증가는 무엇을 낳았는가? 거꾸로 쇠퇴기 그리스 국가의 시민들은 근원적 일자와 합일할 수 있는 음악과 춤을 버리고 타자의 절멸을 목적으로 하는 대화를 왜 받아들이는가? 그 결과는 무엇인가? 대화에서 승리의 조건, 말장난의 승리의 조건은 결국 그 도시에서 살아가는 인간의 태도를 변화시킨다.

반대로 이미 건강한 삶을 버린 시민이 음악을 포기하고 대화와 말장난을 지상 최고의 가치로 받아들인다. 그 결과는 무엇인가? 극도의 고통을 겪은 오이디푸스와 프로메테우스가 나중에 보여 주었던 고통 뒤의 밝음이라는 염세주의적 명랑성이 사라진다. 그 자리에 감각적 명랑성, 순간적 명랑성, 현실 도피적 명랑성만이 나타난다. 영웅은 음악과 춤이 중심이 되는 염세주의적 명랑성을 즐기고, 제5 신분 노예계급은 감각적 명랑성을 만끽한다.

5. 시민의 총애를 차지한 에우리피데스

마지막으로 에우리피데스가 최초로 관객에게 극을 잘 판단하는 능력을 주기 위해서 관객을 무대 위로 끌어올렸다고 주장했다면, 마치 구비극 예술이 관객과 관계를 잘못 맺었다는 그릇된 생각이 생길 수도 있다. 그리고 예술 작품과 청중Publikum의 조화로운 관계를 끌어내려는 에우리피데스의 급진적인 경향을 소포클레스를 넘어선 하나의 진보로 평가하려는 유혹에 빠질지 모른다.[1]

하지만 '청중'은 하나의 단어일 뿐이며 철저하게 어떤 동질적인 것도 아니며 고착된 양도 아니다. 예술가에게 자신의 영향력을 숫자에만 두는 힘에 적응해야 한다는 의무는 도대체 어디에서 비롯하는가? 예술가가 타고난 재능과 그 계획에서 있어서 이러한 개별적인 관객보다 훨씬 더 우월하다고 느낀다면, 어째서 예술가가 상당한 수준의 재능을 타고난 극소수 개별 관객보다 예술가 자신을 따르는 이러한 모든 집단의 공통적 표현을 더 존중해야 한단 말인가?[2]

실제로 어떤 그리스 예술가도 오랜 생을 통해서 에우리피데스보다 훨씬 더 대담하면서도 자기만족적으로 대중을 다룬 적은 없었다. 대중Masse이 에우리피데스에게 무릎을 꿇었을 때조차도, 그는 타고난 엄청난 담대함으로 공개적으로 대중을 모욕했으며, 대중에게 승리를 거두었다. 이 천재가 대중이라는 악마의 무리에게 최소한이라도 존경심을 가지고 있었다면, 그의 경력 중간에 이미 결정적 타격을 준 실패 앞에서 무너졌을 것이다.[3]

이러한 평가를 바탕으로 우리는 에우리피데스가 참으로 관객에게 판단할 능력을 만들어 주기 위해서 관객을 무대 위로 끌어올렸다는 우리의 표현이 단지 임시방편이었다는 점, 깊은 이해를 바탕으로 에우리피데스의 속성을 찾아내야 한다는 점을 이해해야 한다. 그 반대로 아이스킬로스와 소포클레스가 어떻든지 간에 자신들의 일생에 걸쳐서 그리고 죽은 뒤 한참 뒤에 민중의Volks[4] 총애를 완전히 차지했다는 점, 또한 에우리피데스보다 앞선 두 전임자들의 경우에는 어떻든지 간에 예술 작품과 대중 사이에 잘못된 관계에 관한 어떤 언급도 있을 수 없다는 점은 널리 알려져 있다.[5]

재능이 풍부하고 끊임없이 창조하는 방향으로 휘몰아쳐 갔던 예술가를 태양처럼 빛나는 위대한 작가라는 이름과 맑은 하늘과 같은 시민의 총애가 빛을 비추던 길로부터 강압적으로 떠나도록 만든 것은 무엇이었던가? 관객에 대한 어떤 기묘한 존중이 그를 관객에게 등지도록 만들었는가? 그는 어떻게 해서 자신을 따르는 청중을 더 높이 존중함으로써 바로 그 청중을 무시하게 되었는가?

1. 청중과 비극 작가, 대중과 비극 작가의 관계를 어떻게 볼 것인가? 에우리피데스가 대중을 무대 중심으로 올리고 대중이 말할 수 있도록 가르쳤다는 점에서 긍정적 평가를 받는다면, 반대로 소포클레스와 아이스킬로스는 대중을 무시하고 대중의 언어를 인지하지 못했다는 점에서 부정적인 평가를 받아야 하는가? 대중과 극작가의 관계에서 에우리피데스는 이전 비극 작가들보다 발전했다고 평가해야 하는가? 니체는 이 질문에 대해 세 가지 답변을 한다.

2. 첫 번째 답변이다. 니체는 논리적 추론에 대한 반론을 제기한다. 다수의 대중이 양이라고 한다면, 극소수의 전문 작가 또는 전문적인 지식을 갖춘 자는 질이다. 양과 질 중에서 어느 것이 더 중요한가? 니체는 전문적인 예술가(질)가 다수의 대중(양)의 평가에 휘둘려 자신의 예술세계를 포기해서는 안 된다고 답변한다.

3. 두 번째 답변이다. 에우리피데스는 겉보기와 달리 대중 압살자이다. 니체는 이 질문에 대한 답으로 에우리피데스를 '고독한 사상가ein einsamer Denker'로 '압도적인 대중의 취향을 전혀 따르지 않았다'를 들고, '무뚝뚝한 기인'으로 대중의 '의구심을 자아낸 자'라고 평가한다.[*29] 이렇게 평가한 이유는 에우리피데스가 소크라테스와 동지적 또는 동맹을 맺고서 당시 대중들이 전혀 받아들일 수 없었던

윤리적인 문제를 극으로 끌고 들어왔기 때문이다. 니체는 이에 대한 자세한 설명을 뒤에서 한다.

고독하고 무뚝뚝한 사상가는 대중 친화적일 리 없고, 대중에 대해 우월적 지위에 있다고 생각하기 십상이다. 이런 사상가는 대중을 가르치려 들고 지도하려고 든다. 이 점에서 에우리피데스는 대중을 무시하고 대중을 자신이 원하는 대로 조정하고 싶은 자라고 니체는 평가했다.

마지막으로 '대중이라는 악마의 무리에게 최소한이라도 존경심을 가지고 있었다면'은 에우리피데스가 대중을 악마로 보았다는 뜻이다. 왜 대중이 악마인가? 에우리피데스가 추구하는 '진정한 음악', '올바른 예술'이 있음에도 대중은 고리타분하고 정형화되고 가르치려 드는 음악과 예술을 좋아하지 않는다. 대중이 만약 심사할 권리를 가지고 점수를 준다면, 이런 음악과 예술을 하는 자에게 높은 점수를 주지 않는다. 대중은 자신을 가르치려 드는 에우리피데스를 좋게 평가하지 않았다. 에우리피데스는 자신을 나쁘게 평가한 대중을 '악마'로 생각했다. 대중과 전문가 중 누가 더 올바르게 평가할 수 있는가라는 플라톤의 음악평가론을 염두에 둔다면, '대중악마론'은 쉽게 이해된다.

'그의 경력 중간에 이미 결정적 타격을 준 실패 앞에서'는 에우리피데스가 후세에 위대하다는 평가를 받은 것과 달리 그 당시 비극경연대회에서 많은 상을 타지 못했다는 뜻이다.

'무너졌을 것이다'는 대중을 존중하지 않는 자가 대중을 존중하는 예술을 추구하게 된다면, 결국 대중을 따르다 자신의 예술세계도 망쳤을 것이란 뜻이다.

4. Volk는 민족, 시민, 국민, 인민, 서민 등 다양한 우리말로 옮길 수 있다. 여기서는 '민중'이란 번역어를 선택했다. 이는 "레싱에 따른 다면, 아테네에서는 천민도 정확하고 감수성이 예민한 판단력을 지녔다."*30와 플라톤이 『법률』 658d, 817c 등에서 시민을 포함한 여성, 청년, 아이들, 전체 군중 등이 비극 공연과 대중 연설을 듣는다고 표현한 것에 근거한다. 그 당시 비극의 관람자를 자유인, 다양한 연령, 성, 계층, 계급을 포함한다면, Volk의 적합한 번역어는 민중이다.

5. 세 번째 답변이다. 니체는 실제 사실에 근거하여 에우리피데스가 대중의 사랑을 받지 못했다고 평가한다. 에우리피데스는 약 92~95편의 작품을 썼고 비극 경연대회에서 평생 4번을 우승한다. 아이스킬로스는 약 90여 편의 작품을 썼고 평생 12~13회 우승했으며, 소포클레스는 약 124편의 작품을 썼고 약 20~24회 우승했다.

아이스킬로스와 소포클레스가 살아생전 에우리피데스보다 인기를 누렸음을 보여 준다. 그 이유는 그리스 비극의 평가 제도에서 비롯한다. 고대 그리스에서 청중은 판결자로서 예술가를 끌어내리거나 예술가에게 행운, 즉 우승을 부여할 권한을 가졌다.*31 청중에게 인기를 끌 수 있는가의 여부가 우승과 패배자를 결정했다.

'죽은 뒤에 시민의 총애를 차지했다'는 점은 에우리피데스와 소크라테스가 비극에서 구현한 내용이 그 당시 시민의 삶과 유리된, 처음 소개되어 불편한 윤리적이고 도덕적인 것을 설명한 데에서 찾아볼 수 있다. 그 당시 그리스인들의 삶과 사유에 적합한 비극은 시민의 주인적 삶과 스스로 사유하고 판단하는 것을 강조한 소포클레스와 아이스킬로스의 작품이었다.

니체는 예술을 창작하는 전문가가 그것을 향유하는 대중보다 낫다고 말한다. 전문가를 대중보다 높이 산다는 점에서 니체는 플라톤의 예술관과 비슷하다. 하지만 차이가 있다. 니체는 창작자를 중심으로 전문가의 우위를 주장하는 반면 플라톤은 평가자를 중심으로 전문가의 우월성을 강조한다는 점이다.

예술을 둘러싼 소수와 다수, 질과 양, 전문가와 비전문가의 논쟁이 있다. 우리는 흔히 플라톤식의 질과 양의 논쟁을 접한다. 예를 들면 TV에서 벌어지는 오디션 프로그램이다. 전문가의 고견을 바탕으로 평가하는 프로그램도 있고, 대중들의 인기투표로 평가하는 프로그램도 있다. 전문가, 즉 질의 전문 지식을 중시하면 대중적 인기는 저하되어 그 프로그램은 곧 문을 닫는다. 반면 대중의 인기, 즉 양의 숫자로 평가하면, 출연자들은 큰 목소리, 거침없거나 현란한 춤, 끝없이 올라갈 듯한 옥타브를 자랑한다. 회를 거듭하며 다양한 출연자가 노래를 부르지만 식상해지고, 결국 채널을 돌리게 만든다. 질을 존중하면 대중성을 상실하고, 양을 존중하면 질 저하라는 필연적인 결과가 초래된다.

플라톤은 이미 오래 전에 이런 문제에 대해 자신의 견해를 정확히 밝혔다. 그는 "우리로 하여금 최대한 신나게 하고 즐겁게 만드는 사람을 가장 지혜로운 사람으로 간주하고 그리고 우승한 것으로 평가해야만" 하는가라는 질문을 던진다. 그리고 그는 "시가는 즐거움에 의해 판정되어야만 하나, 그렇더라고 적어도 어중이떠중이의 즐거움에 의해서 판정될 것이 아니라"고 못을 박는다. 마지막으로 그는 "판정자는 …… 관람객들의 제자로서가 아니라 오히려 스승으로서 임석하는 것이니, 관람객들에게 즐거움을 부적절하거나 옳지 않은 방식으로 제공하는 자들에게는 반대하고 나서야"[32]한다고 말한다.

플라톤의 생각을 정리하면 다음과 같다. 평가자는 예술을 아는 자이고, 관람객들의 스승이기 때문에 대중의 일반적인 평가보다 더 나은 평가를 할 수 있으며, 나아가 예술을 창조하는 자들이 잘못된 길로 나아가는 것마저 교정시켜야 한다. 더 단순하게 말하면 평가자로서 전문가는 일반적인 대중보다 예술을 더 잘 알고, 궁극적으로 예술 창조자마저 지도해야 한다는 것이다. 이러한 플라톤의 사상은 『국가』에서도 나타난다. 여기에서 이미 플라톤은 상세하게 논했다. 통치자는 설화 창작자가 무엇을 생산하고 무엇을 창조하지 말게 해야 할지를 말이다.

> 설화 작가들을 감독해야만 하겠거니와, 그들이 짓는 것이 훌륭한 것이면 받아들이되, 그렇지 못한 것이면 거절해야만 될 것 같으이.[33]

플라톤은 대중들이 '우승자'를 '거수가결'로 결정하게 되면, '시인'을 망쳐 놓게 되고, 시인이 망가지면 결과적으로 '관객'도 망가지게 된다고 말한다.[34] 대중과 시인의 상호 악순환 고리를 끊을 수 있는 가장 좋은 방법은 전문가의 전문성에 기초한 평가이다. 전문가는 대중을 교육의 대상으로, 시인을 지도의 대상으로 여기고서 제 역할을 해야만 건전한 사회와 국가가 된다는 것이 플라톤의 예술관이다.

니체는 평가자로서 전문가에서 벗어나 창조자로서 전문가의 전문성을 중시한다. 그는 이 절에서 살펴본 것처럼 예술 창조자의 전문성이 일반 대중의 평가보다 훨씬 더 중요하다고 강조한다. 이때 역시 양과 질의 논쟁이 발생한다. 창조적인 예술가는 대중이 좋아하는 예술을 만들어 낼 것인가, 아니면 대중의 인기와 무관하게 자기 예술의 길을 갈 것인가? 대중을 무시하면 예술혼을 살릴 수 있지만 절대적 고독과 경제적 고통 등을 겪는 반면, 대중의 인기를 따르면 고통을 줄일 수 있지만 예술혼을 잃을 수 있다.

니체는 이런 이분법이 맞지 않다고 말한다. 아이스킬로스와 소포클레스의 비극은 살아생전에도 시민의 인기를 얻었으며 사후에도 인기를 잃지 않았다고 니체는 분명하게 말한다. 예술혼을 추구해도 대중의 인기를 잃지 않는 현상은 어디에서 비롯하는가? 예술 감상자, 즉 비극의 관객에게 달려 있다. 아이스킬로스와 소포클레스의 비극 예술은 아테네가 페르시아와 전쟁을 치르면서 전성기를 향해 가거나 전성기였던 시대를 풍미했다. 그들의 비극 예술은 강한 시민이 사랑하고 좋아했던 것이다. 반대로 에우리피데스가 사랑을 받았던 시기, 에우리피데스를 추종한 희극이 만연했던 시대는 이미 아테네의 태양이 지던 무렵이었다. 이런 예술은 쇠퇴기 그리스 시민이 사랑하고 좋아했던 것이다.

예술가는 그 당시 시대와 호흡하며 새로운 길을 개척한다. 예술이 시대를 만들기도 하고, 시대가 예술을 받아들이기도 한다. 한 시대의 시민이 특정한 예술을 향유하고 받아들인다. 건강한 시민, 염세주의적 명랑성으로 세상을 바라보았던 그리스 시민들은 오이디푸스의 운명과 프로메테우스의 고난을 담담하게 받아들이며 자신의 것으로 만들었다. 반면 병약한 시민들, 낙천주의적 명랑성으로 세상을 재단했던 쇠퇴기 그리스 시민들은 소시민적 주인공을 무대 위로 올리고 그들의 약삭빠름과 계산 능력을 중시했다.

니체는 예술가의 전문성을 중시하지만, 그 예술을 받아들이는 시민의 능력을 전제로 한다. 건강한 예술가는 숙명적으로 자신의 운명을 개척해 나가면서, 이를 향유하는 시민 역시 그런 숙명을 달게 받아들이도록 만든다. 예술가가 자라투스트라처럼 뚜벅뚜벅 자신의 길을 걸어가듯이, 이런 예술을 향유하는 시민 역시 자라투스트라를 닮는다. 니체의 전문가 예술관 안에는 무소의 뿔처럼 전진하는 건강한 시민을 전제로 하는 시민관이 깔려 있다. 반면 플라톤의 전문가 예술관에는 시민을 어린양으로 간주하고 노심초사하며 혹시나 잘못되지 않을까 안절부절하는 병약한 시민관이 깔려 있다.

6. 대중을 심판하는 두 명의 심판자

위에서 묘사했던 수수께끼에 관한 설명은 바로 다음과 같은 것이다. 에우리피데스는 시인으로서[1] 단 두 명인 자신의 관객을 제외하고 군중에게 우월감을 느꼈다. 그는 대중을 무대 위에 올렸지만, 그는 자신의 모든 예술을 전적으로 판단할 능력이 있는 심판관이자 대가로서 저 두 명의 관객만을 존경했다.

에우리피데스는 그들의 지혜와 권고에 따라 지금jetzt까지 모든 축제 공연에서 눈에 띄지 않는 합창가무단으로서 관객석에서 발생했던 느낌, 정열, 경험의 모든 세계를 자신의 무대 주인공의 영혼으로 옮겨 놓았다.[2] 에우리피데스는 또한 이러한 새로운 인물에 적합한 새로운 어휘와 새로운 억양을 찾으려고 노력하면서 그들의 명령을 따랐다.

에우리피데스는 자신이 청중의 법정에 의해서 다시 한번 심판받는 것을 보았을 때, 그는 그들의 목소리 속에서만 승리를 구가하는 격려와 자기 창작물에 타당한 심판관의 목소리를 들었다.[3]

1. 이 절에서는 '시인으로서' 에우리피데스를, 다음 7절에서는 '사상가로서' 에우리피데스를 묘사한다. 시인이자 사상가로서 에우리피데스는 시인이자 사상가로서 소포클레스와 아이스킬로스와 대비된다. 아래 표로 설명해 보자.

시는 밖이고 사상은 안이다. 비극 작가는 내적인 세계관, 철학, 인생관, 가치관을 시라는 외적인 형식을 통해 밖으로 드러낸다.

니체가 비극 작가를 시인이자 사상가로서 구분해서 표현한 이유가 있다. 소크라테스 이전 철학자들은 만물이 무엇으로 구성되었는가를 연구했다. 그들은 자연과 우주를 탐구하고 인간을 탐구하지 않았다. 인간에 대한 탐구는 시인의 시를 통해서, 예컨대 호메로스의 시를 통해서 나타났다. 비극 시인은 자연철학자 대신 서사시인 호메로스의 뒤를 이어 비극 시를 통해 인간이 어떻게 살아야 하는

	장과 절	시인으로서	사상가로서
소포클레스	9장 2절	초지상적 명랑성, 수동성의 영광	
아이스킬로스	9장 3절	영원한 올바름, 능동성의 영광	
에우리피데스	11장 6절, 7절	관객에 대한 우월감 (시인으로서 에우리피데스와 소크라테스 제외)	이전 비극 작가들의 문제점 발견

가, 종교를 어떻게 바라보아야 하는가, 인간과 인간의 관계는 어떻게 유지해야 하는가 등을 노래했다. 비극 시인은 이런 점에서 호메로스와 마찬가지로 시인이자 사상가였다.

소크라테스는 기존의 자연철학에 대한 연구를 완전히 포기하고 인간에 대한 연구, 인간과 가족, 인간과 사회, 인간과 국가에 관한 문제를 최초로 제기한다. 다른 말로 하면 소크라테스 등장 이후 시와 세계관, 시와 철학, 시와 사상을 구분하는 분화점이 형성된다. 소크라테스와 그의 제자 플라톤은 철학과 사상이 시를 지도하고, 시를 세계관을 드러내는 수단적인 가치로만 받아들일 뿐이다. 에우리피데스는 이 점에서 마지막 비극 시인이자 사상가이다.

2. 에우리피데스는 무대 밖 대중들이 일반적으로 가지고 있던 느낌Empfindung, 정열Leidenschaften, 경험Erfahrungen을 무대 위에 올렸다는 뜻이다. 대중이 무대의 주인공이 되는 세계를 창조했음을 뜻한다.

3. 에우리피데스는 무대 밖 대중들이 주인공에게 맞는 언어와 억양 등을 창조했다는 뜻이다.

다시 보기

문제가 발생한다. 에우리피데스는 무대 밖 합창가무단, 즉 대중들의 정서를 고려하고 그들에게 맞는 언어를 창조했음에도 대중들에게 인기를 끌지 못했다. 에우리피데스는 아이스킬로스와 소포클레스에 비해 우승한 적이 별로 없다. 에우리피데스에게 이는 심각한 문제다. 공연에서 우승하지 못한다면 후원을 받을 수 없고, 후원을 받지 못하면 다시 공연을 올릴 수 없다. 아무리 작품이 훌륭해도 무대 위에 올릴 수 없다면 살아 있는 작가로서, 영향력 있는 작가로서 생명력이 떨어진다.

경연대회에서 떨어질수록 예술가로서 자존감은 떨어지고 다시 무대 위에 공연을 올릴 용기마저 사라진다. 에우리피데스는 바로 이런 위기에 처했다. 대중들이 아이스킬로스와 소포클레스의 작품 수준에 못 미치는 작품을 받아들일 리도 없고, 자신들이 공감하지 못하는 새로운 윤리관과 도덕관을 받아들일 리 없으며, 낯선 언어 세계에 쉽게 동화되지도 못한다.

에우리피데스가 이 위기에서 심기일전해서 살아 나올 방법은 무엇인가? 니체는 단연코 말한다. 에우리피데스가 작가로서, 시인으로서 자존감을 버리지 않고 꿋꿋이 작품을 계속 쓸 수 있었던 것은 사상가로서 에우리피데스와 후일 모든 사상계의 할아버지 격이 되는 소크라테스 덕분이다. 실패한 시인으로서 에우리피데스는 최초로 인간을 연구한 인간 철학자 소크라테스와 연합한 덕분에 사상가 에우리피데스로 살아남는다. 에우리피데스의 작품이 다른 비극 작가와 달리 많이 전승된 것도, 그의 영향력이 확대되어 유전된 것도, 시인이 아니라 도덕과 윤리교과서적인 사상가로서 에우리피데스 덕분이다.

7. 첫 번째 관객이자 사상가로서의 에우리피데스

이러한 두 명의 관객 중 하나는 시인이 아니라 **사상가**로서 에우리피데스 그 자신이다. 사람들은 사상가로서 에우리피데스가 가진 완전히 충만한 비판적인 예술 재능이 생산적인 예술적 부차 충동Nebentrieb을 낳지 못한다 할지라도 지속적으로 배태胚胎는 했을 것이라고 말한다. 이는 레싱도 마찬가지였다.[1]

이러한 천부적 재능을 지니고 상당히 화려하고 재빠르게 비판적 사유를 할 줄 아는 에우리피데스는 극장에 앉아서, 신비에 감춰진 그림들과 마찬가지로 자신 이전 위대한 전임자의 대작에서 선Zug 하나하나 윤곽Linie[2] 하나하나를 되새김질하려고 애쓴다. 그리고 여기에서 에우리피데스는 아이스킬로스 비극의 심오한 비밀에 정통한 자에게서 기대해서는 안 되는 무언가를 발견한다. 그는 모든 선과 모든 윤곽에서 이해할 수 없는 무엇, 즉 속임수 같은 명확성, 동시에 수수께끼 같은 심오함, 다시 말하면 끝없는 배경을 보게 된다. 가장 명료한 형상도 항상 불확실하며 해명 불가능함을 암시하는 듯 보이는 살별의 꼬리와 같은 무언가를 가지고 있다.

동일한 불분명한 상태가 극의 구조, 또한 합창가무단의 의미에 걸쳐 있다. 그리고 에우리피데스에게 윤리적인 문제의 해결은 얼마나 의심스러웠던가![3] 신화의 취급은 얼마나 애매했던가![4] 행운과 불행의 판결은 얼마나 어처구니없었던가![5] 구비극의 언어는 그에게 너무나 충동적이었고, 충동적이지 않을 경우 얼마나 수수께끼 같았던가![6] 특히 에우리피데스는 단순한 관계가 너무 화려하고, 인물의 확실성이 너무 비유적이고 터무니없다고 생각했다.[7]

그래서 그는 극장에 앉아서 불편하지만 파헤쳐 보고 있었으며, 관객으로서 그는 자신의 위대한 전임자를 이해하지 못하겠다고 고백했다. 하지만 그에게 오성은 모든 감상과 창조의 고유한 원천으로 간주되었다.[8] 그리고 그는 자신의 주변을 돌아보면서, 어느 누구도 자신처럼 생각하지 않는가, 그리고 저 이해 불가능성을 고백하지 않는가라는 질문을 당연히 던졌다.

하지만 대다수 사람들과 가장 수준 높은 몇몇 사람들이 에우리피데스에게 불신의 웃음을 던질 뿐이다. 하지만 어느 누구도 에우리피데스의 생각과 항변에 대해 왜 위대한 대가들이 올바랐는지를 에우리피데스에게 설명해 줄 수 없었다. 그리고 이러한 고통스러운 상태에서 에우리피데스는 비극을 이해하지 못하고 그 때문에 비극을 존경하지도 않았던 **또 다른 관객**을 발견했다. 에우리피데스는 이 사람과 연합을 함으로써 고독에서 벗어나 감히 아이스킬로스와 소포클레스의 예술 작품들에 대한 터무니없는 전투를 개시한다. 팸플릿이 아니라 드라마 작가로서 에우리피데스는 비극에 대한 **자신의** 생각을 전승된 비극에 대립시킨다.

1. 에우리피데스는 시인인가, 사상가인가? 시인이 본업이면 예술적 산물인 비극에서 좋은 평가를 받아야 하고, 많은 우승 경력이 있어야 한다. 하지만 에우리피데스는 예술가로서 실패한 대신 사상가로서 성공했다. 사상가로서 에우리피데스는 예술적인 창작의 소질은 지녔지만 커다란 성과를 낳지 못했고, 다만 창작열에 불타올라 끊임없이 작품 창작을 모색했다고 니체는 평가한다.

2. Zug은 미술과 비유할 때는 '선'으로, 극으로 비유할 때는 '동작'으로 이해하고, Linie 역시 미술과 비유할 때는 '윤곽'으로, 극으로 비유할 때는 '동선'으로 이해하는 게 좋다. 에우리피데스가 겉으로는 미술 작품을 분석한다고 표현하지만, 속으로는 극작가로서 이전 작가들을 분석하기 때문이다.

3. 소크라테스와 더불어 도덕과 윤리에 관심을 갖는 사상가로서 에

우리피데스는 기존 비극이 윤리적인 문제를 처리할 때 문제가 있다고 보았다. 예컨대 니체가 예를 든 수동성의 영웅 오이디푸스이다. 그는 분명 아버지 살해, 어머니와 근친상간이라는 씻을 수 없는 죄를 지었다. 하지만 오이디푸스는 인류 파괴의 죄를 지었음에도 자신의 죄를 윤리적인 문제로 생각하지 않고 운명에 의해 숙명적으로 범해진 일로 받아들인다.

에우리피데스는 운명의 여신 모이라가 인간사에 개입하여 윤리적인 문제를 무화無化시키는 것을 반대한다. 에우리피데스와 사상적 동지인 소크라테스가 '올바름이란 무엇인가?'란 문제를 제기한 후, 플라톤은 절대적으로 올바른 도덕과 윤리를 정립하려고 애쓴다. 플라톤은 작가란 모름지기 올바름만을 글로 써야 한다고 강조한다.

> …… 시인들도 산문 작가들도 인간들과 관련해서 가장 중대한 것들을 잘못 말하고 있다고 …… 즉, 올바르지 못한 자들은 다수가 행복한 반면에, 올바른 이들은 다수가 비참하고, 또한 올바르지 못한 짓을 저지르는 것은 들키지만 않는다면 이득이 되나, 올바름은 남에게는 좋은 것이되 자신에게 손해가 되는 것이라고 그들은 말하고 있네. 그리고 우리는 이와 같은 것들을 말하는 것을 거부하는 한편으로, 이와는 반대되는 것들을 노래하고 설화로서 이야기하도록 지시할 것으로 나는 생각하네. ……[35]

> 시인은 그 나라의 법규들과 올바른(정의로운) 것들 또는 아름다운 것들이나 좋은 것들에 어긋나는 다른 어떤 것도 짓지 못하거니와 ……[36]

4. 사상가로서 에우리피데스는 기존 비극이 신화를 애매하게 처리

한다고 보았다. 예컨대 니체가 예를 든 적극성의 영웅 프로메테우스이다. 기존 신화에 따른다면 프로메테우스는 분명 절대신의 지위에 있는 제우스에 도전했고 그 벌로 지하세계에 다시 유폐된다. 하지만 아이스킬로스는 프로메테우스가 제우스와 협상하도록 강요했으며, 그 결과가 무엇인지 애매하게 처리했다. 아이스킬로스는 기존의 신화대로 타르타로스에 갇혔는지, 제우스가 협상에 응해 프로메테우스를 풀어 주었는지 불분명하게 처리한다.

에우리피데스는 아이스킬로스식으로 신을 처리하는 것에 불만을 품었다. 그는 신이 올바르지 못한 행동을 한다는 것에 반대한다. 이러한 반대는 그의 극의 말미에서 잘 나타난다. 이에 대해서는 뒤에서 다루도록 한다.

5. 사상가로서 에우리피데스는 기존 비극이 행운과 불행의 판결을 애매하게 한다고 보았다. 비극은 말 그대로 불행으로 끝나야 하기 때문이다. "주인공 운명의 변화는 불행bad fortune에서 행운good이 아니라 행운에서 불행으로 끝나야 한다."[37]는 것은 비극의 플롯적인 관점에서 가장 올바르기 때문이다. 하지만 천륜 파괴의 죄를 지은 오이디푸스는 죽기 전에 구원을 받고 죽은 후 숭배를 받는 위치에 놓이게 된다. 또한 절대 지배자에 도전한 프로메테우스는 인류의 마음속에 살아 영원한 도전 정신을 불러일으킨다.

에우리피데스는 플롯적인 관점에서 기존 비극 작가들을 비판적으로 보았기에 자신의 비극을 대부분 비극적 결말로 끝을 냈다. 아리스토텔레스는 플롯적인 관점에서 에우리피데스를 최고의 비극 작가라고 칭찬한다.

따라서 에우리피데스가 자신의 비극들에서 이러한 원칙(비극적 결말)을 따르고 대다수 비극을 불행한 종말로 끝냈다고 해서, 비평가들이 그를 비난하는 것은 잘못이다. 우리가 말해 왔듯이 이러한 원칙을 지키는 것은 올바른 일이다. 최상의 증거는 이것이다. 무대 위에서 그리고 공개적인 연희에서 그러한 극들이 적절히 행해진다면 진정으로 가장 비극적으로 보여질 것이다. 비록 에우리피데스의 솜씨가 여러 측면에서 결점이 있다 할지라도, 에우리피데스는 비극 작가들 중에서도 가장 비극적인 확실성을 보여 준다.[38]

에우리피데스는 도덕적, 윤리적, 신화적 관점에서 올바름을 추구한다. 올바르지 못한 행동을 한 비극의 주인공은 반드시 불행해져야 한다는 것이 에우리피데스의 비극관이다. 에우리피데스는 비극을 비극으로 끝냈다. 이런 전개는 플롯적 관점에서 우수할 수 있지만, 사상적 관점에서는 사필귀정의 도덕적 결론에 지나지 않는다. 에우리피데스는 비극을 교화의 수단으로 사용했다. 하지만 비극 뒤에 비극만 남는다면 인간은 어디에서 희망을 찾아야 하는가?
6. 예를 들면 에우리피데스는 오이디푸스가 처음에는 행복했지만 나중에는 불행해졌다고 말한 반면, 아이스킬로스는 오이디푸스가 날 때부터 불행해서 주욱 불행했다고 말한다.

에우리피데스 : 오이디푸스는 처음에는 행운아였소. ······
아이스킬로스 : 신에게 맹세코 그는 불행아라오. 그는
무서운 운명을 타고났소. 태어나기 전부터
아폴론은 그가 아버지를 죽일 것이라고 말했다오.
그가 태어나지 않았더라면! 어떻게 태어나면서부터

그가 행운아일 수 있겠소?

에우리피데스 : 그 다음 그는 모든 사람 중에서 가장 가엾은 자가 되었소.

아이스킬로스 : 아니오, 신에게 맹세코 절대 아니오. 그는 항상 태어날 때

와 같았소.

어떻게? 그는 태어나자마자

항아리에, 그것도 겨울에 버려졌다오.

살인자가 되지 않도록,

아버지를 살해하지 않도록 말이오. ……[39]

오이디푸스에 대한 에우리피데스의 판단은 인과론에 따른 것이다. 그에 따르면 오이디푸스는 태어날 때는 행복했지만 자신의 잘못된 행동 때문에 불행해졌다. 오이디푸스의 아버지 살해와 근친상간이라는 행위는 잘못된 행동이고, 그 결과는 어머니의 자살과 오이디푸스 자신의 장님되기와 정처 없는 유랑길을 떠나는 불행에 처한다.

오이디푸스를 인과론적으로 설명한다면, '인간은 착하게 살면 복을 받고 나쁘게 살면 벌을 받는다'이다. 과학에서 인과율과 마찬가지로 인간 세상에서도 인과율로 세상이 돌아간다면, 세상의 모든 일들은 아주 명쾌해진다.

반면 『개구리』 극에서 나온 아이스킬로스의 설명은 운명론이다. 이에 따르면 오이디푸스는 자신이 앞으로 어떻게 살아갈지 이미 정해져 있지만 알지 못한다. 알 수 없기 때문에 오이디푸스는 자신의 삶을 끊임없이 되돌아보고 앞으로 어떻게 사는 것이 옳은가라는 실존론적인 고민을 한다. 여기에는 어떤 투명한 빛도 들어오지 않는

다. 온통 암흑이다. 선한 행동이 나쁜 결과를 불러올 수도 있고, 악한 행동이 좋은 결과를 낳을 수도 있다. 하지만 마지막에 가서 오이디푸스는 구원을 받는다.

이것을 어떻게 해석할 것인가? 인과율로 해석할 수 없는 오이디푸스의 운명! 단순명료한 인생의 법칙은 존재하지 않기 때문에 명쾌함도, 명료함도 없다. 인간은 항상 수수께끼 같은 안개에 쌓여 살아가기 마련이다.

아이스킬로스 극의 주인공 역시 운명론이다. 프로메테우스를 보라. 절대자와 절대 권력에 도전하는 것이 선인가 악인가? 신에 도전하는 인간은 악인가 선인가? 도전 자체가 악이라고 한다면 좋은 결과를 낳을 수 없다. 하지만 도전 자체가 운명의 여신 모이라가 정해 놓은 올바름 속에 포함되어 있다면 좋은 결과를 낳을 수도 있다.

에우리피데스가 프로메테우스를 소재로 극을 쓴다면 프로메테우스는 타르타로스에 갇혀야 하지만, 아이스킬로스의 극에 등장한 프로메테우스는 어떤 결과를 낳을지 알 수 없다. 그것은 인생의 등장인물인 우리 역시 프로메테우스처럼 행동해 봐야만 어떤 결과가 나올지 알 수 있다. 행동하지 않으면 결과를 알 수 없다.

원인이 있으면 결과가 있는, 선이 선을 낳고 악이 악을 낳는 자연과학적 인간관을 가진 에우리피데스! 그는 선과 악의 이분법에 근거하고 인과율로 인간 행동을 재단하고 싶어 한다. 그는 세상을 극으로 바로잡고 싶었다. 선한 행동은 보상을 받고, 악한 행동은 벌을 받아야 한다는 것이 그의 신념이다.

7. 에우리피데스는 기존의 비극이 대중과 유리된 언어를 사용한다고 보았다. 에우리피데스는 시민들에게 극을 통해 무엇이 올바르고

틀린지를 가르쳐 주고자 했다. 반면 아이스킬로스와 소포클레스의 극 중 언어와 내용은 에우리피데스와 달리 정답을 제공하지 않고 시민 스스로 사유하고 결정하게 한다. 아이스킬로스와 소포클레스의 극은 정답이 없는 상황 설정에서 비롯된 혼란, 그에 따른 토론, 토론 결과에 따른 올바름을 결정하도록 했다. 에우리피데스는 청중들이 스스로 판단하고 결정하게 만드는 두 전임 작가의 비극 언어를 격렬하게 비판한다. 아리스토파네스는 이를 다음과 같이 표현했다.

> 에우리피데스 : 그가 이런 속임수를 썼을 때
>
> 극이 반쯤 진행되고, 누군가 눈썹과 볏이 달린
>
> 황소 열두 마리 같은 말들을
>
> 허깨비로 가득 찬 약간 두려운 말들을 쏟아낼 때
>
> 청중들 중 어느 누구도 이 말들을 **이해하지 못했죠.**
>
> ……
>
> 에우리피데스 : 그가 말했던 것 중 **명확한 것이 하나도 없었죠.**
>
> ……
>
> 에우리피데스 : 그가 스카만드로스 강들, 해자들,
>
> 청동으로 부조된 흰대머리 독수리 방패들,
>
> 낭떠러지에 서 있는 말들을 말했을 때,
>
> 아무도 야단스러운 그 말들을 **파악할 수 없었죠.**[40]

이해불가의 작품을 이해시키기 위한 에우리피데스의 전략은 11장 3절에서 설명했듯이 대중들을 가르치는 전략이었다.

8. 에우리피데스에게서 이전 비극 작가들과 전혀 다른 창작의 원천이 생겨난다. 그것이 다름 아닌 오성이다. 이전의 느낌, 감상, 정열은 창작의 뒤안길로 사라진다. 시인이 아니라 사상가로서 에우리피데스는 예술 창작의 새로운 원천으로 오성을 선택한다. 선한 자는 복을 받고 악한 자는 벌을 받는 인과론식의 예술 창작이 이제 예술의 전면에 등장한다. 오성에 대해서는 11장 3절 해설 1을 참조하면 좋다.

다시 보기

오성에 의한 창작이란 무엇인가? 니체는 3절에서 에우리피데스가 필레몬을 통해, 에우리피데스가 오성을 지니고 있다면 필레몬이 죽어서라도 만나고 싶어 한다고 말했고, 여기 7절에서 에우리피데스는 오성에 의한 창작을 했다고 말한다.

오성이란 무엇인가? 칸트는 오성을 절대로 틀릴 수 없는 불변의 진리를 만들어 낼 수 있는 것으로 간주한다. 오성은 인간이 선천적으로 타고났으며 그 어떤 경우에도 절대 진리를 낳는다. 이성이 지식을 만들어 낸다면, 오성은 윤리를 만들어 낸다. 윤리란 무엇인가? 인간이 어떤 경우에도 지켜야 하는 규범이다. 이것을 어기면 인간 이하의 무엇이 된다.

에우리피데스가 오성에 의한 창작을 했다는 것은 '윤리적인' 예술, 절대적으로 선한 '신'에 관한 예술, 객관적으로 올바른 '행운과 불행'을 그리는 예술이다. 이 예술은 에우리피데스의 예술 동지인 소크라테스가 던진 질문이고, 소크라테스의 제자인 플라톤이 정형화시켜 답변한 것이다. 플라톤은 한편에서 본다면 일생에 걸쳐 올바른 예술이란 무엇인가를 답한 거나 마찬가지이다.

플라톤은 내용적인 측면에서 보면 예술에서 윤리적인 종교적인 것 등과 관련된 수많은 금지 조항을 만들어 냈다. 예술은 부친 살해, 자식의 부모 박해, 신들 간의 싸움, 가족 간의 불화를 묘사해서는 안 된다.[41] 예술은 신을 좋은 것의 원인이자 불멸의 실체이며 거짓된 말과 행동을 하지 않는 것으로 묘사해야 한다.[42] 또한 예술은 죽음을 두려움으로 묘사해서도 안 되며, 웃음을 금지해야 하며, 절제를 강조해야 하며, 신이 뇌물을 받거나 불경한 짓을 하지 않는 것으로 묘사해야 한다. 플라톤은 운율적인 측면에서도 예술에서 이암보스격 운율이 포함된 시도,[43] 이암보스격 운율이 포함된 희극화도 허용되어서는 안 된다[44]고 말한다.

니체는 오성에 의한 창작이 곧 대화에 의한 극으로의 변화이며, 그 근원에 가면 음악의 죽음을 초래한다고 비판한다. '위대한 판신이 죽었다'라는 11장 서두의 울림은 음악의 언어로의 전환, 인간이 향유하고 즐길 수 있는 예술이 윤리적이고 도덕적이며 종교적인 예술로 변화함을 고지한다.

11장 다시 보기

위대한 판신의 죽음, 아이스킬로스와 소포클레스 비극에 맞선 에우리피데스의 목숨을 건 투쟁, 그래쿨루스적인 그리스인의 무대 주인공으로 등장, 제5 신분 계급인 노예계급의 명랑성, 대중화된 시민들, 새로운 기법을 만들어 낸 에우리피데스, 오성에 의한 창작을 하는 에우리피데스가 11장 요약이다. 11장은 비극 내에서 아폴론적인 것의 폭발과 디오니소스적인 것의 죽음, 즉 음악과 춤과 거인적 주인공의 죽음을 에우리피데스를 통해 설명한다.

　1장에서 10장까지가 고전적인 비극의 탄생, 건강한 비극의 탄생을 다루었다고 한다면, 11장은 새로운 '비극', 건강하지 못한 '비극'의 탄생을 시작하는 장이다. 11장은 이른바 '에우리피데스적인 비극'의 탄생이자 '소크라테스적인 비극'의 탄생을 시작하는 장이다. 또한 11장은 인간의 감성이 아닌 오성, 즉 인간의 자연(본능)적인 모습이 아니라 윤리적으로 교화되어야 할 인간 예술이 시작되는 장이다. 마지막으로 11장은 이러한 모든 목적을 달성하기 위해 고전적인 비극의 구성 요소인 음악, 춤, 영웅적인 주인공 대신 새로운 비극의 구성 요소인 오성과 논리, 소시민적인 그래쿨루스가 등장하는 장이다. 이 점에서 11장은 다음에 전개될 내용의 서문 격에 해당한다.

　우리는 여기서 문득 궁금해진다. 아주 고전적인 질문이다. 일반적으로 시민이 똑똑해지고 스스로 언어로 무장할 줄 알고 자신을 변호할 줄 아는 것이 왜 잘못인가? 에우리피데스가 시민의 의식 강화에 기여했다면, 우리는 그를 높게 평가해야 하는 것 아닌가? 지금까지 대다수 모든 작가와 비평가들과 철학자들이 에우리피데스를 그토록 높게 평가했다면 이유가 있지 않을까? 특히 에우리피데스의 창작론이 소크라테스의 지지를 받고, 플라톤에 의해 정교화되었다면, 에우리피데스야말로 문학의 성인 중 성인이 아닌가? 바로 이 때문에 영리하고 똑똑한 신희극 작가들은 고희극 작가인 아리스토파네스가 아니라 비극 작가인 에우리피데스에게 문학적 영감을 얻지 않았는가?

　니체는 에우리피데스에 대해 왜 그렇게 부정적이고 사시로 바라보는가? 니체의 답변은 간단하다. 에우리피데스가 인간과 인간, 인간과 자연을 하나로 만들었던 음악극인 비극의 죽음을 초래했다는 것, 인간이 형이상학적 실체를 느낄 수 있는 토대를 박살냈으며, 모든 시민이 모범을 삼고 따라야 할 비극의 주인공인 수동적 영웅과 능동적 영웅을 약삭빠르고 계산에 능하며 이해타산을 중심으로 사고하는 노예적인 시민으로 만들어 냈다는 것이다. 에우리피데스는 음악극을 대화극으로 만들었고, 감성에 의한 창작 대신 오성에 의한 창작으로 했으며, 근원적 일자와 합일될 가능성을 사회적, 국가적 통일성을 위해 희생시켰다는 것이다.

에우리피데스는 보편타당한 진리라고 생각한 윤리로 극의 내용을 채웠다. 이 윤리를 따른 시민은 누구인가? 말 그대로 소시민이며, 시민적 평범성이다. 소시민은 자신의 이익에 능하지만 시민으로서 구현해야 할 자신의 존엄성을 상실한 자이다.

반면 니체가 바라는 시민은 누구인가? 아이스킬로스의 프로메테우스이고 소포클레스의 오이디푸스가 그 주인공이다. 그들은 정답 없는 질문에 대한 심오한 사색을 하고, 온갖 고통을 겪어도 스스로 자신의 삶을 결정해 나가며, 실패를 두려워하지 않고 기존의 권위를 무서워하지 않는 영웅적인 삶을 살아간 자들이다. 그들에게 현재의 고통이란 미래의, 사후의 영광을 위한 토대이다.

니체는 이런 시민을 초인, 자라투스트라라고 부른다. 우리는 이런 시민을 불의와 부정의에 저항할 줄 알고, 어떤 고통도 달게 받아들이는 시민이라 부른다. 에우리피데스의 주인공이 소시민이라면, 아이스킬로스, 소포클레스, 니체의 주인공은 대grand시민이라 부를 수 있다. 대시민은 누구인가? 아리스토파네스는 아이스킬로스를 평가하면서 분명히 밝힌다.

> 그는 지각력을 지니고서
> 가족과 친구들뿐만이 아니라
> 시민들에게 좋은 것을 가져다준다네.
> 진정으로 시민화된 자인 ……[45]

　대시민은 에우리피데스처럼 입으로만 정의와 공정을 나불댈지 않으며, 소크라테스처럼 입으로 애국을 부르짖지만 자신의 제자들(알키비아데스와 크세노폰)을 아테네의 적국으로 보내지 않는다. 대시민은 '훌륭한 사상으로 우리의 도시(국가)'를 구하는 자인 동시에 '우리의 어리석음'을 깨우쳐 주는 자이다.[46]

12장

악명 높은 기계장치의 신을
오용하는 에우리피데스

1. 아폴론적인 것과 디오니소스적인 것의 재발견

우리가 이와 같은 다른 관객을 곧장 말하기 전, 아이스킬로스 비극의 본질에 대해 이미 묘사했던 저 이중성과 불가사의不可思議[1]의 인상을 다시 상기해 보기 위해서 이제 여기서 우리는 잠시 숨을 멈추어 보자.

우리는 저 비극의 합창가무단과 비극적 영웅이 우리에게 너무 낯설었다는 것을 떠올려 보자. 우리는 이 두 가지를 우리의 관습 Gewohnheiten과 전통Überlierung 때문에 알지 못했다.[2] 하지만 비로소 우리는 저 양면성Doppelheit을 그리스 비극의 본질로서, 두 가지 서로 다른 것으로 직조된 예술 충동, 즉 **아폴론적인 것과 디오니소스적인 것**의 표현임을 재발견하고서야 이해하게 되었다.

1. '이중성Zwiespältigkeit'은 디오니소스적인 것과 아폴론적인 것을 가

장 전형적으로 결합한 예로서 아이스킬로스의 비극을 말한다. 그 결과는 '불가사의Inkommensurablen'로서 우리가 전혀 이해할 수 없고 그 깊이를 헤아릴 수 없었음을 말한다. '불가사의'는 디오니소스적인 것과 아폴론적인 것의 결합에서 나온 비극의 깊은 심오함, 주인공의 비극적 죽음에 이르는 과정, 운명에 의해 얽히고설킨 영웅의 추락과 구원, 선과 악을 떠난 상태에 있는 비극의 주인공 등을 뜻한다.

2. 우리가 합창가무단의 성격을 '전통'과 '관습' 때문에 잘 이해하지 못했다는 뜻이다. 우리는 Chor를 주로 노래와 합창을 하는 것으로 이해했으므로, Chor가 춤까지 함께 추었다는 것을 상상조차 할 수 없었다. 또한 합창가무단의 역할을 중시하지 않았기 때문에 우리는 주로 대화를 중심으로 고대 그리스 비극을 바라보았고 내용을 중심으로 평가하곤 했다. 니체는 그리스 비극을 대화로 이해하는 것이 아니라 음악으로 느껴야 한다고 강조한다.

비극적 영웅의 삶 역시 우리는 관습과 전통 때문에 잘 이해하지 못했다는 뜻이다. 우리가 생각하는 영웅은 불의에 맞서 정의를 수호하기 위해 자신의 목숨을 아끼지 않는 존재이기 때문이다. 그리스 비극에 나오는 오이디푸스적인 수동적 영웅과 프로메테우스적인 능동적 영웅의 삶에는, 다른 많은 비극의 영웅들의 삶에는 우리가 찾는 정의로움은 없다.

다시 보기

에우리피데스가 11장에서 이전의 비극 작가들인 소포클레스와 아이스킬로스에게 던졌던 질문을 생각해 보자. 그가 생각한 영웅은 도덕적, 윤리적, 신적 질서를 이행하는 자이다. 우리는 에우리피데스의 영웅관에 포로로 사로잡혀 있다. 우리는 부지불식간에 선한 자는 복을 받아야 하고 악한 자는 벌을 받아야 한다고 생각한다. 하지만 현실은 다르다. 악한 자에게 현실은 천국이고, 선한 자에게 현실은 지옥이다. 선한 자는 사후에 보상을 원하고 악한 자는 현실에서 보상을 얻는다.

정의가 반드시 패배하고 악이 항상 승리하는 지옥과 같은 현실을 망각하기 위한 두 가지 방법이 있다. 하나는 종교이고 다른 하나는 예술이다. 종교가 사후 보상이라고 한다면, 예술은 현실 감각 마비와 말초적인 감각적 자극을 제공하는 마약이다.

우리는 현실에서 저항하고 싸우는 영웅의 패배를 매번 경험한다. 그 보상으로 우리는 연극, 드라마, 영화 등 예술에서만이라도 정의는 반드시 승리해야 한다고 생각한다. 이것이 우리의 관습이고 전통이다. 나날의 습관적 사고와 관습 속에 살아가는 우리는 인간이라면 지어서는 안 되는 죄를 지은 오이디푸스를 이해할 수 없다. 저 먼 옛날부터 전해져 내려오는 도덕과 윤리를 따르는 우리는 절대 권력에 도전하는 프로메테우스도 두려움으로 바라본다.

오이디푸스를 수동적 영웅으로 인정하고, 프로메테우스를 능동적 영웅으로 이해할 수 있는 길이 열렸다. 니체는 비극의 주인공을 디오니소스적 관점에서 이해하고 바라보라고 말한다.

2. 인류과 속물적 관점의 도입자

저 근원적이고 강력한 디오니소스적 요소를 비극에서 몰아내고 비극을 순수하고 새롭게 비디오니소스적 예술, 인륜Sitte[1], 속물적 관점Weltbetrachtung [2] 위에 건설하는 것, 이는 이제 밝은 빛 속에서 우리에게 드러난 에우리피데스적인 경향이다.

1. Sitte를 무엇으로 번역할 것인가는 쉽지 않다. 국내 번역자들은 이 단어를 '도덕', '윤리', '관습', '풍습', '인륜', '예절' 등 다양하게 번역한다. 어떤 연구자들은 같은 책에서 서로 다른 말로 옮기기도 한다. 이는 Sitte를 우리말 하나로 확정짓기 곤란함을 보여 준다.

 Sitte는 명확하지 않지만 칸트적인 용어로는 '윤리'에 가깝고, 헤겔적인 의미로는 '인륜'에 가깝다. 니체는 이 말을 『비극의 탄생』7장에서 Sittengesetz, 15장에서 Zweifelhaft Tüchtigkeit der Sitte, 23장에서 abstrakte Sitte, Mythus und Sitte, der Wildenis des Gedenkes, der Sitte, und Tat으로 사용한다. 이 용어는 니체의 철학에서 처음부터 끝까지 관통하는 중요 개념이므로 내용을 살펴보고 적당한 이해 방법을 찾아보자.

 니체는 『아침놀』9장 'Begriff der Sittlichkeit der Sitte'에서 Sitte를 '관습적인 행위 방식이자 평가 방식'이라 정의하고, Sittlichkeit를 '어떤 종류의 Sitten이든 가리지 않고 복종하는 것'이라고 규정한다.[*47] 이 정의에 따른다면 Sitte는 왜, 어떤 이유로 만들어졌는지 모르지만 이전부터 내려오는 보편적인 행위의 규칙이며, 이를 어기는 게 옳은가 그른가를 평가하는 기준이다. 이 Sitte에 무조건적으로 복종해야만 하는 상태를 일반화한 것이 Sittlichkeit이다.

 니체는 말년 저작 『도덕의 계보학』에서 'Sittlichkeit der Sitte'를 이타주의적 평가 방식과 전혀 다른 '아주 오래되고 근원적인 종류의 도덕Moral'[*48]이라고 명확하게 못 박는다.

이 두 가지 사실에서 Sitte는 우리가 일반적으로 알고 있는 '도덕 이전의 도덕'을 지칭하는 것으로 볼 수 있다. 도덕이 이미 사회 구성원들이 양심이나 관습, 사회적 여론에 따라 합의한 어떤 것이라고 한다면, Sitte는 그 이전의 어떤 것이다. 이 점에서 본다면 우리말에서는 인간과 인간 사이에서 기본적으로 지켜야 할 도리라는 의미에서 '인륜'이 Sitte에 적합하다. 또한 도덕을 인간이 지켜야 할 가장 기본적인 도리라고 한다면, '도덕' 역시 Sitte에 가깝다. 이상의 기준으로 Sitte를 이해하면 좋을 듯하다.

2. 연구자들은 Weltbetrachtung을 대부분 '세계관'으로 번역한다. 불행히도 Weltbetrachtung은 독일어 대사전에도 실려 있지 않다. 독일어 사전에 없다고 해서 Weltbetrachtung을 우리가 익히 아는 Weltanschauung(세계관)으로 옮기는 것은 잘못이다. Weltbetrachtung 과 Weltanschauung은 전혀 다르기 때문이다.

Weltanschauung은 우리가 흔히 알고 있는 '세계관'이다. 세계관은 한 개인이나 집단이 우주, 인간, 사회와 국가 등을 이해하는 하나의 방식이다. 세계관 앞에는 다양한 형용사가 올 수 있다. 예컨대 기독교적 세계관, 유물론적 세계관, 관념론적 세계관, 불교적 세계관, 자유주의적 세계관 등이 그 경우이다. 세계관 그 자체는 의미가 없으며, 앞에 붙은 형용사가 중요하다. 세계관은 수없이 많은 형용사가 결합하여 세상을 보는 다양한 방식을 표현하는 용어이다.

니체가 에우리피데스 비극의 원천을 설명하기 위해 Weltanschauung 대신 Weltbetrachtung이란 어휘를 쓴 것에 주목하자. 니체는 가치 중립적인 Weltanschauung으로 에우리피데스 비극의 한계를 지적한 게 아니라 Weltbetrachtung으로 에우리피데스를 격하게 비판한다. Weltbetrachtung은 니체가 앞에서 비판한 에우리피데스의 비극과 앞으로 비판하게 될 소크라테스, 미학적 소크라테스를 어떻게 바라보았는가를 보여 주는 말이다.

니체는 에우리피데스와 소크라테스가 위대한 비극을 망친 주범으로 이해한다. 그 이유는 Welt(세계, 세상)와 연관해서 살펴본다면, 한마디로 시민이 위대함을 잃고 눈앞의 이익에만 매몰되어 살아가는 속물로 만들었기(11장 3절과 4절 참고) 때문이다.(예술적 관점에서 말한다면, 양자는 음악과 춤의 살해자이다.) 이러한 관점에서 본다면 Welt는 '현실적' 또는 '세속적', '속물적'으로, Betractung은 '관점'으로 봐야 하며, 두 단어를 합친 Weltbetrachtung은 '속물적 관점', '세속적 관점'으로 이해하고 번역해야 한다.

다시 보기

니체의 글은 짧을수록 신중하게 읽어야 한다. 12장 1절이 1장에서 10장까지의 간단한 요약이라고 한다면, 2절은 11장을 아주 간략하게 요약한 글이다.

'비디오니소스적 예술'은 에우리피데스가 비극의 가장 기본적인 토대인 음악과 춤을 버리고 '언어', '대화' 등에 근거해 비극을 만들었다는 뜻이다. '인륜Sitte'은 에우리피데스의 극이 갖는 기본적 방향성이 도덕, 윤리 등의 내용을 담고 있다는 뜻이다. 마지막으로 '속물적 관점Weltbetrachtung'은 에우리피데스의 극이 가져올 최종 결과가 시민을 속물적인 시민이나 세속적인 인간으로 만든다는 뜻이다. '비디오니소스적 예술'은 에우리피데스의 창작 방식을 말하고, '인륜'은 그의 예술의 내용을 말하며, '속물적 관점'은 그의 예술이 가져온 결과를 말한다.

'비디오니소스적 예술', '인륜', '속물적 관점'의 기본적 전제는 니체가 소크라테스를 비판하는 가장 기본적인 토대가 된다. 니체는 이를 바탕으로 소크라테스를 다음과 같이 신랄하게 비판한다. 소크라테스 역시 에우리피데스와 마찬가지로 음악과 춤을 버린 예술을 창작하며, 그 내용은 인간이라면 지켜야 할 기본적인 윤리를 설파하며, 최종적인 결과는 도덕, 윤리, 법에 순응하는 시민, 낙타, 나귀, 난쟁이 같은 시민, 한마디로 자신의 이익에 능하지만 자신을 거인으로 생각하지 못하는 '그래쿨루스적인 오디세우스'로 만들어 내는 것이다.

3. 소크라테스의 가면을 쓴 에우리피데스

에우리피데스는 스스로 황혼기[1]에 하나의 신화 속에서 이러한 경향의 가치와 의미를 동시대인들에게 아주 강력하게 질문을 던졌다. 디오니소스적인 것은 도대체 존속해도 좋은가? 디오니소스적인 것은 그리스 세계에서 힘으로라도 몰아내야 하지 않은가? 시인은 우리에게 만약 이것이 가능하다면 그렇게 해야 한다고 확신한다. 하지만 디오니소스신은 너무 강력하지 않은가! 『박코스의 여신도들』의 펜테우스처럼 가장 이성적인 적대자도 뜻밖에 디오니소스의 마법에 걸리고, 이 마법 때문에 결국 불운으로 치달린다.[2]

두 노인 카드모스와 테이레시아스의 판단은 나이 든 시인의 판단처럼 보인다. 즉, 가장 현명한 몇몇 사람들의 사색은 저 오래된 시민 전통, 끊임없이 퍼져 가는 디오니소스 숭배를 전복하지 못하므로, 그러한 놀라운 힘에 대해 최소한 외교적으로 신중한 참여를 보여 주는 게 낫다는 것이다.[3] 하지만 또한 디오니소스가 그런 미적지근한 참여에 화를 내고서 그 외교관—여기서 카드모스 같은 자—을 마침내 용으로 만들어 버리는 것도 또한 가능하다. 영웅적인 힘으로 디오니소스에게 오랜 동안 저항했던 시인이 우리에게 말해 준 것은 바로 이것이다. 즉, 그는 마침내 자신의 적을 찬양하고 자살로 자신의 삶을 마감한, 너무 무서워 더 이상 참을 수 없는 소용돌이로부터 달아나기 위해 탑에서 몸을 던질 수밖에 없는 현기증 환자와 같았다.[4]

저 비극이란 자신의 경향성의 실행 가능성에 대한 하나의 저항이다. 아, 하지만 그 경향은 이미 실행되었다! 놀라운 일이 발생했다. 시인이 취소하려고 하자, 이미 그의 경향성이 승리를 거뒀다. 디오니소스는 이미 비극의 무대에서 추방당했으며, 그것도 또한 에우리피데스의 입에서 나온 악마적인 힘에 의해서 쫓겨났다.[5]

에우리피데스 또한 어떤 의미에서 가면에 지나지 않았다. 에우리피데스 입에서 나온 신이란 디오니소스도 아니고, 마찬가지로 아폴론도 아니었으며, 전적으로 새롭게 태어난, 즉 **소크라테스**라고 불리는 마신Dämon이다. 이것이 새로운 대립, 디오니소스적인 것과 소크라테스의 대립이다. 그리스 비극이라는 예술 장르는 소크라테스에서 폭삭 망한다.

에우리피데스는 자신의 경향성을 취소함으로써 우리를 위로하려고 했지만, 성공하지 못했다. 장엄한 신전은 폐허가 되었다. 그 신전이 모든 신전 중에서도 가장 아름다웠다는 고백과 파괴

자의 비탄이 우리에게 어떤 도움이 되겠는가? 에우리피데스가 모든 시대의 예술비평가들에 의해서 형벌을 받아 용으로 변했다[6]고 하더라도, 이처럼 빈약한 형벌이 누구를 만족시키겠는가?

1. 에우리피데스의 기원전 405년 작품인 『박코스의 여신도들』을 가리킨다. 에우리피데스는 기원전 406년에 죽었으므로, 이 작품은 그의 인생의 황혼기 작품이라고 할 수 있다.
2. 디오니소스와 펜테우스는 이종사촌이다. 디오니소스 어머니 세멜레와 펜테우스의 어머니 아가베는 자매지간이다. 『박코스의 여신도들』에서 펜테우스는 카드모스의 손자이자 테베 왕국을 물려받아 통치하는 자이다. 펜테우스는 이모의 아들인 디오니소스가 술의 신이자 많은 추종자들을 몰고 다니며 신적인 능력을 행사하는 것을 의심의 눈초리로 바라본다. 펜테우스는 디오니소스가 술의 신이자 예언의 신이며 전쟁의 신이자 환락의 신임을 이성적 사고에 의거해 거부한다.

디오니소스는 펜테우스에게 크게 분노하며 이모의 아들이자 사촌이지만 자신의 신성을 증명한다. 결국 펜테우스는 디오니소스의 책략에 빠져 발까지 내려오는 긴 옷, 얼룩덜룩한 가죽을 덮고 마이나데스들이 춤추는 모습을 보다 어머니 아가베와 이모 아우토노에 그리고 그 동료들에 의해 온몸이 찢겨 죽는다.
3. 니체적인 추론과 상상력의 결합의 묘미를 보여 준 문장이다. 11장에 따르면 에우리피데스는 아이스킬로스와 소포클레스의 비극을 모든 면에서 반대했다. 니체는 이런 에우리피데스에게 질문을 던진다. 과연 죽기 직전 에우리피데스는 고대 비극의 모든 전통을

소크라테스의 가면을 쓴
에우리피데스 (© 리강)

살해한 것에 대해 어떻게 생각했을까? 나아가 에우리피데스는 고
대 비극의 모태인 디오니소스를 어떻게 생각했을까? 머릿속으로는
디오니소스마저 도덕적, 윤리적으로 교화시키고 싶지만 현실적으
로 디오니소스의 추종자마저 절대 교화시킬 수 없다는 장벽에 부딪
친다. 에우리피데스는 절망한다. 니체의 추론이다.

　디오니소스라는 난공불락의 요새 앞에서 아무것도 할 수 없었던
에우리피데스는 어떤 태도를 취했을까? 『박코스의 여신도들』에 나
오는 두 노인, 테베를 세운 자이자 펜테우스의 할아버지인 카드모
스와 테베의 현명하면서도 신중한 예언자 테이레시아스는 디오니
소스와, 타협한 노년 에우리피데스의 분신이다. 나이가 든 에우리
피데스는 디오니소스의 현실적 힘을 인정할 수밖에 없었다. 니체의

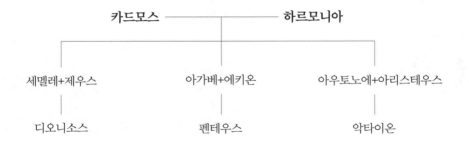

카드모스 ——————————— 하르모니아

세멜레+제우스   아가베+에키온   아우토노에+아리스테우스

디오니소스   펜테우스   악타이온

상상력이다.

카드모스와 테이레시아스는 디오니소스의 현실적 세력과 힘을 인정할 수밖에 없다고 판단한다. 그들은 현실 권력의 정점인 왕이 자 이성적인 사유를 대표하는 펜테우스가 금지한 디오니소스 축제에 어쨌든 '외교적으로' 참여한다. '외교적'이란 겉과 속이 다름을 뜻한다. 속으로 디오니소스를 부정하지만 겉으로는 어쩔 수 없어서 디오니소스 축제에 참여한다는 뜻이다.

디오니소스가 현실 속에서 실제로 힘이 강력하다면, 과거의 왕이 자 현실 정치인이었던 카드모스는 디오니소스를 인정할 수밖에 없 음을 현재의 왕 펜테우스에게 설득한다.

> 카드모스 : 내 손자야, 테이레시아스가 너에게 좋은 조언을 해 줬구나.
> 너는 전통을 무시하지 말고 우리와 함께해야 한다. 이 점에서 본다면
> 너는 허무맹랑하구나, 생각도 명료하지 않고.
> 네가 말한 대로 그자가 신이 아니라고 할지라도
> 왜 그를 신이라고 부르지 못하느냐? 왜 진짜 신이라고
> 거짓말을 못하느냐?[49]

테베의 영원한 예언자 테이레시아스는 카드모스보다 한발 더 앞서서 어떤 경우에도 디오니소스와 싸우지 말라고 펜테우스에게 탄원한다.

> 테이레시아스 : 당신(펜테우스)이 조롱하는 카드모스와
> 나는 머리에 덩굴관을 쓰고
> 의식에 참여할 것이오.
> 노인들이기는 하지만 우리는 춤을 추어야만 한다오.
> 당신이 아무리 말한다 해도 나는 신을 거역하지 않을 것이오.[50]

니체의 추론은 에우리피데스가 한 디오니소스와의 어쩔 수 없는 타협에 근거하고, 니체의 상상력은 테이레시아스와 카드모스의 현실적 설득력에 있다. 니체는 추론과 상상력을 하나로 뭉쳐서, 비극 살해자 에우리피데스마저도 디오니소스를 부정할 수 없었다는 결론을 도출한다.

하지만 황혼기에 '외교적'인 태도로 디오니소스와 타협할 수밖에 없었던 에우리피데스도 결국 자신에게 주어진 숙명적인 비극의 살해자라는 운명을 벗어날 수는 없었다. 에우리피데스는 비극을 교사한 악마 소크라테스에게 무릎을 꿇는다.

4. 이 문장은 카드모스와 에우리피데스가 같은 운명에 처한다는 것을 중첩해서 보여 준다. 카드모스는 용을 정벌하고 왕이 되었으나 용(또는 뱀)으로 변해 죽고, 에우리피데스는 디오니소스를 정복했으나 디오니소스에 의해 자살로 죽음을 맞이한다는 것을 니체는 이렇게 표현했다.

용을 살해하는 카드모스 (헨드릭 골치어스, 1573~1617년, 콜딩후스 소장)

카드모스는 테베의 건설자이다. 카드모스는 아버지의 명령으로
소로 변한 이오를 찾아 나섰지만, 아폴론의 신탁으로 암소를 만난
자리에 나라를 세우라는 명을 받는다. 카드모스는 물을 뜨러 간 부
하들이 우물을 지키던 신성한 용에 의해 살해당하자, 그 용을 살해
하고 용의 이빨을 얻는다. 그가 이 이빨들을 뿌리자 병사들이 생겨
났고, 서로 싸우다 다섯 명만 남았다. 카드모스는 이들과 힘을 합쳐
테베를 건설한다.

카드모스는 나중에 손자 펜테우스에게 왕위를 물려주고 물러나

지만, 용을 죽인 죄로 계속 불운을 당한다. 예컨대 그의 손자 악타이온은 아르테미스에 의해 죽었으며, 펜테우스 역시 카드모스의 딸들이자 펜테우스의 어머니와 이모들에 의해 살해당한다.

에우리피데스는 지금까지 살펴본 대로 디오니소스적인 모든 것을 부정하고 거부했다. 하지만 그가 자살했다는 전설이 전해진다. 니체는 이 자살설을 바탕으로 카드모스와 에우리피데스를 엮어 이와 같은 문장을 썼다.

5. 아주 짧은 문장이지만 지금까지 니체가 에우리피데스에 대해 주장한 것을 총괄적으로 요약한 것이다. '저 비극이란'은 『박코스의 여신도들』을 말한다. '자신의 경향성'은 반디오니소스적인 예술을 말한다. '실행 가능성'은 음악과 춤 대신 언어와 대화를 바탕으로 비극을 짓고, 윤리적인 메시지를 전달하고, 최종적으로 소시민적 가치를 지닌 인간을 만들려고 기도한 것을 뜻한다. '하나의 저항이다'는 『박코스의 여신도들』에 죽기 직전까지 자신이 지어 왔던 반디오니소스적 예술관을 부정하고 카드모스와 테이레시아스처럼 외교적으로나마 디오니소스와 타협하려고 했다는 것을 뜻한다. '아, 하지만 그 경향은 이미 실행되었다!'는 이미 에우리피데스가 지은 작품들이 그의 손을 떠나 반디오니소스적 경향을 완성했다는 뜻이다. '시인이 취소하려고 했을 때'는 『박코스의 여신도들』로 에우리피데스가 디오니소스와 타협하려고 했음을 뜻한다. '승리를 거뒀다'는 에우리피데스의 경향이 이미 비극 내에서 만연했을 뿐만 아니라 사회적으로나 정치적으로 이미 진행되고 있었으며, 후세 신희극의 원조로 되었다는 뜻이다.

6. 니체는 에우리피데스가 많은 문학 비평가들에 의해 용으로 변했

서양의 용은 악을, 동양의 용은 선을 상징한다. (위는 날개 단 여인을 공격하는 서양의 용, 1370~1390년경. 아래는 1889~1912년 중국 청 왕조의 깃발)

다고 말한다. 이때 용은 동양 사람인 우리가 받아들이는 용과는 의미가 전혀 다르다. 동양에서 용은 아주 신성한 동물이자 선의 상징이지만 서양에서 용은 동양의 이미지와 정반대로 악의 상징이다. 따라서 에우리피데스가 비평가들에 의해 용이 되었다는 것은 아주 천하거나 악마와 같은 취급을 당했다는 뜻이다.

앞에서 카드모스가 죽어서 변신한 용과 여기의 에우리피데스의 별칭인 악이란 의미의 용은 사뭇 다른 뜻을 지니고 있다. 카드모스는 디오니소스와 타협을 한 대가로 악마적인 의미의 용이 아닌 선과 악의 중간에 위치한 용의 의미를 지닌다. 이때 카드모스는 앞에서 설명한 대로 에우리피데스의 노년으로 디오니소스에 외교적으로나마 타협한 모습이다. 반면 에우리피데스의 별명이 '용'이란 것은 비극의 살해자로서 씻지 못할 죄를 지었음을 보여 준다.

다시 보기

이 글에 나오는 Dämon(마신)을 13장에 나오는 소크라테스의 다이몬Dämonion과 혼동할 수 있다. Dämon은 정령이나 그 어떤 의미를 지닌 다이몬이 아니라 말 그대로 악마나 마신이다.

"소크라테스는 악마나 마신Dämon이다"는 "신은 죽었다"라는 말보다도 더 엄청난 폭탄선언이다. 신은 죽을 수 있고, 인간은 언제든 신을 죽일 수 있다. 자신이 믿는 종교 이외의 신을 믿지 않고 부정하거나 무시하는 인간의 속성이 '신의 죽음'의 전조 현상이다. 우리가 종교를 믿지 않으면 신은 죽는다. 하지만 소크라테스를 죽이는 건 불가능에 가깝고 죽일 수도 없다. 그는 우리가 알고 있는 인류의 보편적 가치의 시작으로 받아들여지기 때문이다.

왜 니체는 소크라테스를 인류의 불구대천의 원수로, 인류를 악의 구렁텅이로 빠뜨리는 악마나 마신으로 보았는가? 니체는 13장부터 이를 자세하게 다룬다.

4. 소크라테스와 에우리피데스의 의기투합

이제 우리는 저 소크라테스적인 경향, 에우리피데스와 힘을 합쳐 아이스킬로스적인 비극과 투쟁했으며 승리를 거두었던 저 경향을 살펴보도록 하자.

다시 보기

에우리피데스와 소크라테스의 조합은 낯설다. 한 사람은 비극 작가이고, 한 사람은 철학자다. 가장 논리적이고 체계적인 사유를 하는 소크라테스가 비극 작가 에우리피데스를 만나는 설정 자체가 우리에게는 생소하다. 하물며 에우리피데스의 비극을 짓는 데 큰 도움을 주는 소크라테스라니…….

하지만 고대 철학사를 정리한 디오게네스 라에르티오스는 뜻밖의 사실을 전한다. 그가 '소크라테스' 편에서 소크라테스의 호구 조사를 보여 준 뒤 우리에게 전한 첫마디는 충격이다.

소크라테스는 에우리피데스가 자신의 극을 집필하는 데 도움을 주었다고 여겨진다.

디오게네스는 므네시마쿠스Mnesimachus를 인용하면서, 더 구체적인 정보를 전해 준다.

'에우리피데스가 이런 방식으로 처음 쓴 극은 『프리지아 사람들The Phrygians』이며, 소크라테스는 여기에 불쏘시개를 제공했다.' 그는 에우리피데스를 '소크라테스에 의해 고정된 엔진'으로 불렀다.[51]

에우리피데스는 기원전 484년에 태어났고, 소크라테스는 기원전 470년에 태어났다. 소크라테스는 에우리피데스보다 나이가 한참 어리다. 에우리피데스가 비극 전문가라면, 소크라테스는 철학 전문가이다. 소크라테스는 자신의 이력을 소개한 글에서 시인을 만난 적이 있다고 밝힌다. 이 만남은 소크라테스가 자신이 시인들보다 우수함을 입증하기 위해서였다. 또한 소크라테스는 시를 쓴 적 있다고는 밝히지만 비극을 썼다고 밝히지는 않았다.

소크라테스가 에우리피데스의 극을 쓰는 데 일조했으며, 심지어 에우리피데스가 소크라테스의 꼭두각시에 지나지 않는다는 디오게네스 라에르티오스의 평가를 우리는 어떻게 받아들여야 하는가? 우리는 잘 모르는 사실이지만 일반적으로 에우리피데스와 소크라테스는 서로 긴밀하게 연결되어 있다고 한다. 니체는 이런 일반적 사실을 바탕으로 4절을 썼다. 소크라테스와 에우리피데스의 글짓기 동맹에 대한 니체의 평가는 추론을 필요로 한다.

소크라테스는 왜 그리스 시민에게 인기를 끌지 못한 비극 작가 에우리피데스와 손을 잡았는가? 우리는 이를 소크라테스의 '업혀가기 전략'이라고 불러 보자. 낯선 것, 이질적인 것, 생소한 것이 한 사회나 국가에 정착하는 가장 편한 방법은 익숙한 것, 기존의 것, 강력한 것의 등에 업혀 가면 된다. 비슷한 경우를 들자면, 가톨릭이 조선에 정착하는 가장 좋은 방법은 조선의 '학문' 숭배 사상의 등에 업혀 가는 것이었다. 조선은 가톨릭을 서'학'이라는 이름으로 부르고 수용했다. 거꾸로 말하면 가톨릭은 서'학'이라는 이름으로 불리기를 거부하지 않았다고 볼 수 있다. 마찬가지로 소크라테스는 자신이 처음 시작한 '인간'에 대한 사유를 유포시키기 위한 전략적인

에우리피데스의 가면을 쓴
소크라테스 (ⓒ 리강)

방법으로, 기존의 것이고 익숙한 것이며 가장 강력한 힘을 떨치고
있던 비극의 등에 업혀 갈 것을 선택한다.

　당시 소크라테스가 제시한 '인간에 대한 질문'은 아무도 이해할
수 없는 낯선 문제였다. 그 당시에는 자연에 관한 질문이 사유의 출
발이자 전부였기 때문이다. '만물은 무엇으로 구성되어 있는가'라
는 질문을 던졌던 시대에 소크라테스는 '인간이라면 어떻게 행동해
야 옳은가'라는 아주 생소하고 정말 낯선 물음을 던졌다. 이 당혹스
러운 질문이 아테네 시민들에게 전파되기는 무척 어려웠다. 소크라
테스의 재판이 그 증거이다. 강력하고 거대한 장벽에 부딪친 소크
라테스는 아마 당시 가장 유행했으며 누구나 받아들이고 있었던 비
극을 통해 자신의 질문과 대답을 유포시키고자 했을 것이다. 즉, 소

크라테스는 비극 속에다 자신의 질문을 넣고 비극 속에서 아테네 시민들이 사유하기를 원했을 것이다. 소크라테스는 비극이라는 호랑이의 등을 타고 그 목에 방울을 달고 아테네를 질주하는 것이 가장 효과적인 전략이라고 생각했을 것이다.

소크라테스는 자신과 비슷한 문제의식을 가지고 있었던 에우리피데스와 우연을 가장하여 만났을 것이다. 소크라테스는 인간을 도덕적, 윤리적으로 계몽시키고자 했던 공동의 목적을 가진 에우리피데스와 의기투합한다. 소크라테스는 마치 『향연』에서 자신의 성 윤리의식을 주지시켰던 것처럼 비극 속에 윤리의식을 집어넣었을 것이다.

아테네 시민들의 인기를 얻지 못한 에우리피데스 역시 소크라테스의 전략적 의도에 동의하고 소크라테스의 사상을 기꺼이 받아들였을 것이다. 실패한 비극 작가 에우리피데스와 배척당한 철학자 소크라테스의 만남은 우연을 가장한 필연이었다. 그들은 같은 배를 탄 동지로서, 비윤리적 세계에 윤리의 깃발을 높이 들고 비윤리적인 거친 바다를 뚫고 항해를 감행했을 것이다.

디오게네스 라에르티오스는 거짓을 전한 것이 아니다. 다른 사료들도 소크라테스와 에우리피데스의 만남에 중요한 의의를 두었다. 소크라테스와 에우리피데스는 윤리적 세계를 건설하기 위해 피로 결사를 맺은 혈맹 동지이다.

5. 연극화된 서사시로 변형된 비극

그렇다면 이제 우리는 다음과 같은 질문을 던져야 한다. 극을 전적으로 비디오니소스적 토대 위에 세우려는 에우리피데스의 의도가 가장 이상적인 형태로 실현된다면, 도대체 어떤 목적을 가질 것인가? 극이 음악의 탄생 모태로부터 벗어나 신비로 가득 찬 저 디오니소스적인 것의 여명으로부터 태어나지 않는다면, 어떤 형태의 극이 남아 있겠는가? 그것은 오로지 **극화된 서사시**[1]만 남을 것이다.

물론 **비극**의 효과는 어떤 아폴론적인 예술 영역에서도 달성될 수 없다. 비극의 효과는 묘사된 사건의 내용에서 나타나지 않는다.[2] 괴테가 구상했던 『나우시카』에서 저 소박한 존재의 자살—5막을 채우려 했던—을 비극적으로 만들려는 묘사가 불가능했었다는 것을 나는 확실하게 주장하고 싶다.[3] 서사시적-아폴론적인 것의 힘은 너무나 강력해서, 놀라움으로 가득 찬 사건Ding을 가상이 주는 저 쾌락과 가상을 통한 해방이라는 마법을 걸어서 우리 눈앞에 펼쳐 보인다.[4]

극화된 서사시의 작가는 서사 음유시인과 마찬가지로 자신의 형상들과 하나로 녹아들어 갈 수 없다. 그는 조용히 움직이지 않은 채 멀리서 자신 **앞에 있는** 형상을 바라볼 뿐이다. 극화된 서사시의 배우는 저 밑바닥에서 여전히 음유시인으로 남아 있다. 내적 꿈의 신성함은 전적으로 자신의 연기에 달려 있으므로, 그는 결코 완전한 배우가 되지 못한다.[5]

1. '극화된 서사시'란 극으로 꾸민 서사시로 디오니소스적 요소가 완전히 사라지고 아폴론적인 요소만이 지배하는 비극이나 극을 말한다. 에우리피데스가 『박코스의 여신도들』에서 디오니소스와 그나마 '외교적'으로 타협했던 것마저 사라진 극이 극화된 서사시이

다. 소크라테스와 결합하여 에우리피데스가 만든 비극은 아폴론적인 자와 척도, 인륜과 소시민적 가치만이 남는다. 음악과 춤이 사라진, 디오니소스적인 가치가 존재하지 않는 소크라테스적인 극이 극화된 서사시이다.

2. '비극의 효과'란 음악과 춤을 통한 도취와 황홀에서 나타난 것으로 이 책 1장 4절 개별화 원리의 파괴와 1장 5절 인간과 인간, 인간과 자연의 합일을 말한다. '사건의 내용'이란 플롯을 말한다. 플롯을 아무리 잘 짜고 주인공의 죽음을 극적으로, 비극적으로 묘사한다 할지라도 비극의 효과는 나오지 않는다고 니체는 주장한다. 아리스토텔레스가 에우리피데스를 플롯적인 측면에서 최고의 비극 작가라고 평가한 11장 7절 해설 5를 참고하면 도움이 된다.

3. 괴테가 기획한 『나우시카』의 내용은 비극이지만, 비극의 '진정한' 효과는 나타나지 않으리라고 니체는 단언한다. 비극의 '진정한' 효과를 이해하기 위해서는 호메로스가 『오디세이아』에서 노래한 나우시카와, 괴테가 기획한 나우시카의 내용이 다르다는 사실에서 출발해야 한다.

호메로스의 나우시카는 오디세우스가 표류하다 도착한 스케리아섬의 왕 알키노아스와 왕비 아르테의 딸이다. 호메로스는 나우시카의 오디세우스에 대한 짝사랑을 살짝 숨겨 놓는다. 나우시카는 오디세우스가 남편이 되어 자기가 살던 곳에 계속 머물기를 희망한다.[52] 하지만 나우시카는 오디세우스가 떠날 때 당신을 구해 준 사람이므로 고향에 가서도 자기를 잊지 말아 달라는 말을 할 뿐이다.[53] 니체는 나우시카와 오디세우스의 깔끔한 헤어짐에 강한 인상을 받는다.

오디세우스가 나우시카와 이별할 때처럼 사람들은 삶과 이별해야만 한다―연연하기보다는 축하해 주면서.'[54]

괴테는 호메로스의 나우시카를 살짝 비틀어 비극으로 기획한다. 괴테는 『이탈리아 기행』에서 『나우시카』를 비극으로 구성하면서 호메로스의 기본적인 짝사랑 플롯에다 오디세우스의 귀향에 따른 이루지 못할 비극적 사랑을 가미한다고 밝힌다.

플롯은 간단하다. 오디세우스가 나우시카의 고향에서 멋진 승리를 거두고 환호를 받을 무렵, 나우시카는 오디세우스에 대한 연정을 불태워 나라 사람들한테 체면을 잃는다. 오디세우스가 고향으로 떠날 무렵, 그를 너무 사랑한 나우시카는 죽음을 택한다. 괴테의 미완성 작품 『나우시카』는 우리가 흔히 접하는 이루지 못할 짝사랑을 비극적 죽음으로 끝낸다.

니체는 괴테에게 플롯이 비극적이라고 해서 비극의 '진정한' 효과가 나오는가라는 질문을 던진다. 괴테가 이 비극을 완성했다 할지라도 고전적인 비극적 효과는 나타나지 않을 거라고 니체는 단언한다. 괴테의 『나우시카』에 대한 비판은 에우리피데스의 비극에 대한 비판과 동일하다. '비극의 진정한 효과는 플롯이나 내용이 아니라 음악과 춤에서 비롯한 근원적 일자와의 합일에서 나온다.'는 것이 니체의 기본 주장이다. 사람의 혼을 쏙 빼놓을 정도로 슬픈 내용을 가진 비극이라 할지라도 비극의 효과가 나오는 게 아니다라는 것이 니체의 단언이다.

4. '가상이 주는 저 쾌락과 가상을 통한 해방'은 논리적인 방식으로 이해한 후 극의 구성에서 어떻게 나타나는가로 확인해야 한다. 우

오디세우스와 나우시카 (요한 하인리히 빌헬름 티슈베인, 1819년)

선 논리적인 방식으로 이해하기 위해서는 1장 2절과 3절로 되돌아가야 한다. 니체는 여기서 우선, 아폴론을 꿈의 신으로 설명하고, 꿈을 형상과 가상과 연결시켰으며 둘째, 우리가 사는 현실 이외에

제2의 현실이 존재하며 이를 가상이라고 말했으며 꿈, 즉 가상을 통한 해결이 주는 만족이 아주 크다고 설명했다.

다음 극적인 이해 방식으로 극화된 서사시에서 '가상이 주는 저 쾌락과 가상을 통한 해방'이 어떻게 나타나는가를 살펴보자. '가상이 주는 저 쾌락'이란 꿈이 주는 쾌락과 마찬가지이다. 1장 2절의 '다시 한번 꿈꾸면 좋으려만!'과 1장 3절의 '꿈-경험의', '즐거운 필연성'이란 말이 같은 뜻이다. 극화된 서사시는 즐거움을 주기 위해 어려운 사건에 부딪쳐 가상을 통해 문제를 해결한다. 하지만 이는 아폴론적인 의미의 '가상'이 아니라 극적인 '플롯'일 뿐이다.

우리는 정교한 플롯에 의한 문제 해결 방식에 어느 정도 해방감을 맛본다. 하지만 니체는 가상을 통한 해결 방식은 1장에서도 지적했듯이 근본적으로 마야의 베일에 싸여 있을 뿐 진정으로 해방감을 느끼지 못한다고 강조한다.

5. 니체는 서사시인이 개별화의 원리에 기대어 형상을 관조할 뿐이라고 말했다.(1장 3절 해설 10 참조.) 마찬가지로 극화된 서사시인 역시 형상을 관조할 뿐 인간과 인간, 인간과 자연의 합일에 도달하지 못한다고 니체는 강조한다.

니체는 완전한 배우론 또는 진정한 배우에 대해서 설명했다.(8장 2절 해설 5 참조.) 완전한 배우란 근원적 일자와 완전한 합일, 형이상학적인 경지에 이르러야 한다. 하지만 서사시의 배우는 연기를 통해 꿈만을 드러내기 때문에 근원적 일자와 합일하지 못하므로 완전한 배우가 될 수 없다.

10장 3절에 "당신이 디오니소스를 떠나자, 아폴론도 당신을 떠나 버렸다."라는 문장이 나온다. 이 말은 다른 말로 하면 비극에서 '디오니소스가 죽으면 아폴론도 죽는다.'는 뜻이다.

이를 논리적인 측면에서 살펴보자. 니체는 비극을 아폴론적인 것과 디오니소스적인 것의 변증법적 통일로 보았다. 디오니소스적인 것이 사라지면 당연히 비극은 성립할 수 없으므로 비극은 죽음을 맞는다. 정반대로 아폴론적인 것이 사라져도 비극은 사멸한다. 시인 에우리피데스가 디오니소스적인 것을 제거하려고 시도했다면, 소크라테스와 결합한 사상가 에우리피데스는 아폴론적인 잣대를 높이 들고 일체의 모든 디오니소스적인 요소를 제거하는 데 성공했다. 아폴론적인 것과 디오니소스적인 것의 이인삼각 달리기에서 디오니소스적인 것은 완전한 죽음을 맞이한다. 그러면 달리기를 하던 비극 역시 비틀거리고 쓰러진다. 에우리피데스의 비극에서 그나마 절룩이며 걷던 비극은 소크라테스적인 비극에 이르러 쓰러진다. 비극은 죽음을 맞게 되고, 그 결과 아폴론적인 것도 사라지게 된다.

이를 플롯적인 측면에서 살펴보자. 아폴론적인 것은 꿈과 가상을 통한 기쁨, '다시 한번 꿈꾸고 싶다'로 표현되는 기쁨이다. 꿈과 같은 가상이 주는 기쁨은 기대 밖의 즐거움이다. 예상했던 것과 다른 결과가 초래되는 기쁨이 꿈이 주는 행복이다. '꿈에도 생각지 못했다'는 현실에서 도저히 생각할 수 없는 반전이 주는 기쁨이다.

에우리피데스의 비극에서 표현되는 소크라테스적인 비극은 어떤가? 정교한 플롯, 어떠한 반전도 있을 수 없는 논리적인 즐거움과 말잔치가 주는 향연이다. 결국 앙상한 뼈대만 남은 플롯이 말잔치로 이어지는 비극이 된다. 결국 디오니소스적인 음악이 죽자 아폴론적인 것 역시 플롯과 말잔치로 전락하고, 그 결과 비극은 가치를 상실하고 소멸한다.

6. 디오니소스적 요소의 사멸

에우리피데스의 작품은 이러한 이상적인 아폴론적 극과 어떤 관계를 맺었는가? 자신의 본질을 플라톤의 『이온』에서 다음과 같이 기술했던 새로운 시대의 음유시인이 옛 시대의 장엄한 음유시인과 맺은 관계와 같다. "내가 슬픈 어떤 것을 말하면, 나의 눈은 눈물로 가득 찬다. 하지만 내가 말한 것이 놀랍고 두려운 것이라면, 내 머리의 머리카락은 전율로 쭈뼛해지고 내 심장은 두근거린다."[1] 여기서 우리는 가상 속에서의 저 서사시적 망아도 찾아볼 수 없으며, 진정한 배우—최고의 연기를 할 때 완전한 가상이자 가상에서 쾌락인—의 정감상실적 냉담함도 찾아볼 수 없다.[2]

에우리피데스는 두근거리는 심장을 가진 배우이자 머리가 쭈뼛해진 배우이다. 그는 소크라테스적인 사상가로서 계획을 세우고, 정열적인 배우로서 그 계획을 수행한다. 순수한 예술가 측면에서 본다면 그는 계획자도 아니고 수행자도 아니다.[3] 따라서 에우리피데스 극은 차가운 동시에 뜨겁고, 추위로 곱아지는 동시에 불타오를 수 있다.[4]

에우리피데스는 서사시의 아폴론적 효과에 도달하기는 불가능해졌으며, 다른 한편으로 디오니소스적 요소들로부터도 너무 멀어졌다.[5] 따라서 이제 에우리피데스는 일반적으로 효과를 내기 위해서 아폴론적인 것과 디오니소스적인 것이라는 두 가지 분리 불가능한 예술 충동 내부에 존재하지 않는 새로운 요소를 필요로 한다. 아폴론적 관조의 자리에 냉정한 역설적paradoxe **사유**와 디오니소스적 황홀의 자리에 격렬한 **흥분**이 바로 분기 수단이다.[6] 하지만 이는 현실을 가장 잘 모방한 것이긴 하지만 예술의 에테르 속에 잠긴 사유와 흥분은 아니었다.

1. 인용문 앞에 우리는 소크라테스의 질문을 추가해야 정확한 이해가 가능하다. 소크라테스는 서사시 낭송 경연대회에서 우승한 이온에게 다음 질문을 던진다.

> 자네는 시를 낭송할 때 올바른 정신 상태에 있는가, 아니면 망아 상태에
> 있는가?[55]

이 질문에 대한 이온의 대답이 바로 위의 인용문이다. 결론적으로 말하면 이온은 올바른 정신 상태가 아니라 감정에 치우쳐 울기도 하고 공포심에 사로잡히기도 하여 시를 낭송한다고 말했다.

소크라테스가 물은 시 낭송 내용은 격렬한 감정을 동반한 것들이다. 예컨대 오디세우스가 집에 돌아가 자신의 처에게 구혼한 자들에게 분노할 때, 친구의 죽음을 복수하기 위해 아킬레우스가 헥토르에게 싸움을 걸 때, 트로이 전쟁 당시 트로이의 공주로 아버지와 오빠가 모두 아킬레우스의 손에 죽고 심지어 아들마저 오디세우스에 의해 살해당한 안드로마케에 대한 것 등이다.[56]

감정을 극도로 자극하는 위와 같은 내용을 시인이 낭송한다면,

배우가 연기를 한다면 어떻게 해야 하는가! 이온은 눈물과 두려움으로 감정에 복받쳐 표현하는 것이 중요하다고 강조한다. 이온은 그나마 감정이라도 가지고 있었다. 올바른 정신을 강조한 소크라테스! 그에게는 눈물마저 메마르고 감정마저 사라져 버린다.

2. 이온처럼 낭독하면 서사시의 입장에서 어떤 문제가 발생하는가? 서사시에서 가장 중요한 것은 관조이며, 어떤 감정도 싣지 않고 냉정하게 사물을 바라봐야 한다. 하지만 이온은 이와 정반대로 서사시를 낭독했다. 니체가 하고 싶은 말은 이온처럼 낭독하면 아폴론적인 관조가 사라진다는 것이다.

3. 6절에 나온 관계를 정리하면 아래 표와 같다.

4. 배우론으로 오독하면 안 된다. 배우가 뜨거운 동시에 차가운 걸 연기할 수 있다면 최상의 연기자이다. 하지만 이 문장은 배우론이 아니라 에우리피데스를 어떻게 평가할 것인가를 표현한 내용이다. '차가운', '추위로 곱아지는'은 소크라테스적인 사상가로서 계획을 수립하는 에우리피데스를 말하고, '뜨거운', '불타오'르다는 정열적인 배

에우리피데스의 작품	이상적인 아폴론 극
새로운 시대의 음유시인	옛 시대의 장엄한 음유시인
배우 이온과 배우 에우리피데스	소크라테스
슬픔과 공포 등을 감정적으로 표현하기	맑은 정신과 영감에 의한 시 낭송하기
결론	에우리피데스는 소크라테스의 꼭두각시 에우리피데스는 소크라테스적인 사상가로서 계획 수립 에우리피데스는 정열적인 배우로서 계획 수행

우로서 소크라테스의 사상을 수행하는 에우리피데스를 뜻한다.

5. 아폴론을 이상적으로 추구하면 어떻게 되는가? 척도와 자, 그리고 윤리와 도덕의 신인 아폴론을 가장 극단적으로 추구하면 어떤 결과가 나오는가? 디오니소스적인 현실성이 소멸한다. 척도에 순치되고 자에 길들여지고 윤리와 도덕의 무두질로 다듬질된 극이 나타나고, 인간의 감정과 정서를 담은 살아 있는 극은 사라진다. 인간의 감정과 정서를 가장 잘 표현하는 춤과 노래는 사라지기 마련이고, 결과적으로 인간은 형이상학적인 근원적 일자에 도달할 수 없게 된다.

6. '냉정한 역설적 사유'에서 '사유'는 소크라테스가 이온에게 던진 질문에서 유추하면 '올바름을 생각하는 것'을 뜻한다. '역설적'이란 '올바름'이 옳지만 현실에서 적용할 수 없는 가치임을 말한다. '냉정한'은 사유하기 위해서 일반적으로 흥분 상태가 아니라 차분한 상태여야 함을 보여 준다.

결론적으로 '냉정한 역설적 사유'란 현실에서 '올바름'을 추구하는 것은 모순을 일으킬 수밖에 없지만 차분하게 생각해 보면 올바름을 추구하는 것이 옳음을 말한다. 즉, 관객이 극이나 예술을 보면서도 예술을 향유하는 게 아니라 올바름의 추구를 사유하는 걸 말한다.

'격렬한 흥분'에서 '흥분'이란 일반적으로 자극에 대한 감정의 반응이지만 소크라테스적인 의미로는 옳지 못한 행위나 대상을 바라볼 때 나타나는 반응 현상이다. '격렬한'이란 옳지 못한 행위나 대상에 대해 극도로 심하게 반응함을 뜻한다.

결론적으로 '격렬한 흥분'이란 옳지 못함에 대해 올바른 감정을 가지고 극도로 반응함을 뜻한다.

'냉정한 역설적 사유'와 '격렬한 흥분'의 감정으로 예술을 감상하면 어떤 결과가 나올까? 상상만 해도 끔찍하다. 감상자는 예술을 예술로 바라보는 것이 아니라 도덕과 윤리의 충만한 감정으로만 볼 뿐이다.

다시 보기

소크라테스적인 예술의 특징은 '냉정한 역설적 사유'와 '격렬한 흥분'이다. 소크라테스적인 사상에 근거하여 이를 수행한 극은 어떤 결과를 초래하는가? 아폴론적인 것과 디오니소스적인 것의 예술세계에서 추방! 아폴론적 예술의 특징인 관조도 사라지고, 디오니소스적 예술의 특징인 황홀도 사라진다. 아폴론적인 것의 자리를 차지한 강력한 사유와 디오소스적인 것의 자리를 차지한 격렬한 흥분만이 예술을 분기하는 주요 수단으로 등장한다.

요즘 우리가 흔히 보는 영화를 생각해 보자. 현실은 전혀 그렇지 않은데도 불구하고 영화에서는 항상 정의, 올바름이 승리한다. 현실에서 살펴보면 패러독스이다. 정의가 악을 징치하는 과정은 통쾌하다. 말 그대로 흥분의 연속이다. 정의의 주인공은 수없이 주먹질과 발길질을 당한다. 쏟아지는 총알을 맞지 않는다. 설사 맞아도 죽지 않는다. 주인공이 고통을 당하거나 총알에 맞으면 말 그대로 손에 땀을 쥔다. 연속 공격하던 악당은 주인공의 단 한 방의 주먹과 총알을 맞고 죽는다. 소크라테스적 예술의 전형이 바로 정의와 올바름이 승리하는 영화이다.

정의와 올바름이 승리하지 않는 영화가 있는가? 없다. 심지어 악당마저도 정의와 올바름을 위해 봉사해야 한다. 〈나쁜 녀석들〉이나 〈수어사이드 스쿼드〉를 보라. 영화 속 나쁜 경찰과 사학한 검사를 보라. 그들은 악당이지만 정의와 계산적 합리성 때문에 올바름을 위해 봉사한다. 악당이 정의를 위해 싸울 때 우리는 더 흥분한다. 역설 그 자체이다. 소크라테스적인 예술의 장엄한 승리의 팡파레가 양아치와 조폭, 그리고 마피아에게 울려 퍼진다.

엔딩자막이 뜨고 어두컴컴한 영화관을 나오면 다시 현실이다. 현실에서는 악이 승리한다. 통쾌한 흥분은 사라지고 나른한 현실만이 남는다. 이것이 소크라테스적인 예술이 평범한 시민에게 주는 진리이다. 우리가 알고 있는 대부분의 예술은 정의, 올바름이 승리한다는 소크라테스적인 예술의 복제품이거나 모조품이다.

7. 프롤로그의 도입

에우리피데스가 일반적으로 극을 전적으로 아폴론적인 것 위에 세우는 데 성공하지 못했으며, 오히려 그의 비디오니소스적 경향이 자연주의적이며 비예술적인 것 속에서 길을 잃었음을 우리는 이제 알게 되었다.[1] 따라서 우리는 **미학적 소크라테스주의**[2]의 본질에 더 다가가야 하며, 그 가장 명백한 법칙을 다음과 같이 말할 수 있다. "아름답기 위해서 모든 것은 이해되어verständig야만 한다." 이는 "아는 자만이 훌륭하다tugendhaft."[3]와 유사하다.

에우리피데스는 손안에 있는 이 기준[4]으로 개별적인 모든 것을 명백하게 판별했으며, 이 원리에 따라 대사, 등장인물, 극의 구조, 합창가무곡 등 모든 것을 교정했다. 우리가 종종 소포클레스의 비극과 비교해서 에우리피데스에게 시적인 결핍과 퇴보를

느꼈던 것은 대부분 저 철저한 비판적인 과정과 저 저돌적인 이해의 산물이다.[5]

　에우리피데스의 프롤로그[6]는 저 합리적인 방법에서 나온 생산물의 예로서 우리에게 나타난다. 우리의 무대 기술 중 무엇도 에우리피데스 극의 프롤로그와 양립할 수 있는 것은 없다. 현대 극작가는 극의 도입부에 혼자 출연한 사람이 자신이 누구인지, 줄거리Handlung가 어떻게 진행되는지, 지금까지 어떤 일이 발생했는지, 극이 어떻게 진행될지[7] 등을 경솔한 짓으로 여길 뿐만 아니라 긴장의 효과를 위해 절대 포기하지 못한다고 간주할 것이다. 사람들은 어떤 일이 생길지를 알고 있다. 그렇다면 누가 이런 일이 실제로 생기리라고 기대하겠는가? 물론 여기에서 진실을 말하는 꿈이 나중에 실현된 현실과 맺는 흥분된 관계는 생기지 않는다.

　에우리피데스는 전혀 다르게 생각했다. 비극의 효과는 서사시적인 긴장, 현재와 나중에 무엇이 생길지 모른다는 황홀한 무지에 결코 의지하지 않는다. 오히려 그 효과는 주인공인 영웅의 정열과 변증이 점점 더 강력한 폭풍으로 커져 가는 엄청난 수사학적-서정적인 장면에 의존한다. 모든 것은 사건의 진행이 아니라 파토스Pathos[8]를 위해 준비되어야 한다. 파토스를 위해 준비되지 않은 것은 쓸모없는 것으로 버려져야만 한다. 하지만 그러한 장면에 즐거운 몰입을 가장 강력하게 가로막는 것은 관객이 알지 못하는 연결고리, 직조된 사건의 빈틈이다. 관객은 이러저러한 인물이 무엇을 의미하고, 이러저러한 경향과 의도의 갈등이 극 흐름에 어떠한지 고려해야 한다고 가정해 보자. 그러면 관객은 주인공의 고통Leiden과 행위Tun에 완전하게 몰입하지 못하며 주인공에 대한 숨 멎을 듯한 동정과 공포das atemlose Mitleiden und Mitfürcht도 불가능하다.[9]

아이스킬로스-소포클레스 비극은 첫 장면에서 관객의 이해에 필요한 저 모든 실마리를 어느 정도 친절하게 제공하려고 재기 발랄한 예술적 수단을 이용했다.[10] 말하자면 이러한 수단은 **필연적인** 형식의 가면을 쓰지만 우연으로 나타나는 것으로서 저 고귀한 예술가적 능력이 입증되는 속성이 된다.

하지만 어떻게 생각하든지 에우리피데스는 저 첫 장면 동안 관객이 지나간 일들을 생각하느라 저마다 독특한 불안에 빠지게 되고, 그래서 관객을 위한 시적인 아름다움과 서막의 파토스가 사라진다고 믿었다. 그 때문에 에우리피데스는 서막 맨 앞에 프롤로그를 배치했으며 사람들이 신뢰하는, 한 사람의 입으로 프롤로그를 말하게 했다. 종종 신이 비극의 흐름을 청중에게 어느 정도 알려 주었으며 신화의 실재성에 대한 모든 의혹을 거둬 냈다. 이와 유사한 방식은 데카르트가 경험적 세계의 실재성을 신의 진실성과 거짓말을 하지 않는 신을 병치시킴으로써 입증하고자 했던 것과 같다.[11]

에우리피데스는 자기 연극의 미래를 청중에게 보증하기 위해서 이러한 신적인 진실성을 자신 극의 말미에서 한 번 더 필요로 했다. 이것이 바로 그 악명 높은 **기계장치의 신**deus ex machina의 임무이다.[12]

앞에서 진행될 것을 보여 주기Vorschau와 뒤에서 미래를 보여 주기Hinausschau 사이에 극적-서정적 현재, 고유한 '극'이 놓이게 된다.[13]

1. '전적으로 아폴론적인 것 위에 세우는 데 실패하다'는 아폴론적인 것의 특징인 가상, 꿈과 관조 위에 예술을 세우는 데 실패했고 그 결과 '사상'에 의거한 극을 세우게 되었음을 뜻한다.

'비디오니소스적인 경향'은 디오니소스적인 '도취'가 아닌 '흥분'을 예술로 받아들였음을 뜻한다. '자연주의적이며 비예술적인 것 속에서 길을 잃다'는 디오니소스적인 자연 중심적 철학을 이해하지 못할 뿐만 아니라 결국 예술을 표방하지만 예술이 아닌 사이비 예술의 길에 들어섬을 뜻한다.

'사상'과 '흥분'만이 지배하게 되는 예술은 바로 뒤에 나오는 '미학적 소크라테스주의'이다.

2. '미학적 소크라테스주의'는 에우리피데스의 비극을 뒤로 하고 나타난 소크라테스주의가 미학의 새로운 원리로 들어섰음을 뜻한다. 소크라테스와 미학은 잘 어울리지 않는 말처럼 보인다. 하지만 니체는 13장에서 소크라테스를 미학적 관점에서 시작해서 그의 철학적 관점까지 철저하게 해부하고, 그의 미학이 현재 우리들에게 얼마나 악영향을 미치고 있는지를 분석한다.

미학적 소크라테스주의 원리는 한마디로 '윤리주의와 도덕주의'를 말한다. 소크라테스주의 자체에 대해서는 13장 5절 해설 9에서 자세하게 다룬다.

3. 미학적 소크라테스주의 원리는 '이해 가능'과 '훌륭함'이다. '이해 가능'은 '알다', 즉 지식과 관련된 문제이며, '훌륭함'은 '미덕', '덕', 즉 윤리, 도덕과 관련된 문제이다. 이해 가능과 훌륭함을 합쳐 말하면 '잘 아는 자는 도덕적으로 윤리적으로 훌륭하다.'가 된다. 미학적 소크라테스주의는 아폴론적 미학 원리인 가상, 꿈과 관조 그

리고 디오니소스적 미학 원리인 도취와 합일 대신 들어선 새로운 원리이다. 소크라테스의 미학 원리는 한마디로 다음과 같다.

가장 지혜로운 것이 어찌 더 아름다워 보이지 않겠나.'57

'tugendhaft'는 주로 '덕', '미덕' 등과 연관하여 번역되고 있다. 이 용어는 소크라테스적인 사유를 지나치게 윤리적, 도덕적인 측면에서 강조한 것이다. 소크라테스나 플라톤 당시 덕이나 미덕이란 용어가 일반적으로 존재하지도 않았으며, 인간의 규범 윤리로도 작동하지 않았다. 이 용어가 덕이나 미덕으로 발전하기 위해서는 아리스토텔레스 이후에나 가능하다. 따라서 'tugendhaft'를 덕이나 미덕으로 번역하는 것은 지나치게 윤리화된 번역이다. 오히려 '훌륭하다'는 뜻이 올바르다. 이 용어에 대한 자세한 설명은 플라톤, 박종현 옮김, 『국가(정체)』, 331a 주석을 참조하면 좋다.

4. '손안에 있는 이 기준으로'는 니체 철학의 중심에 있는 Maß와 연관된다. 이 기준은 바로 소크라테스 철학의 핵심으로 아름다움의 기준인 이해 가능verständig이고, 이는 오성Vestand과 연관된다. 즉, 오성에 근거하여 이해할 수 있는 기준에 적합한 예술만이 진정한 아름다움이고, 이것이 바로 '훌륭하다tugendhaft'는 뜻이다. 도덕적이고 윤리적인 기준에 맞는 예술만이 올바른 예술이고, 감정과 정열을 드러내는 예술은 비예술이라는 뜻이다.

니체는 소크라테스로 넘어가기 전 소크라테스적인 미학 원리의 첫 번째 사상가이자 수행자인 에우리피데스를 통해 다룬다. 이번 7절에서는 주로 '이해 가능'을 에우리피데스의 '프롤로그'와 '에필로

그'를 통해 다루고, 다음 8절에서는 '훌륭함'을 에우리피데스와 고대 철학자 아낙사고라스의 관계에서 다룬다.

5. 에우리피데스의 비극에서 왜 우리는 감동을 느끼지 못하는가? 에우리피데스의 비극에서 왜 감동이 아닌 교훈을 체험하는가? 잘 차려진 만찬을 먹었지만 체한 느낌인 게 에우리피데스의 비극이다.

에우리피데스 비극의 종착역은 도덕적이고 윤리적인 해결이다. 집 나간 자식을 위해 아버지가 목숨을 바쳐 구하고, 그 자식이 아버지의 품에 안겨 잘못을 뉘우칠 때 우리는 가슴이 뭉클해진다. 그 뭉클함은 잠시뿐이다. 현실로 되돌아오면 해소될 수 없는 부모와 자식의 갈등을 다시 느낄 뿐이다.

미국식 가족주의 영화가 주는 감동에 눈물 흘리지만, 도덕 교화용 가족 드라마일 뿐이다. 부모는 자식을 사랑해서 목숨을 바치므로, 자식은 부모가 어떤 짓을 해도 이해하고 용납해야 한다. 이것이 에우리피데스식 비극의 시작이자 본질이다.

6. 프롤로그Prolog는 '앞', '사전에'를 의미하는 pro와 '말'을 뜻하는 log의 결합명사이다. 프롤로그는 극이나 영화, 소설 등의 시작 전에 전체를 설명한다는 뜻이다. 작가나 저자, 감독 등은 모두 맨 처음을 무엇으로 시작할 것인가를 고민한다. 들머리는 독자, 관객, 관중을 사로잡는 가장 중요한 요소이기 때문이다.

에우리피데스만 프롤로그를 사용했다고 보아서는 안 된다. 에우리피데스와 비교되는 아이스킬로스 역시 프롤로그라는 명칭을 쓰지는 않았지만 관객의 반응과 호응을 끌어내기 위해 들머리를 아주 정교하게 기술한다. 니체가 에우리피데스의 프롤로그를 비판하는 이유는 따로 있다. 에우리피데스는 앞에서 이야기한 '이해 가능'한 미학적 소크라테스주의를 적용하기 위해서 프롤로그에서 극의 모든 걸 설명한다.

7. 에우리피데스의 프롤로그에 어떤 내용이 실려 있는지를 설명한 문장이다. 이를 『박코스의 여신도들』의 프롤로그를 중심으로 간단하게 살펴보자. 이 비극에서 첫 번째 출연한 주인공은 디오니소스이다. 그는 60여 행 넘게 혼자 말한다. 그가 말한 내용을 위의 내용에 비추어 보자.

첫째, '도입부에 혼자 출연한 사람인 자신이 누구인지'이다. 약 10여 행에 걸쳐서 디오니소스는 자신이 제우스와 세멜레의 자식이며, 신의 모습에서 인간의 모습으로 변신하고서 어머니 무덤이자 테베 왕국 근처에 와 있음을 알린다.

둘째, '지금까지 어떤 일이 발생했는지'이다. 디오니소스는 어머니 세멜레가 이모들에 의해 모함을 받았고 이모들이 디오니소스 자신을 제우스의 아들이 아니라고 모함하고 있다는 것에 화가 났으며, 바로 이 때문에 이모들을 미치게 하여 산으로 들어가게 해서 자신을 숭배하도록 만들었음을 밝힌다. 이는 벌어지게 될 사건에 대한 배경 설명이다. 어머니 때부터 벌어진 이모들의 모함이 자식 때까지 유전되어 디오니소스 이종사촌인 펜테우스가 디오니소스의 신성을 부정하는 현재 사건을 잉태했음을 보여 준다.

셋째, '극이 어떻게 진행될 것인지'이다. 디오니소스는 이모들 중 한 명인 아가베의 자식이자 테베의 왕인 펜테우스가 이모들과 마찬가지로 디오니소스 자신의 신성을 부정한다는 것에 화가 났고, 펜테우스와 테베가 자신을 부정하고 전쟁을 건다면 그들을 마이나데스들을 움직여 징치한다는 것을 밝힌다.

넷째, '줄거리Handlung가 어떻게 진행되는지'이다. 디오니소스는 앞 말을 바탕으로 사건 전체가 어찌 진행될 것인지를 낱낱이 밝힌다.

『박코스의 여신도들』의 들머리를 읽어 보자. 지금 설명한 그대로 하나도 가감 없이 나타난다. 현대의 극작가들이라면, 현대의 영화 감독이나 소설가라면 과연 에우리피데스처럼 극을 쓸 것인가? 사건의 배경과 동기, 그리고 진행까지 낱낱이 나타나 있는 소설이나 영화를 본다면 과연 어떤 생각이 들 것인가?

들머리만 잠깐 보고 모든 내용을 다 안다면 누가 이 책, 영화, 극을 볼 것인가? 에우리피데스의 프롤로그는 바로 이런 방식으로 집필되었다. 니체는 소크라테스의 '이해 가능'이란 기준이 에우리피데스로 하여금 극의 모든 전말을 보여 주는 강박증에 빠지게 했다고 비판한다.

8. 아리스토텔레스에 따르면 고대 비극의 플롯은 '반전reversal'과 '발견discovery' 그리고 '파토스'로 구성된다. 반전은 상황이 정반대 방향으로 바뀌는 걸 말하고, 발견은 모르는 상태에서 아는 상태로 바뀌는 걸 뜻한다.

파토스(Pathos, 영어로 페이소스로 읽는다.)는 그리스어로 '고통', '경험', '감정' 등의 의미를 갖는 낱말이다. 파토스는 일시적인 격정이나 열정을 뜻하며, 비극이나 비극적 상황을 보는 청중이 겪는 감정적 상태를 말한다. 아리스토텔레스는 파토스를 다음과 같이 정의한다.

플롯의 제3 부분은 파토스다. 우리는 이를 무대 위 살인처럼 파괴적이거

나 고통스러운 본성, 즉 고문, 부상 등과 같은 것으로 정의할 수 있다.[58]

이 문장에 대한 이해는 에우리피데스에 대한 아리스토텔레스의 긍정적 평가에서 찾아야 한다. 아리스토텔레스는 에우리피데스 비극의 주인공이 훌륭한 인물이며, 주인공이 행운에서 불행으로 바뀐다는 것, 마지막으로 주인공이 불행한 결말을 맞는다는 점에서 에우리피데스가 '시인들 중에서 가장 비극적 시인'이라고 칭찬한다.[59] 아리스토텔레스에 따르면 에우리피데스의 비극은 관객에게 파토스를 많이 제공한다는 장점이 있다.

아리스토텔레스는 에우리피데스의 극적 효과 창출 방법을 긍정적으로 평가했지만, 니체는 전혀 상반된 평가를 내린다. 니체는 에우리피데스가 관객의 파토스를 창출하기 위해 극적인 사건과 그에 따른 주인공의 불행을 만들어 내고 관객의 감정을 자극하지만, 결과적으로 관객이 비극 주인공의 고통과 이에 따른 동정과 공포를 느끼지 못하도록 만든다고 비판한다. 다른 말로 하면 에우리피데스의 파토스 연출 장치는 아리스토텔레스적인 카타르시스 효과조차도 만들어 내지 못하는 한계를 지닌다.

9. 고통Leiden과 동정Mitlieden과 공포(Furcht, 이 글에서는 Mitfürchten이란 어휘를 사용한다.)의 관계를 살펴보도록 하자. 이 문장은 3장 4절 해설에서 다룬 Schrecken과 Furcht의 차이와 의미, 8장 7절 해설에서 다룬 Mitleiden과 Erbramen의 차이와 의미, 9장 2절 해설에서 다룬 Leiden과 Schmerz, Qual의 차이와 의미를 전제로 한다. 또한 이 문장은 17장 2절 '우리는 공포와 동정에도 불구하고'를 전제로 한다.

이 문장의 요지는 간단하다. 우리는 주인공이 겪는 고통을 관람

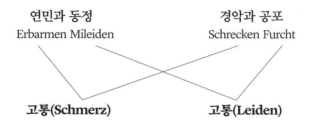

연민과 동정	경악과 공포
Erbarmen Mileiden	Schrecken Furcht

| 고통(Schmerz) | 고통(Leiden) |

하면서 동정과 공포를 느낀다는 것이다. 그런데 에우리피데스가 프롤로그에서 미리 극 전체를 설명하면, 우리는 주인공의 고통을 보면서도 공포와 동정을 느끼지 못한다는 것이다.

비극 주인공의 고통과 이를 관람하는 관객의 동정, 관객의 공포, 이 삼각관계는 니체가 처음 도입하지는 않았다. 아리스토텔레스는 『시학』에서 이 삼각관계를 처음 도입했다. 그는 비극이 주는 카타르시스를 설명하면서 "동정과 공포를 일으키는 사건과 더불어서 감정의 카타르시스를 완성한다."[*60]라고 말한다.

한편으로 인간이 겪는 일반적 고통이 비극 주인공이 느끼는 Schmerz의 고통으로 나타나면, 관객은 주인공의 고통에 대한 연민을 통해 동정에 도달한다. 다른 한편으로 인간이 겪는 일반적 고통이 비극의 주인공이 겪는 경악스러운 사건을 통해 Schmerz의 고통으로 나타나면, 관객은 주인공의 고통에 경악을 하고서 공포를 느낀다. 위험하기는 하지만 단순화해서 Schmerz의 '고통'이 연민과 경악을 불러일으킨다면, Leiden의 '고통'은 동정과 공포를 불러일으킨다.

이 삼자 관계에 대한 설명은 앞으로 니체가 주장한 내용을 중심으로 세 차례 더 이어진다. 17장 1절 해설에서 고통을 바라보는 주체와 대상의 관점에서 동정과 공포를 다룬다. 22장 3절 해설에서 고통, 동정, 공포를 둘러싼 아리스토텔레스의 카타르시스론과 이를 반박한 니체의 이론을 중심으로 설명한다. 마지막으로 24장 4절 해설에서는 니체가 인간이 일반적으로 겪는 고통과 이를 종교적, 정략적, 정치적, 학문적으로 이용하는 동정과 공포를 다양한 방면으로 발전시켜 나가고 있다. 이와 관련한 구체적 내용은 각 장과 절에서 다시 다루도록 한다.

10. 아이스킬로스와 소포클레스의 첫머리를 설명한 내용이다. 이들은 에우리피데스와 달리 모든 걸 전부 설명하지 않고 대신 관객이 극을 보면서 끊임없이 유추하고 해석하도록 했다. 아이스킬로스의 『결박된 프로메테우스』를 중심으로 찾아보자.

이 비극의 들머리는 힘의 신과 제우스의 아들인 헤파이스토스의 대화로 이루어져 있다. 힘의 신은 프로메테우스를 처벌해야 하는 당위성을 주장하는 반면 제우스의 자식인 헤파이스토스는 프로메테우스의 처벌에 대한 회의를 주장한다. 양자의 주장이 관객에게 팽팽한 긴장감을 촉발시킨다.

힘의 신은 제우스의 아들 헤파이스토스에게 프로메테우스를 빨리 결박하라고 재촉한다. 힘의 신은 프로메테우스가 헤파이스토스의 불을 훔쳐 필멸의 인간에게 주었기 때문에 벌을 받아 마땅하고, 그래야만 프로메테우스가 제우스의 통치를 받아들이고 인간에 대한 사랑을 포기한다고 주장한다.

반면 제우스의 아들이자 불의 지배자인 헤파이스토스는 정작 힘의 신이 한 종용에 머뭇거린다. 헤파이스토스는 프로메테우스를 강제로 매달 용기가 없을 뿐만 아니라 원하지 않는 일이라고 밝힌다.

헤파이스토스는 프로메테우스가 신이면서도 신들의 분노에 주눅들지 않고 필멸의 인간에 상당한 영예를 주었다고 칭찬한다. 마지막으로 헤파이스토스는 아버지 제우스가 새로 권력을 쥔 자로 가혹하며 애원해도 통하지 않는 자라고 밝힌다.

이 극을 직접 읽거나 본다고 가정해 보자. 아이스킬로스는 에우리피데스처럼 주인공이 누구인지, 왜 이런 사건이 발생했는지, 앞으로 어떻게 진행될 것인지, 어떤 결과를 가져올 것인지 하나도 말하지 않았다. 하지만 독자나 관객은 이 두 신의 대화를 통해 이미 이 극의 전말을 어렴풋하게나마 이해했으며, 팽팽한 긴장의 두 축이 앞으로 어떻게 진행될지에 집중한다.

자, 이제 어떤 것이 옳은 극작법인가 결정해 보자. 모든 것을 다 말해 주어 관객이 주인공의 마음과 행동에 몰입하는 에우리피데스! 긴장을 최대로 고조시켜 관객이 스스로 사유하고 판단해야 하는 아이스킬로스! 니체는 에우리피데스에게 빵점을 주고 아이스킬로스에게 백점을 준다. 우리는 누구에게 어떤 점수를 줄 것인가? 전적으로 독자의 몫이다.

11. 에우리피데스는『힙폴리토스』에서는 아프로디테,『알케스티스』에서는 아폴론,『트로이아의 여인들』에서는 포세이돈,『이온』에서는 헤르메스,『박코스의 여신도들』에서는 디오니소스를 프롤로그에 등장시킨다. 극의 들머리에서 신이 나와 극이 어떻게 진행되며, 신 자신에 대해 설명한다고 가정해 보자. 관객은 신이 나와 하는 말을 무조건 믿을 만하며 사실로 받아들일 것이다. 에우리피데스는 신을 통해 자신의 극이 사실이자 올바른 것임을 강조했다.

니체는 데카르트의 철학적 방법론과 에우리피데스의 극작 방법론을 등치시키는데 이는 다음과 같다. 데카르트(에우리피데스)는 우리가 경험적으로 실재 존재하는 것(극의 진행)을 신이 거짓말하지 않는다는 것(프롤로그에서 거짓말하지 않는 신이 극의 전개를 말하는 것)을 통해 입증했다.

12. '저 악명 높은 기계장치의 신'은 에우리피데스의 비극 작품 구성 전략이다. 그는 극이 끝날 무렵, 에필로그에 해당하는 곳에 하늘이나 신전이나 궁전 위, 아니면 지붕 위에서 신이 나타나도록 설정한다. 아리스토파네스는 에우리피데스의 이런 전략이 소크라테스와 밀접하게 연관되어 있음을 풍자한다. 그는 소크라테스를 해학적으로 풍자한 『구름』에서 소크라테스가 저 악명 높은 기계장치를 타고 내려온다고 설정한다.

에우리피데스는 자신의 비극에서 기계장치를 적극적으로 사용했다. 『힙플뤼토스』 1,282행에서 아르테미스 여신이 지붕 위에 나타나 극을 정리하고, 『안드로마케』 1,225행에서 테티스가 '악명 높은' 기계장치를 타고 공중에 나타나 극을 정리한다. 『탄원하는 여인들』 1,182행에서 아테네가 신전 위에 나타나 극을 정리하고, 『엘렉트라』 1,232행에서 쌍둥이 형제 신 카스트로와 폴리데우케스가 지붕 위에 나타나 극을 정리한다. 이외에도 에우리피데스는 여러 비극에서 이 전략을 사용한다.

에우리피데스의 비극 작품에서 에필로그의 역할은 너무 명쾌하다. 극이 마지막 지점에 도달한다. 오해가 쌓여 터지기 직전이다. 신이 나타난다. 신은 갈등의 당사자들 하나하나를 호명한다. 신은 각각의 갈등 당사자에게 왜 이런 일이 발생했는지 설명해 준다. 갈등의 당사자들은 왜 오해하게 되었는지 이해한다. 아폴론은 장엄하게 선포한다.

> 각자 내가 정해 준 곳으로
> 가도록 하고, 싸움을 멈추어라.[61]

신은 갈등의 당사자들에게 가야할 길 또는 정해진 길을 알려 준다. 갈등의 주인공들은 고개를 숙이고 신의 뜻을 따른다.

> 메넬라오스 : 저는 당연히 따르겠습니다.
> 오레스테스 : 저 역시도요.[62]

등장인물들 간의 갈등을 전지전능한 신이 다 해결해 주고, 앞으로 어떻게 살아가면 좋을지 다 알려 준다고 가정해 보자. 너무 고통스러우며, 한 치 앞도 알 수 없는 인간의 삶이 얼마나 명쾌해지는가! 비극뿐만이 아니라 우리가 알고 있는 모든 형태의 극이나 소설, 영화 등을 생각해 보자. 결말과 갈등을 누군가 알려 주고 해결해 준다면 얼마나 재미없을까? 결과를 모르기 때문에 인생이고, 결론을 알 수 없기 때문에 극이나 소설은 재미있다. 인생과 문학의 묘미는 끝을 모르는 데 있다.

아리스토텔레스도 이미 이 기계장치가 비극의 공연에서 얼마나 불합리한 장치인가를 직설적으로 지적했다.

> 사건의 해결은 …… 기계장치에 의존해서는 안 된다. 그 장치는 극 밖의

문제를 해결하는 데에만 사용되어야만 한다. 인간의 지식 너머에 있는 과거의 사건 또는 예언되거나 미리 고지되어야 할 필요가 있는 미래 사건들의 경우에만 사용되어야 한다. 왜냐하면 모든 걸 아는 것은 신만의 특권이기 때문이다.[63]

에필로그를 기계장치에 의존한 에우리피데스는 잘못되었다. 아니 틀렸다. 니체의 평가이다. 이 평가는 모든 창작에 해당한다.

기계장치에 대해 한 마디 더 추가해서 설명해야 한다. 기계장치를 에우리피데스만 사용한 것은 아니다. 소포클레스는 『아이아스』 첫머리에서 기계장치에 아테나 여신이 실려 나오게 묘사한다. 이때 아테나가 맡은 역할은 에우리피데스의 에필로그에 나온 기계장치 위 신의 역할과 다르다. 아테나는 오디세우스와 아이아스와 대화하는 역할일 뿐, 어떤 도덕적인 결말을 내리거나 주인공들의 운명과 삶의 방향을 제시하지 않는다. 다만 무대 위 배우 한 사람의 역할을 잠깐 할 뿐이다.

13. 앞에서 진행될 것을 보여 주기Vorschau는 프롤로그를, 뒤에서 미래를 보여 주기Hinausschau는 에필로그를 말한다. 에우리피데스의 극이 프롤로그와 에필로그 사이에 갇혀 있음을 표현한 말이다.

다시 보기

니체가 에우리피데스의 프롤로그와 에필로그를 비판한 것은 13장에 나오게 될 소크라테스를 비판하기 위한 밑돌 깔기이다. '아는 자가 훌륭하다.'라는 소크라테스의 철학적 기조는 미리 보여 주는 프롤로그에, '훌륭하게 살면 보상 받는다.'라는 소크라테스의 철학적 결과는 나중에 알려 주는 에필로그에 나타난다. 소크라테스와 같은 철학적 인간, 이론적 인간이 무엇을 원하고 어떤 기대를 하는지가 비극에서 어떻게 드러나는가를 보여 주는 것이 프롤로그와 에필로그이다.

이에 대한 자세한 설명은 13장부터 다루므로 철학적 인간의 최후나 이론적 인간의 말기 증상은 다음에 다루도록 한다. 오히려 우리는 에우리피데스의 에필로그와 프롤로그에 대한 비판을 비극 고유의 관점, 삶의 관점에서 살펴보아야 한다. 고대 그리스 비극은 인간의 삶과 고통을 신, 반신, 영웅들을 통해서 보여 준다. 인간이라면 견딜 수 없는 극한의 고통을 보여 주는 것이 비극의 목적이다. 주어진 운명이 무엇인지 알 수 없기 때문에, 한 치 앞도 볼 수 없기 때문에 현재 주어진 삶의 고통은 견딜 수 없다. 그 고통을 보여 주는 것이 비극이다.

에우리피데스는 프롤로그를 통해 신이나 영웅을 통해 극이 어떻게 진행될지 모두 알려 준다. 어떤 고통을 당할지, 왜 고통을 당하는지, 어떻게 문제를 해결할지, 마침내 어떻게 구원을 받을지조차 다 알려 준다. 이것이 인생이라면, 삶에 주어진 고통이 무엇이 두렵고 힘들까? 이미 다 알고 있는데⋯⋯.

니체의 비판은 이 지점이다. 인간의 운명은 알 수 없다. 살아가는 매순간 고통스럽고 힘들고 지친다. 그럼에도 살 만한 가치가 있다. 아무것도 알 수 없기 때문에⋯⋯. 오이디푸스와 프로메테우스를 보라. 나아가 비극은 지금 나에게 주어진 극한의 고통을 견딜 만하고 견뎌야만 한다고 말해 준다.

니체의 철학은 삶의 철학이다. 아는 것이 중요하다는 소크라테스의 철학을 비극으로 보여 주는 에우리피데스와, 아무것도 알 수 없기 때문에 살 만한 가치가 있다는 니체의 에우리피데스 비판은 삶을 바라보는 극단적인 두 태도이다.

아는 것이 중요하다는 소크라테스와 에우리피데스의 오만은 삶이 끝난 사후까지 확장된다. 극의 마지막에 나오는 에필로그가 소크라테스와 그 분신 에우리피데스의 오만을 증명하는 수단이다. 소크라테스와 에우리피데스는 선한 자는 복을 받고 악한 자는 행복해질 수 없다고 단언한다.

이 한 가지는 진실이라고 생각해야만 하고요. 즉, 선량한 사람에게는, 그가 살아서나 죽어서나 간에 그 어떤 나쁜 일도 없으며, 또한 이 사람의 일들을 신들이 소홀히 하지도 않는다는 것 말입니다.[64]

코로스 : 불운의 일격을 당한
자여, 너의 두려움을 버려 버려라.
네가 당신의 신을 진심으로 공경한다면,
마침내 보상을 받을 것이다.
진실한 자는 자신의 손이 만든 선행 행위로
확실한 보상을 받는다.
하지만 잘못된 자는
마음속의 악으로부터 달아나지 못한다.[65]

소크라테스의 철학적 신념과 에우리피데스의 문학적 표현은 판박이이다. 글자는 다르지만 내용과 추구하는 정신은 전혀 다르지 않다. 선한 자와 악한 자의 이분법으로 세상을 구분할 수 있다면 얼마나 좋은가! 하지만 선악 보상의 전도가 현실이다.

에우리피데스는 이 사실을 잘 알고 있었다. 에우리피데스는 카드모스와 테이레시아스를 통해 디오니소스와 외교적 타협을 시도했듯이, '선악 보상'에 대해서도 에필로그에서 타협한다. 에우리피데스는 세상 일이 뜻대로 되지 않는다고 고백한다. 그는 자기 비극의 맨 마지막을 상투적으로 정리한다.

> 코로스 : 신들은 여러 형상으로 나타난다네.
> 신들과 함께 달갑지 않은 것들도 오곤 하지.
> 사람들이 생각했던 대로 결코 신들은 행하지 않는다네.
> 사람들이 기대하지 않았던 것을 신들은 행하기도 한다네.[66]

사람들이 부와 명예와 권력을 바란다고 해서 신은 주지 않는다. 반대로 사람이 피하고 싶은 고통과 고난, 갈등을 신은 선물로 준다. 결국 인생은 뜻대로 되지 않고 고통이라는 원점으로 돌아온다. 에우리피데스는 분명 인생이 고통이라는 것, 뜻대로 되지 않는다는 것, 이것을 알고 있었다. 그 때문에 에우리피데스는 『메데이아』, 『알케스티스』, 『안드로마케』, 『헬레네』, 『박코스의 여신도들』의 에필로그를 위의 말로 장식한다.

니체가 옳았다. 소크라테스의 철학, 에우리피데스의 문학, 그들의 교설은 도그마적인 선언일 뿐이다. 선한 삶의 보상은 현실에서 이뤄지지 않고 악한 삶의 징벌 역시 저승에서 행해지지 않는다. 인간은 바로 1초 뒤도 알 수 없기 때문에 고통스럽다. 프롤로그와 에필로그 사이에 소크라테스의 철학과 에우리피데스의 문학이 있는 것이 아니라 고통스러운 삶이 있다. 고통스러운 삶은 그 자체로 살 만하고 그 자체로 견딜 만하다. 소크라테스의 철학과 에우리피데스 문학을 비판한 니체의 요지이다.

8. 두 번째 관객이자 미학자로서 소크라테스

아무튼 에우리피데스는 무엇보다도 시인으로서 자신의 의식적 인식의 반향이다. 그리고 이 사실은 에우리피데스에게 그리스 예술의 역사에서 상당히 중요한 지위를 부여한다. 에우리피데스의 비판적-생산적인 역할을 고찰해 보면, 그는 극을 위해서 아낙사고라스 글의 첫머리를 생생하게 만들고 싶어 했다. 그 첫머리는 다음과 같다. "모든 것은 함께 있었다. 그때 오성이 나타났고 질서를 창조했다."[1]

그리고 아낙사고라스가 완전히 술 취한 자들 중에서 최초의 술 취하지 않는 자였던 것처럼 철학에서도 자신의 '누스Nus'를 들고 나타났다고 한다면, 에우리피데스 또한 다른 비극 시인들과 자신의 관계를 아낙사고라스와 유사한 형태로 파악했다. 모든 것에 유일한 질서를 세우는 자이자 지배자인 누스가 여전히 예술적인 창작에서 배제되어 있는 한, 여전히 모든 것은 카오스적인 곤죽 상태로 혼합되어 있다. 따라서 에우리피데스는 판결을 내려야만 했으며, 그는 최초의 '술 취하지 않은 자'로서 '술 취한' 시인들을 심판해야만 했다.[2]

소포클레스가 아이스킬로스에 관해 했던 말, 즉 아이스킬로스는 의식하지 않음에도 올바르게 행한다는 것은 확실히 에우리피데스적인 의미에서 말했던 것은 아니다. 아이스킬로스가 무의식적으로 창작하기 때문에 그는 올바르지 못하게 창작한다고 에우리피데스는 말하고 싶었을 것이다.[3]

신적인 플라톤 또한 시인의 창조적인 능력을 언급하기는 했다. 하지만 그 언급은 시인의 창조적인 능력이 의식적인 통찰이 아니라는 것, 대부분 반어적인 것뿐이었으며, 시인의 창조적인 능력이 예언자와 꿈 해몽자의 능력과 비슷할 뿐이라고 지적했다. 또한 플라톤은 시인이란 의식을 잃기 전에는 시를 쓸 수 없으며, 어떤 오성도 시인 안에 있지 않다고 지적했다.[4]

플라톤이 '비이성적인' 시인의 대립물, 즉 "아름답게 존재하기 위해서 모든 것은 의식되어야만 한다.", 그리고 내가 언급했던 것처럼 '훌륭하기gut 위해서 모든 것은 의식되어야만 한다.'를 세계에 보여 주려고 했던 것처럼, 에우리피데스 역시 그렇게 하려고 했다.

이에 따른다면 에우리피데스는 우리에게 미학적 소크라테스주의로서 여겨진다. 하지만 소크라테스가 바로 저 **두 번째 관객**이다. 그는 옛 비극을 이해하지 못했으며 그 때문에 옛 비극을 존중하지 않았다. 새로운 예술 창조의 포고자인 에우리피데스는 감히 소크라테스와 동맹을 맺었다.

고대 비극이 여기에서 몰락했다면, 미학적인 소크라테스주의야말로 살인적인 원리인 셈이다. 하지만 그 투쟁이 고대 예술의 디오니소스적인 것으로 방향을 정했다면, 우리는 소크라테스에게서 디오니소스의 적대자, 즉 새로운 오르페우스를 인지하게 된다. 새로운 오르페우스는 디오니소스에게 저항해서 아테네 법정의 마이나데스들에 의해 찢겨 죽임을 당하는 판결을 받지만, 강력한 신을 도망가도록 만들었다.[5] 디오니소스는 에도의 왕 리쿠르고스에게서 달아났을 때와 마찬가지로 바다의 심연으로, 특히 전 세계를 서서히 뒤덮은 비밀 제의의 신비한 물결 속으로 도피했다.[6]

1. 이 인용문은 아낙사고라스가 표현한 말이라고 한다.[67] 모든 것이 혼돈 상태에 있었는데, 정신이 나타나 혼돈을 정리하여 질서 있게 만들었다는 뜻이다. 오성Verstand은 뒤에 나오는 정신Nus와 같은 뜻으로 쓰였다. 오성에 대해서는 11장 3절 해설 1을 참조하면 좋다.
2. 아리스토텔레스는 『형이상학』에서 아낙사고라스를 철학에서 술 취하지 않는 자라고 표현한다.

> 어떤 사람의 정신이 세계와 모든 세계 질서의 원인—마치 동물에게서와 마찬가지로 전 자연에 걸쳐서—으로 존재한다고 말했다면, 그는 자신 이전 전임자들의 엉터리 같은 말과 비교되는 술 취하지 않는 자처럼 보인다. 우리가 알고 있는 것처럼 아낙사고라스는 이러한 관점을 확실히 채택했지만 ......[68]

아낙사고라스 이전의 철학자들은 세계와 자연, 사물이 만들어지는 근본 원인이 무엇이었는가를 찾았다. 그들은 자연철학자들이라고 할 수 있다. 반면 아낙사고라스는 정신이 세계와 사물의 질서를 세울 수 있다고 보았다. 이는 형이상학의 시작이라고 이름 붙일 수 있는 사유의 출발점이다. 이 점에서 아리스토텔레스는 아낙사고라스를 '술 취하지 않은 자a sober man'라고 이름 붙였다. 아낙사고라스는 정신을 독자적으로 존재하는 유일한 실체로 보았다.

> 정신은 어쨌든 즉자적으로 존재하는 실체이며 …… 정신은 이제 스스로 작동하며 다른 것에 의해 작동하지 않으며, 그 운동이 외부에서 오는 것도 아니며 다른 어떤 것에도 의존하지 않는 하나의 실체이다.'69

아낙사고라스는 정신을 유일한 실체로 찾아냄으로써 철학에서 술에 취해 헛소리를 하지 않는 자가 되었으며, 그 결과 정신을 잃지 않고 말을 하는 철학자가 되었다.

니체는 에우리피데스가 아낙사고라스와 마찬가지로 비극에서 오성, 정신이 중요함을 인지한 최초 예술가라고 생각했다. 에우리피데스는 문화예술계 아낙사고라스이자 '술 취하지 않은 자'로서, 술 취해 정신을 잃고 비극을 창작한 아이스킬로스와 소포클레스의 죄를 추궁해야 한다고 생각했을 것이라고 니체는 추론한다. 11장에서 에우리피데스가 전임자들의 비극에 대해 가졌던 문제점들이 바로 그들의 죄를 추궁하는 내용이다.

3. 니체가 단순명료하게 표현한 이 내용은 많은 역사적 근거를 내포하고 있다. 우선 아이스킬로스는 유실된 비극 중 하나인 『카비리 Cabiri』에서 이아손의 동료들이 술에 취한 장면을 넣었다. 둘째, 소포클레스가 이런 아이스킬로스를 보고 위와 같은 평가를 했다. 이 두 가지가 위 단락의 사실 근거이다.

후일 고대 그리스 시인들을 저술로 기록했던 카멜레온(Chamaeleon, 기원전 350~275년)이 이러한 사실을 바탕으로 이와 같은 글을 기록했다. 오랜 시간이 지난 뒤 아테나이오스(Athenaeos, 기원후 200년 무렵 생존)는 *Delinosophistae*(『현자의 연회』)에서 이를 다음과 같은 기록으로 남겼다.

> 우리가 카멜레온을 신뢰할 수 있다면, 아이스킬로스는 종종 비극을 집필할 때 술에 취해 있었다. 그 때문에 소포클레스는 그를 다음과 같이 말하며 비난했다. 아이스킬로스는 자신이 올바른 일을 행하고 있을 때조차도 자신이 올바르게 행하고 있다는 것을 알지 못했다.[70]

니체가 단순명료하게 기술한 이 단락은 상당히 재미있는 내용을 담고 있을 뿐만 아니라 비극을 둘러싼 사상 전쟁을 명료하게 표현한다. 이 내용을 분석하면 아주 간단하게 정리할 수 있다.

> 사실 : 아이스킬로스는 술을 마신 채 비극을 집필했다.
>
> 소포클레스의 평가 : 아이스킬로스는 술을 마시고 집필했음에도 불구하고 올바르게 행했다(작곡했다).
>
> 에우리피데스의 평가 : 아이스킬로스 술을 마시고 집필했기 때문에 올바르지 못하게 행했다(집필했다).

동일한 사실을 두고 소포클레스와 에우리피데스의 평가가 완전히 상반된다. 디오니소스를 인정하느냐 아니면 극단화된 아폴론적 예술가인 소크라테스를 따랐느냐에 따라 다른 평가가 나온다. 디오니소스적 예술가인 소포클레스는 술 취한 상태에서도 좋은 예술이 나올 수 있다고 생각한 반면, 미학적 소크라테스주의자이자 정신의

예술가이며 최초의 술 취하지 않은 예술가인 에우리피데스는 술 취
한 예술가의 죄를 묻고 싶어 했다. 디오니소스적 예술의 복원을 꿈
꾸는 니체가 이 단락을 통해 소포클레스와 아이스킬로스를 찬양한
반면 에우리피데스를 비판하고자 했다는 것은 당연하다.

4. 플라톤의 시인과 시 창작관을 니체가 간단하게 정리한 내용이
다. 플라톤이 시인의 창조적인 능력을 반어적으로 보았다는 것은
시의 창작이 광기와 연관있음을 말한다.('광기'에 대해서는 「자기비판
의 시도」 3장 해설 3 참조.) 플라톤은 광기가 예언과 치료와 시를 짓는
중요한 요소라고 전한다. 그 전제는 '신으로부터 생기는 광기에 의
한 아름다운 일들'이다. 즉, 신이 인간에게 내리는 광기라는 점이
중요하다.

하지만 플라톤은 신의 광기가 인간에게 전이되었을 때, 다시 말
해 인간이 이를 받아들여 사용할 때는 부정적인 의미를 지닌다고
본다. 대표적인 예가 바로 시인의 시 창작 능력이다. 그가 시인의
창조적인 능력을 얼마나 부정적으로 보았는가를 살펴보자.

플라톤은 시인의 창작을 '예언자와 꿈 해몽자의 능력' 정도로 이
해한다. 소크라테스는 지혜로운 자를 찾아 나섰고 그렇게 만난 시
인과 대화를 나누면서 시인의 창작 능력이 이성이 아닌 다른 어떤
것이라고 분명히 지적한다.

> 이들은 자기들이 짓는 시들을 지혜에 의해 짓는 것이 아니라, 어떤 소질에
> 의해서 그리고 마치 예언자들이나 신탁의 대답을 들려주는 사람들처럼, 영
> 감을 얻은 상태에서 짓게 되는 것이라는 걸 말씀드립니다.[71]

플라톤은 더 나아가 시인의 창작 능력이란 지성이 결여된 상태, 조금 과장하면 미친 상태에서 생길 수 있다고 전한다.

> 디오니소스 숭배자들이 제정신이 아니라 홀려 있을 때 강에서 꿀과 우유를 길어 올리는 것과 마찬가지로, 서정시인이 스스로 말한 바대로, 서정시인의 영혼도 디오니소스 숭배자들처럼 행동한다네. 시인들은 꿀이 흐르는 샘터에서, 뮤즈의 여신들의 빈터와 정원에서 노래를 그러모으며, 벌이 꿀을 나르듯이 시인들도 벌처럼 우리에게 노래를 가져다준다고 말했기 때문이라네. 그리고 그들이 말한 것은 사실이라네. 왜냐하면 시인은 날개가 달린 신성한 가벼운 어떤 것이며, 시인은 영감을 받고 정신이 나가고 그의 지성이 마음속에 더 이상 존재하지 않을 때에야 비로소 시를 지을 수 있기 때문이라네. 인간이 지성을 가지고 있는 한, 시를 짓는다거나 노래를 부르는 힘을 가질 수 없다네.[72]

마지막으로 플라톤은 '어떤 오성도 시인 안에 있지 않다'고 단언한 내용은 아주 풍부하다. 플라톤은 『국가』의 377d~398b에서 기존의 시인들이 시를 지었던 내용이 오성의 범주에서 벗어난 일이라고 단정한다. 플라톤은 오성이 결여된 시를 이상 국가에서 완전히 금지시켜야 한다고 주장한다. 오성이 결여된 시의 내용이란 한편으로는 아이스킬로스와 소포클레스가 비극에서 다루었던 내용들이며, 다른 한편으로는 호메로스와 같은 서사시인들이 신과 영웅을 부정적으로 묘사했던 내용들이다.
5. 오르페우스와 디오니소스의 관계를 해석할 필요가 있다. 문맥상으로 보면 대체로 위의 내용이다. 이런 비유적 표현을 더 섬세하게

이해하기 위해서는 이 안에 숨은 다양한 신화를 살펴봐야 한다.

오르페우스는 리라(아폴론의 악기) 연주자이자 음악의 아버지라고 불린다. 오르페우스는 트라키아의 왕 오이아그로스 또는 아폴론과 서사시의 뮤즈 칼리오페의 아들이며 님프 에우리디케의 남편이다. 오르페우스는 아내가 죽은 후 하데스에서 아내를 데려오다 실패한 후 태양신(아폴론)을 숭배하는 비밀 제의를 만들어 아폴론을 숭배한다. 제우스의 자식이기도 한 디오니소스는 오르페우스의 아폴론 숭배에 화를 낸다. 오르페우스는 마케도니아의 데이온에서 마이나데스들에게 여덟 조각으로 찢겨져 살해당한다. 또 다른 신화에 따르면 우리가 앞에서 살펴본 것처럼 테바이의 왕 펜테우스가 자신의 엄마와 이모들이 주축이 된 마이나데스에 의해 갈기갈기 찢겨 죽었다고 한다.

찢겨 죽음은 이런 신화적 내용을 빗댄 것이다. '새로운 마이나데스' 역시 디오니소스와 그의 신도들인 마이나데스에 의해 아테네에서 찢겨 죽는다는 것은 실제로 발생한 일이 아니라 비유적 설명이다.

이런 신화적 내용을 배경으로 설명하면 다음과 같이 해석할 수 있다. '새로운 오르페우스'는 소크라테스와 소크라테스주의, 에우리피데스의 또 다른 분신이다. 오르페우스가 디오니소스에 의해 찢겨 죽임을 당하는 판결을 받았다는 것은 아테네에서 비극이 만연해서 처음에 소크라테스와 그 주의, 에우리피데스가 힘을 발휘하기 쉽지 않았음을 뜻한다.

'강력한 신을 도망하게 만들었다'는 소크라테스의 분신인 '새로운 오르페우스'가 마침내 힘을 획득했다, 즉 에우리피데스의 비극이 힘을 얻게 되었다는 것을 뜻하고, 마침내 '강력한 신'인 디오니소스를 아테네 밖으로 몰아냈고 비극을 죽음으로 몰고 갔다는 뜻이다.

니체는 오르페우스를 통해서 신화의 전도 가능성을 비유적으로 표현하면서, 비극이 죽고 비극 비스름한 것이 이제 횡행함을 은유적으로 표현한다. 그렇다면 '강력한 신'인 디오니소스는 죽을 것인가? 그렇지 않다는 것이 그 다음 문장이다.

6. 디오니소스와 에도의 왕 리쿠르고스의 관계는 디오니소스의 영향력이 소멸하거나 사라진 게 아니라 더 강력해짐을 암시한다.

디오니소스는 성인이 되어 포도와 그 사용법을 발견했다. 헤라에 의해 실성한 디오니소스는 대지모신 키벨레에 의해 제정신을 찾았다. 디오니소스가 트라키아 지역에 갔을 때, 에도의 왕 리쿠르고스는 디오니소스와 그 추종자들을 감옥에 가두려 했다. 바다의 여신 테티스가 디오니소스를 구해 주었고, 추종자들은 겨우 목숨을 건졌다.

분노한 디오니소스는 리쿠르고스를 미치게 만들었다. 리쿠르고스는 디오니소스의 상징수인 포도나무를 베었다고 생각했는데 자식의 다리를 자르고 말았다. 리쿠르고스가 다스리던 나라가 가뭄과 기근으로 곤란을 겪자 신탁에 따라 리쿠르고스는 거열형(찢어 죽이는 형)에 처해져 죽임을 당한다.

니체는 오르페우스와 소크라테스의 자리에 리쿠르고스를 넣어 디오니소스의 부활을 암시한다. 오르페우스와 소크라테스가 음악과 오성에 의해 디오니소스를 죽이려 한 것은 리쿠르고스가 디오니소스를 불신하여 죽이려는 것과 같다. 그들은 디오니소스를 죽음의 문턱까지 끌고 가는 데에는 성공한다. 하지만 디오니소스는 살아남을 뿐만 아니라 더 막강한 힘을 발휘하여 자신을 박해한 자들을 도

오르페우스와 바칸테스(마이나데스). 디오니소스를 따르는 마이나데스가 오르페우스를 찢어 죽이고 있는 모습이다. 이 모습은 아폴론이 디오니소스의 추종자 마르시우스의 피부 가죽을 벗기는 장면과 극적으로 대비된다. (그레고리오 라자리니, 1710년경, 베니스 박물관 소장)

리어 압박한다. 디오니소스는 죽지 않고 거듭 살아나는, 마치 한겨울 추위를 이겨 내고 봄에 새싹을 틔우는 포도나무와 같이 부활하는 자이다.

　오르페우스는 디오니소스와 엘레시우스의 비교를 창조했다고 전해진다. 오르페우스는 디오니소스와 무척 관련이 깊다. 그런데 왜 디오니소스 추종자들인 마이나데스는 오르페우스를 찢어 죽이는가? 이 문제를 바꿔 보자. 왜 니체는 13장에서 소크라테스를 비판의 사형대로 올리기 전 오르페우스를 언급하는가? 이 문제의식은 상당히 중요하다. 니체의 음악관과 철학관을 집약적으로 보여주는 비교이기 때문이다.

　우선, 가장 먼저 현상적으로 눈에 띄는 게 있다. 오르페우스가 일종의 거열형Sparagmos을 당했다는 점이다. 거열형은 디오니소스의 신성을 부정하고 거부한 펜테우스가 자신의 어머니와 이모들에 의해 당했던 형벌로, 디오니소스적 종교 의식의 일종이다. 니체는 오르페우스의 죽음을 통해 펜테우스와 마찬가지로 디오니소스를 거부하거나 부정한 자를 가혹하게 대할 것임을 선언한 셈이다.

　둘째, 왜 니체는 '음악의 아버지' 오르페우스를 부정하고 거부하는가? 음악적인 측면에서 살펴볼 수 있다. 아폴론과 뮤즈 여신들에 의한 마르시우스의 살해와 디오니소스 추종자들인 마이나데스에 의한 오르페우스의 죽음이 비교 대상이다. 오르페우스의 죽음과 마르시우스의 죽음은 아폴론과 디오니소스 대결의 연장선이다.

　아폴론과 그의 추종자들인 무사Mousa의 여신들은 디오니소스적인 음악을 추구한 마르시우스의 껍질을 벗겨 죽음에 이르도록 한다.(2장 3절 해설 10 참조, 4장 3절 해설 2 참조, 6장 3절 해설 6 참조 등.) 반대로 디오니소스의 추종자들인 마이나데스들은 아폴론적인 음악을 추구한 오르페우스의 몸을 여덟 조각으로 찢어서 살해한다.

광기에 사로잡힌 리쿠르고스와 디오니소스(기원전 330년, 뮌헨 국립 고미술품 전시관 소장)

　오르페우스는 아폴론적 음악의 분신이다. 출생에서 그 흔적을 찾을 수 있다. 제우스와 기억의 여신 므네모시네가 무사의 여신들을 낳고, 그 중 서사시의 여신 칼리오페는 아폴론과의 관계에서 오르페우스를 낳는다. 음악의 신이자 키타라의 신인 아폴론은 그 연주법을 오르페우스에게 전승했고, 오르페우스는 이를 받아들여 리라를 만들고 최고 연주자가 되었다. 오르페우스는 출생 배경이나 음악의 전승적 측면에서 음악의 신 아폴론의 또 다른 이름이며, 그 덕분에 음악의 아버지라고 불린다.

　디오니소스 추종자들인 마이나데스가 오르페우스를 살해한 것은 흔히 오르페우스가 죽은 아내 에우리디케만 생각하고 다른 여인을 모독했기 때문이라고 한다. 니체는 이런 신화적 전승을 음악적 사실로 전복시킨다. 리라를 켜는 오르페우스의 음악이 피리와 북을 치는 디오니소스의 음악을 거세하고 제거하기 때문에 마이나데스들은 분노했다. 그 분노가 오르페우스를 죽음으로 몰고 간다. 니체의 음악설에 따른 오르페우스 죽음에 대한 해석이다. 디오니소스적 음악의 분신인 마르시우스의 죽음을 애도하고 기리는 마이나데스들은 오르페우스를 살해함으로써 아폴론 음악과 적대 전선을 형성한다.

니체의 오르페우스 죽음을 슬며시 밀어 넣기, 아니면 과감하게 찔러 넣기는 디오니소스 음악을 지키기 위한 방편이다. 니체가 오르페우스의 음악을 얼마나 경계했는가는 다음 글이 보증한다.

매순간 태어날 수 있었던 새로운 악마 오르페우스는 아마도 자신의 음악을 통해서 우리가 아직까지 어떤 음악도 가지고 있지 못했으며, 지금까지 음악이라고 불렸던 모든 것으로부터 빨리 달아나는 게 가장 좋다고 설득할 수 있었다.[73]

키타라, 리라, 하프로 이어지는 오르페우스적인 음악, 오르페우스의 아버지인 아폴론적 음악은 언제든 새롭게 태어나서 디오니소스의 음악 추종자인 마르시우스를 살해하듯이 언제든 디오니소스적 음악을 살해할 수 있다. 현실적 힘에 근거한 과거의 역사적 사실이며 현재의 진행형이며 앞으로 언제든지 생길 수 있는 미래의 공포이다. 아폴론적 음악이 소유한 무소불위의 힘에 대한 경계, 디오니소스적 음악의 부활에 대한 기대가 마이나데스의 오르페우스 살해의 기본 전제이다.

오르페우스의 죽음에 음악적 해석을 넘어선 또 다른 의도를 니체는 넣어 두었다. 니체는 오르페우스를 소크라테스와 동등한 위치에 넣는다. 오르페우스는 우리가 알고 있는 것처럼 종교를 만들어 '금욕'을 실천하고[74] 금욕적인 성직자 제도Sühnpriesterwesen[75]를 주장했으

오르페우스의 죽음 (에밀 빈, 1874년)

며, 이는 후일 원시 기독교의 모태가 된다. 오르페우스가 아폴론적 음악에 의해 디오니소스적 음악을 살해했듯이, 소크라테스는 오성에 의해 디오니소스적 감정을 교살한다. 오르페우스는 곧 소크라테스이다. 오르페우스와 소크라테스는 디오니소스 살해자들이다.

니체는 오르페우스를 소크라테스와 같은 자로 보았다. 따라서 마이나데스에 의한 오르페우스의 죽음은 디오니소스에 의한 소크라테스의 죽음의 암시이다. 하지만 오르페우스는 죽었지만 그의 힘이 더 막강해졌듯이, 소크라테스 역시 죽었지만 소크라테스의 힘은 훨씬 더 강해진다. 에우리피데스 당시 간신히 생명을 연명하던 비극이 처절한 죽음을 맞이하게 된 것은 소크라테스 때문이다.

이러한 세계에 이제 소크라테스가 등장한다―그는 오르페우스가 디오니소스에 반대해 출현하여 마이나데스들에 의해 찢겨지는 형벌을 당한 아폴론적인 개인이다. 그의 죽음은 근거가 아니라 감정에 의해 초래되었다. …… 하지만 그럼에도 승리를 거두었다. 비극의 몰락은 그와 연관된다.[76]

오르페우스는 다음 장에서 인류 압살 흑역사의 주인공으로 출현하는 소크라테스를 암시하기 위한 보조 장치이다.

12장 다시 보기

에우리피데스와 아낙사고라스의 관계를 이야기하는 것은 소크라테스와 아낙사고라스의 관계를 논하는 것과 마찬가지이다. '에우리피데스의 정신'과 '예술'의 관계는 '아낙사고라스의 정신'과 '세계'의 관계와 같다. 소크라테스의 철학적 주장은 아낙사고라스의 정신이 한 역할을 확대한 것이다.

에우리피데스는 비극에서 갈등을 해결하는 방법으로 에필로그에서 악명 높은 기계장치를 사용했다. 이보다 놀라운 지적이 이미 있었다. 아리스토텔레스는 아낙사고라스가 '이성' 또는 정신을 세계의 형성을 위한 **기계장치**deus ex machina로 이용'[77]했다고 밝힌다. 아낙사고라스는 정신이 혼란스러운 세계를 질서 잡힌 세계로 만드는 기계장치를 도입했다. 아리스토텔레스는 아낙사고라스가 정신에 부여한 가치를 이해하고 강조했다.

이 '기계장치'가 에우리피데스와 아낙사고라스를 연결하는 고리이다. 에우리피데스는 '기계장치'를 이용해서 비극 내 인간들 간의 혼동 상태인 갈등을 해결하는 방법으로 이용했고, 아낙사고라스는 '기계장치'를 이용해서 사물과 세계의 혼란을 잠재운다. 니체는 이 '기계장치'에다 '악명 높은'이란 형용사를 붙인다. 정신이 맡은 '해결사' 역할 때문이다. 사물의 질서도 정신이 만들고, 갈등도 정신이 해결한다는 것은 결국 정신이 전지전능한 자리에 들어섬을 일컫는다.

'악명 높은 기계장치'를 사용한 에우리피데스와 아낙사고라스는 정신의 예술 창조에서 의기투합할 수 있다. 오성이나 정신이 모든 문제를 해결할 수 있다고 보았다는 점에서 양자는 정신이 예술에서도 중요한 역할을 할 수 있다고 보았다.

> 아낙사고라스의 정신은 하나의 예술가이며, 더구나 가장 단순한 수단으로 가장 훌륭한 양식과 방향과 동시에 생동감을 주는 건축물을 창조하는 예술가 ⋯⋯'[78]

비극에서 정신의 중요성을 강조한 에우리피데스는 앞에서 살펴본 바대로 철학 또는 인간학의 측면에서 오성, 정신을 강조한 소크라테스의 역할과 같다. 에우리피데스가 아낙사고라스의 영향을 받았듯이, 소크라테스 역시 아낙사고라스의 영향을 크게 받았다.

플라톤이 전하는 소크라테스에 따르면, 소크라테스는 아낙사고라스의 '모든 것에 질서를 부여하는 정신'에 커다란 감명을 받았다. 소크라테스는 '정신이 모든 것의 원인'이며, '정신은 모든 것에 질서를 부여하고 각각의 것이 최선의 상태로 …… 자리 잡게 해 준다'고 생각했다. 소크라테스는 아낙사고라스를 진정한 스승으로 생각했다. 소크라테스는 아낙사고라스를 만난 감격을 다음과 같이 표현한다.

> 존재하는 것들에 관련된 원인을 가르쳐 줄 내 마음에 드는 스승, 즉 아낙사고라스를 찾아냈다고 생각하고 몹시 기뻤다네.[79]

소크라테스가 아낙사고라스의 사상을 접한 후 크게 감동한 이유는 소크라테스의 학문적 이력에서 비롯한다. 소크라테스는 소싯적에 '자연에 관한 탐구'를 열망했으며, 이 탐구를 통해 '모든 것의 원인'을 알고 싶어 했다. 하지만 소크라테스는 자연에 대한 탐구 능력 부족으로 실패했다.

> 이런 고찰에는 내 자신이 전혀 소질이 없다는 생각이 들기에 이르렀네.[80]

그는 자연에 관한 탐구를 포기하고 인간에 대한 탐구, 그 중에서도 인간의 정신에 대한 탐구, 정신 중에서도 이성으로 파악할 수 없는 그 어떤 것, 오성에 대한 탐구에 매진한다. 그 과정에서 그는 아낙사고라스의 모든 것을 주재하고 관장하는 정신론을 만나게 된다. 소크라테스는 아낙사고라스 정신의 전도사이자 오성의 전도사가 되기로 마음먹고 그 후 평생을 살아간다.

소크라테스는 에우리피데스의 비극 짓기에 관여했다. 거꾸로 말하면 에우리피데스가 소크라테스보다 나이가 많으므로 에우리피데스가 소크라테스의 사상 형성에 어느 정도 기여했을 것이란 추론도 가능하다. 소크라테스와 에우리피데스의 상호 부조와 영향은 모두 한 가지 사실에서 만난다. 에우리피데스와 소크라테스는 아낙사고라스의 '정신'론에 영향을 받았다는 것, 그 정신이 오성이고, 그 오성이 만들어 낸 것이 도덕과 윤리이다.

에우리피데스의 비극을 보면서 소크라테스의 흔적을 찾고, 소크라테스의 사상을 보면서 에우리피데스의 자취를 찾는 것은 부당하지 않다. 아니 오히려 적극적으로 찾아내야 인간 정신의 기원을 찾아볼 수 있다. 니체가 망치를 들고 전복의 길로 나선 것은 바로 이 지점이다. 그는 이제 고전적 비극의 형태에 관한 분석을 벗어나 성큼성큼 소크라테스식 미학, 예술적 소크라테스주의의 분쇄에 들어간다.

에우리피데스의 동지,
소크라테스

1. 에우리피데스 극만을 관람하는 자

소크라테스가 에우리피데스와 경향상 밀접한 관계가 있다는 것을 동시대 고대인들은 놓치지 않았다. 이와 같은 걸 보여 주는 적절하면서도 예민한 지적을 가장 그럴싸하게 표현한 것은 아테네에서 떠돌아다니던 저 소문으로서, 소크라테스가 에우리피데스의 극작을 도와주곤 했다는 것이다.[1]

'훌륭한 옛 시대'의 신봉자들은 당대 시민을 타락시키는 자 Volksverführer[2]의 이름을 호명해야 한다면 잠시도 머뭇거리지 않고 이 두 사람 이름을 거명했고, 그 이유는 다음과 같다. 육체적인 힘과 정신적인 힘이 점점 더 지속적으로 쇠약해졌다면, 옛 마라톤 전투 시대에 지녔던 육체와 정신의 억센 기질이 수상한 계몽[3]에 희생되었다면, 이는 바로 이 두 사람의 영향에서 기인한다고 그들은 생각했다.[4]

아리스토파네스의 희극이 절반은 분노에 차서 또 다른 절반은 경멸하는 말투로 저 두 사람을 말하곤 했는데,[5] 이는 근대인을 경악으로 몰고 갔다. 근대인은 에우리피데스 정도는 흔쾌히 단념할 수 있지만, 아리스토파네스의 작품들에서 소크라테스가 최초이자 가장 명백한 **소피스트**로, 모든 소피스트적 지향의 반영이자 화신으로서 나타난다는 사실에 전혀 놀라지 않는다[6]는 것에 충격을 받았다. 이 경우 아리스토파네스를 문학 분야에서 방종하며 거짓말을 잘하는 알키비아데스라고 형벌을 주는 것이 유일한 위안일 뿐이다.[7]

　나는 이 자리에서 그러한 공격에 대한 아리스토파네스의 직관을 변호할 생각은 없다. 나는 고대인들의 지각으로부터 소크라테스와 에우리피데스가 상호 밀접한 동종의 인간임을 지속해서 입증할 것이다. 특히 소크라테스가 비극 예술의 적대자로서 비극 공연에 참석하지 않았지만, 에우리피데스의 새로운 극이 공연되면 관객으로 참여했음을 상기시킬 것이다.[8]

　하지만 두 사람의 이름이 가까이 함께 있는 것 중 가장 유명한 것은 델포이의 신탁이다.[9] 이 신탁에서 소크라테스는 인간들 중에 가장 현명한 자로 지칭되었지만, 동시에 지혜Weisheit의 경쟁에서 두 번째의 영광은 에우리피데스에게 마땅히 돌아가야 한다는 설이 나돌았다.

1. 소크라테스와 에우리피데스의 극작의 관계에 대해서는 12장 4절 다시 보기에서 설명했다.
2. Volksverführer를 주로 '민중선동가'라는 사전적 의미로 번역하

곤 한다. 잘못된 번역이다. 민중선동가는 정치적 목적 등을 달성하기 위해 시민을 분기시킨다. 정치와 담을 쌓은 소크라테스가 정치적 목적을 가졌다고는 보기 힘들다. 소크라테스가 대화하기는 했지만 대중을 상대로 선동했다는 기록은 없다.

Volk는 '민중'에 가깝기는 하지만 근현대적 개념이며, 소크라테스 당시에는 '시민'을 지칭할 뿐이다. Verführer는 사전적으로 '유혹하는 자'와 '타락시키는 자'의 뜻을 지니고 있다. Volksverführer를 소크라테스에 적용한다면, 소크라테스가 Verführer로서, '시민'을 '유혹'하거나 '타락'시킨다는 뜻이다. 이는 아테네 여러 시민들이 소크라테스를 청년을 유혹하여 타락시킨다는 이유로 고발 고소한 내용과 일치한다.

이러한 이유로 Volksverführer는 '민중선동가'라는 정치적 의미가 강한 개념보다는 '시민을 타락시키는 자'라는 사회적 의미가 들어 있는 개념으로 완화시켜 번역한다.

3. '수상한 계몽zweifelhaft Aufklärung'은 형용 모순이다. 계몽은 일반적으로 지적인 면에서 수준이 낮거나, 관습적인 면에서 기존 부정적 관행을 따르는 사람들에게 빛을 밝혀 깨우쳐 줌을 뜻한다. '계몽' 앞에 '수상한'이나 '의심스러운' 등이 나온다면, 그 계몽은 앞으로의 전진을 위한 계몽이 아니라 오히려 결과적인 퇴락이나 후퇴의 결과를 낳는 걸 지칭한다.

니체는 '수상한'과 '계몽'을 11장에서는 에우리피데스가 시민과 대중들에게 말하는 법을 가르쳤다고 표현했다. 니체는 여기에서는 소크라테스를 소피스트식 계몽주의자라고 지적한다. 소크라테스가 주장한 '계몽'의 내용은 다이몬이 알려 준 '윤리'와 '도덕'이다.

에우리피데스와 소크라테스는 시민의 의식을 개선시키려는 '계몽'의 본래 의미와 달리 시민의 의식을 저열하게 퇴행시키는 결과를 낳은 계몽주의자였다는 것이 바로 니체의 주장이다.

4. '마라톤 전쟁 시대 = 훌륭한 시대 = 육체와 정신의 억센 기질 유지'가 한 축을 이루고, '소크라테스와 에우리피데스 = 수상한 계몽 = 육체와 정신의 억센 기질의 소멸 초래'가 또 다른 한 축을 이룬 단락이다.

니체의 이런 평가를 이해하기 위해서, 우리는 소크라테스의 개인적 삶과 그의 사회정치적 영향을 분리시켜야 한다. 『변론』에 따르면 소크라테스는 중무장 보병으로 기원전 432년 포테이다이아 전투, 기원전 424년 델리온 전투, 기원전 422년 암피폴리스 전투에 참전했다. 소크라테스는 이 전투들에서 죽음을 두려워하지 않고 싸웠으며 조국 아테네를 위해 자신이 얼마나 헌신적이었는지를 자랑한다.[81]

소크라테스가 또한 전투 한복판에서 보여 준 인내와 규율, 그리고 얼마나 용감한 전사였는지는 『향연』에 나오는 알키비아데스의 설명에 잘 나타난다. 알키비아데스는 소크라테스가 용기를 발휘하여 죽을 위험에 처한 자신을 구해 주었다고 극찬한다.[82] 플루타르코스 역시 『알키비아데스』편에서 이를 상세하게 전하고 있다.

소크라테스는 건강한 육체와 강인한 정신을 바탕으로 아테네를 두루 돌아다니며, 기행을 보여 주기도 했다. 전투 참여와 행적의 측면에서 본다면 소크라테스가 육체와 정신의 강건한 기질을 쇠퇴시켰다고 말할 수 없다.

니체의 소크라테스 비판 지점은 그의 행위로 인한 사회정치적 결

포테이다이아 전투, 코린티아인들과 전투하는 아테네인들. 소크라테스가 알키비아데스를 구조하는 장면 (빌헬름 뮐러, 1788년)

과에 집중한다. 니체는 소크라테스의 행동이 가져온 결과에 주목한다. 니체는 소크라테스와 연합하여 비극을 공연한 에우리피데스가 가져온 결과가 마라톤 전투 시대의 아테네 시민이 지녔던 정신과 육체를 손상시켰다고 이해한다.

이를 비유적으로 잘 보여 주는 게 아리스토파네스의 『구름』에서 정론과 사론의 논쟁이다. 정론은 마라톤 전투 시대에 아테네의 가치를 대변한다고 한다면, 사론은 소크라테스와 에우리피데스식의 가치를 대변한다. 정론은 '마라톤 전사를 길러 낸 그 교육 방법'을 언어, 음악, 체육 등에 걸쳐서 설명한다. 정론은 자신의 말을 따를 경우와 따르지 않을 경우 다음의 일이 벌어진다고 말한다.

당신이 내가 언급한 대로 행동한다면,

당신이 내가 언급한 것에 정신을 집중한다면,

당신은 늘 튼튼한 가슴, 맑은 피부,

넓은 어깨, 작은 혀, 강한 엉덩이,

그리고 작은 음경을 갖게 될 것이다. 하지만 당신이

오늘날 방식을 취한다면, 당신은

맨 먼저 연약한 어깨, 창백한 피부

좁은 가슴, 거대한 혀, 작은 엉덩이,

그리고 긴 연설을 위한 거창한 기술을

갖게 될 것이다.[83]

'튼튼한 가슴, 맑은 피부, 넓은 어깨, 작은 혀, 강한 엉덩이, 그리고 작은 음경'은 전투와 전쟁에 적합한 육체를 지닌 시민의 상징이라면, '연약한 어깨, 창백한 피부, 좁은 가슴, 거대한 혀, 작은 엉덩이, 그리고 긴 연설을 위한 거창한 기술'은 시장 바닥에서 놀고, 법정에서 다투기 좋아하는 몸을 지닌 시민의 모습이다. 아리스토파네스는 사론을 통해 소크라테스가 '좋은 것을 나쁘게, 나쁜 것은 좋게' 만든다고 결론짓는다. 소크라테스와 에우리피데스가 청년들을 '장터에서 잡담하게 만들어' 결국 몸을 단련해야 할 '체육관은 텅텅 비게'[84] 만드는 결과를 초래했다고 아리스토파네스는 지적한다.

소크라테스 당대인들이 소크라테스를 '수상한 계몽'주의자로 몰고 간 것에는 역사적 배경이 있다. 마라톤 전투는 기원전 490년에 발생했다. 아테네는 기원전 480년 살라미스 해전을 통해 페르시아를 굴복시키고 그리스의 맹주가 되었다. 그 후 아테네는 펠로폰네소스 전쟁(기원전 431~404년)에서 스파르타한테 패배한 후 그리스의 삼류 국가로 전락한다. 그 과정에 스파르타의 괴뢰정부 30인 참주정이 들어서기도 했다.

이 시기는 소크라테스(기원전 470~399년)와 에우리피데스(기원전 484~406년)의 말년에 해당한다. 아테네의 삼류 국가화, 건강한 기풍을 잃어버린 시민들, 법정에서 싸움만 일삼고 재산을 지키기에 급급한 태도들이 어디에서 비롯했는가에 대한 이유는 다양할 수 있다. 니체는 그 원인 중 하나로 소크라테스와 에우리피데스의 '말만을 앞세운' 가르침을 들고 있다.

5. 아리스토파네스는 희극 곳곳에서 소크라테스와 에우리피데스를 언급했다. 그는 두 사람을 절대 칭찬하지 않고, 빈정거리고 비꼬아 풍자한다. 아리스토파네스가 소크라테스를 풍자한 글 중에 대표적인 몇 가지만 예를 들어 보자.

> 페이딥피데스 : 말도 안 돼요! 그 쓸모없는 놈들이요. 저도 그놈들 알아요.
> 아버지는 지금 창백한 허풍쟁이들 말씀하시는 거죠. 악당들처럼
> 신발도 신지 않는 소크라테스와 카이레폰이죠.[85]

> 얼마나 교양 있단 말인가, 소크라테스 곁에서
> 수다를 떨지 않는다는 것은 ……[86]

아리스토파네스는 에우리피데스에 대해서도 냉소적이었다. 에우리피데스가 아이스킬로스와의 경쟁에서 비극의 옥좌에 오르기 위해 비천한 신분에 의지했다고 아리스토파네스는 전한다. 또한 그는

『아카르나이 구역민들』에서 에우리피데스가 '그의 정신은 짧은 시를 모으느라 밖에 나가 있다', '비극을 높은 곳에서 쓴다', '거지들을 무대에 올'리고, '바퀴 달린 기중기를 타고 나온다'고 풍자한다.[87] 이외에도 아리스토파네스는 에우리피데스를 '여인의 적', '여인 폄하', '가정을 파괴하는 자', '장광설을 늘어놓는 자' 등으로 비판한다.

6. 소크라테스와 소피스트, 아리스토파네스와 소크라테스의 관계를 연결지어 이해하자. 그 당시 아테네인들은 소크라테스를 소피스트로 여겼으며, 아리스토파네스는 이를 풍자적으로 표현했다. 근대인들은 소크라테스가 소피스트로 묘사된다는 사실에 너무 놀라워한다. 그렇다면 왜 근대인들은 고대인들의 소크라테스 평가에 놀라워하는가? 우리는 소크라테스와 그 제자 플라톤이 묘사한 소피스트에 대한 악질적인 평가에 익숙하기 때문이다.

소피스트를 획기적으로 다시 고찰하기 위해서, 고대 아테네인들처럼 소크라테스를 소피스트로 이해하기 위해서, 니체의 소피스트관을 수용하기 위해서, 위 문장을 따라가며 이해해 보자.

우선, 소피스트란 누구인가? 플라톤의 『프로타고라스』에 답이 나온다. 프로타고라스(기원전 485~410년)는 소크라테스보다 연상으로 당시 아주 유명한 소피스트였다. 당시 아테네인들이 일반적으로 생각하는 소피스트란 첫째, "그 이름이 말해 주듯이 지혜로운 것들을 아는 자," 둘째, "말하는 데 능통하게 만들어 주는 일을 주관하는 사람," 셋째, "다른 사람을 …… 알도록 만들어 주기도 하는"[*88] 사람을 지칭한다. 이를 바탕으로 정리한다면, 소피스트란 첫째는 앎과 지식, 둘째는 수사학, 셋째는 교육을 담당하는 사람을 말한다.

여기서 문제가 발생한다. 소피스트와 소크라테스의 활동 영역이 일치한다는 점이다. 앎과 지식은 소크라테스가 그토록 자랑하는 앎에 대한 문제를 다루는 철학과 수사학은 소크라테스의 장기인 변증론, 교육학은 소크라테스 주유행각의 특징인 젊은이 가르치기와 중복된다. 소크라테스 당대인들이 소크라테스를 허다하게 널린 소피스트들 중 하나로 인식함은 이 점에서 너무나 당연하다. 다른 말로 소크라테스는 아테네의 많은 소피스트들과 경쟁하며 주도권을 차지하려는 한 사람에 지나지 않는다고 유추할 수 있다.

소크라테스와 플라톤은 비극과 자연철학을 철천지원수처럼 다루었듯이 소피스트에 대해서도 적대적이었다. 소크라테스와 플라톤의 인생은 소피스트를 이론적으로 격파하기 위한 삶이라고 해도 과언이 아니다. 플라톤의 『프로타고라스』, 『고르기아스』, 『에우튀데모스』, 『파이드로스』 등은 소크라테스가 주인공이 되어 소피스트와 논쟁한 것을 기록한 책이다. 플라톤의 사상을 집대성한 『국가』는 1부에 나오는 '정의를 강자의 편익'으로 이해하는 소피스트 트라시마코스와의 논쟁에서 이기기 위한 저술이다. 이외에도 플라톤의 저작에는 다수의 소피스트가 소크라테스의 대화 상대자로 나온다.

동물들이 오줌을 갈겨 자신의 영토를 표시하듯, 소크라테스는 앎과 지식의 모든 영역에 배설물을 뿌려 대며 소피스트들에게 자신의 영토를 침범하지 말라고 경고한다. 하지만 플라톤이 스스로 표현한 대로 소피스트와 소크라테스의 영역은 완전 겹친다. 소크라테스와 소피스트는 '정의(올바름) 실현'이라는 목적도 같으며, 아테네의 '청년'을 대상으로 활동했다는 점에서 영역도 같으며, '말'로 상대를 설득한다는 점에서 방법도 같다. 차이가 있다면, 소피스트는 현실론에 입각한 반면 소크라테스는 이상론에 근거한다는 점뿐이다.

양 진영의 겹치는 영역이 많을수록 선명성 경쟁은 점점 더 강화되는 반면, 양자 간 차이가 적을수록 사소한 차이가 우월성을 결정한다. 특히 이상을 추구한 자는 선명성과 우월성을 드러내려고 상대방에게 인격 모독을 감행하고 인격 학살을 공공연히 자행한다. 플라톤의 『소피스트』는 소피스트들에 대한 이론적 논박이 아니라 인격 모독과 학살의 전형이다.

> 소피스트는 돈벌이를 하는 족속일 것이로되, 쟁론술의, 반박술의, 말다툼 기술의, 싸움술의, 획득술의 부분 이외의 다른 그 어떤 것이 아닙니다.[89]

아테네인들은 소피스트의 현실론에 근거한 수사학을 쉽게 받아들였지만, 소크라테스의 이상론에 근거한 변증론적 설득을 수용하기는 쉽지 않았다. 생소함과 난해함은 새로운 사상이 전파되고 이식되기에 가장 어려운 조건들이다. 철학자 소크라테스가 비극 작가 에우리피데스의 손을 잡고 자신의 사상을 전파한 것도 생소함과 난해함을 극복하는 방편임을 상기하자.

소크라테스는 정작 소피스트들을 돈벌이에 급급한 자로 몰고 가 자신의 우월적 지위와 정당성을 확보한다. 그는 소피스트들을 돈벌이꾼으로 본다. 첫째, '부유한 젊은이를 사냥하는, 보수를 받는 사냥꾼', 둘째, '영혼의 배움들과 관련한 일종의 도매상', 셋째, '영혼의 배움들과 관련한 소매상', 넷째, '배움에 관한 것들을 몸소 만들어 파는 자(일종의 자영업자)'로 비난한다. 소크라테스의 소피스트에 대한 비판이 아닌 비난, 험담, 악담이다. 이는 모두 다 '돈벌이꾼'으로 수렴한다. 소크라테스는 『프로타고라스』의 소피스트인 프로타고라스 역시 돈으로 악담을 한다.

> 그분께 돈을 드리고 설득하면, 아마 자네도 지혜롭게 만들어 주실 거야.[90]

태어날 때 부자인 금수저 플라톤은 돈을 필요로 하지 않았으며, 돈에 애초부터 무관심했던 흙수저 소크라테스 역시 돈을 필요로 하지 않았다. 하지만 대다수는 돈을 필요로 하고, 먹고 살기 위해 돈을 벌어야 했다. 돈에 욕심을 내는 건 부끄러움이나 수치일 수 없다. 소크라테스의 소피스트에 대한 저질스러운 비판은 곧바로 다시 부메랑으로 돌아온다. 아리스토파네스는 『구름』에서 소크라테스를 돈벌이에 급급한 학문의 사냥꾼으로 낮잡아 비아냥거린다.

> 스트렙시아데스 : 누군가 그들에게 현금을 주기만 한다면, 그들은 정당하든 정당하지 않든 어떤 소송에서든 논쟁으로 이기는 방법을 그에게 가르쳐 줄 것이다.[91]

'그들'은 소크라테스와 그의 제자이자 '소크라테스가 가장 현명하다'는 신탁을 받은 자인 카이레폰이다. 아리스토파네스는 그들을 '돈벌레'로 보았다. 소크라테스는 『변론』에서 지독하게 가난함에도 청년들을 가르치면서 돈을 받지 않았음을 자랑거리로 주장한다.

> 제가 누구한테든 보수를 받아 냈거나 요구했다는 데 대해 증인을 대는 뻔뻔스러운 짓을 할 수는 없다는 걸 …… 충분한 증거가 …… 저의 가난을 댈 수 ……[92]

그러나 그 당시 아테네 사람들은 '돈을 밝힌다'는 측면에서 소크라테스와 소피스트가 다르지 않다고 생각했다. 소크라테스의 젊은 제자들 중에는 부자의 자식들이 많았다. 얼마나 부유한 청년이 많았던지 소크라테스는 변명하던 중에 실토한다.

> '갑부들의 자식들로서 아주 여가가 많은 젊은이들이 자진해서 저를 따라 다니게 되었 ......'[93]

게다가 사형 집행을 기다리던 소크라테스를 외국에 빼돌리려던 소크라테스의 친구 크리톤도 부자이다. 소크라테스를 따르는 자 중에서도 『국가』에 나오는 케팔로스 노인은 물려받은 돈과 전쟁 사업으로 떼돈을 번 부자였다. 사비로 지금의 대학과 같은 아카데미아를 세운 플라톤은 또한 얼마나 부자인가? 플라톤의 친척 크리티아스, 소크라테스의 직계 제자 크세노폰 역시 부자들이다. 당대 최고 바람둥이이자 전략가이며 전쟁의 달인인 알키비아데스 또한 얼마나 부자였던가? 소크라테스가 사약을 받는 날 그 자리에 참석한 아테네 밖 제자들 또한 부자들이 얼마나 많았던가?

아리스토파네스는 소크라테스를 '궤변'론자[94]로, '논쟁과 사랑에 빠진 사냥꾼'으로, '아주 미묘한 난센스의 최고 사제'[95]로 묘사한다. 게다가 소크라테스는 자신을 아테네에서 '가장 현명한 자'라고 자화자찬했다. 아테네 사람들은 소크라테스를 흔한 말로 '잘나가는 소피스트 강사'로 생각했을 가능성이 크다. 가장 잘나가는 소피스트가 가장 많은 돈을 받는다는 것은 너무나 당연한 일이다. 이런 점에서 당시 아테네인들은 소크라테스를 소피스트와 구분하지 못했다는 결론이 나온다.

아리스토파네스는 당시 아테네인들의 일반적 상식과 식견에 의거해 소크라테스를 소피스트로 규정짓고, 신랄하게 풍자한다. 소크라테스는 겉으로는 돈을 밝히지 않는 이상주의적 변증론자이지만, 속으로는 호박씨를 까는 그렇고 그런 소피스트라고 말이다. 당대의 아테네인들은 아리스토파네스의 코미디극을 보면서 소크라테스에 대한 이러한 평가를 낄낄거리며 웃고 넘어갔을 것이다. 하지만 소크라테스라면 신주단지 모시듯 하는 우리로서는 이런 혹평이 낯설 수밖에 없다.

7. 문맥상으로 보면 알키비아데스와 아리스토파네스는 방종하며 거짓말을 잘한다는 걸 뜻한다. 알키비아데스는 아테네 사람들을 대상으로 방종과 거짓말을 일삼은 반면, 아리스토파네스는 근대인을 대상으로 방종하며 거짓말을 일삼았다는 뜻이다. 알키비아데스는 자신의 명예를 위해 조국 아테네를 등지고 페르시아 및 스파르타와 손을 잡았고, 아리스토파네스는 소크라테스의 명예를 훼손하기 위해서 근대인에게 제멋대로 소크라테스를 평가하고 거짓말을 했다는 뜻이다.

소크라테스를 너무 존경하고 신뢰하는 근대인은 아리스토파네스의 소크라테스에 대한 악평을 도무지 믿을 수 없으며, 믿으려 하지 않는다. 근대인은 자신의 믿음에 반하는 아리스토파네스의 소크라테스 평가를 거부할 수 있는 하나의 방법이 있다. 그를 배신자, 거짓말쟁이 알키비아데스로 몰아붙이는 것이다. 근대인, 현대인은 믿음의 기반인 종교는 버려도 이성의 기반인 소크라테스를 버릴 수 없기 때문이다.

8. 니체는 11장 7절에서 에우리피데스가 공연을 올리면서 소크라테스를 극장에서 봤다고 서술하고, 13장 1절에서는 소크라테스가 에우리피데스의 공연이 오르면 관람했다고 기술한다. 전자에서는 에우리피데스가 주체적으로 서술된 반면, 후자에서는 소크라테스가 주체적으로 기술된다. 결론은 양자가 서로의 필요에 따라 합심하여 아테네에서 활동했다는 점이다.

9. 소크라테스가 '가장 현명하다'는 신탁을 받았다는 논의는 소크라테스의 변론 또는 변명 과정에서 나온다. 질문자는 소크라테스의 '동지'이자 '대중 여러분의 동지"[96]이며, '과격분자' 또는 '야만인 같은 자"[97]이자 소크라테스의 열렬한 추종자인 카이레폰Chaerephon[98]이다. 카이레폰은 아리스토파네스의 『구름』에서도 소크라테스의 제자로 비판을 받는 자이다. 그런 카이레폰이 델포이의 신전에 가서 '소크라테스보다 더 현명한 이가 있는가?'라고 물었고, 신전의 여사제는 '더 현명한 자는 아무도 없다.'고 대답했다.'[99]

다시 보기

카이레폰의 단순한 질문에 대한 여사제의 간단한 대답은 소크라테스 인생의 전환점이 된다. 소크라테스는 그 후 여사제의 신탁이 사실인가 아닌가를 알아보기 위해서 일종의 지혜의 구도자로 여행을 떠난다. 소크라테스가 신탁이 사실인가 아닌가를 확인하려는 자체가 의미심장하다. 신을 믿을 수 없었던 소크라테스는 신이 정말 진실을 말했는가를 알아보기 위해 여행을 떠난 것이다.

소크라테스는 이 여행에서 만난 정치인, 시인, 장인 들이 '알지 못하면서 알고 있다'고 착각하고 있음을 깨닫는다. 반면 소크라테스는 자신이 '모른다는 것을 알고 있다'는 점에서 신탁이 사실이며, 자신이 가장 현명한 자임을 깨달았다고 주장한다.

소크라테스가 직접 말하지 않았지만, 더 중요한 결과가 나온다. 호메로스의 시에서 보듯이 그 이전의 신들은 거짓말을 하기도 하고 악한 행동도 서슴지 않고 자행하는 존재였다고 한다면, 소크라테스 이후 신들은 거짓말을 하지 않는 존재이자 악한 행동을 절대 하지 않는 선한 존재로 출현한다. 플라톤은 『국가』에서 신은 거짓말을 하지 않는 선한 존재이자 절대적인 존재라는 점을 부각시킨다. 플라톤의 다음 말은 소크라테스의 여정을 종교적으로 증명한다.

> 신이 거짓말을 할 까닭은 아무것도 없으이! …… 신성과 거룩한 것은 모든 면에서 거짓됨이 없으이, …… 신은 말과 행동에 있어서 전적으로 단순하며 진실하거니와, 자신을 바꾸지도 남들을 속이지도 아니하네.[100]

소크라테스 신탁의 신뢰도를 따져 보기 위해 질문을 던져 보자. 우리는 '소크라테스가 가장 현명하다'는 소크라테스 자신의 말을 얼마나 믿을 수 있는가? 신빙성이 떨어진다. 우선 질문을 던진 자가 카이레폰이라는 점이 문제이다. 소크라테스는 카이레폰에 대해 배심원에게 다음과 같이 표현한다.

> 무슨 일이든 자기가 하고자 하는 일에 대해서 그(카이레폰)가 얼마나 열정적이었는지.[101]

카이레폰은 자신이 믿고 싶은 것을 어떤 방법으로든 확인하고 싶어 하는 자이고, 이를 확인하기 위해서 수단과 방법을 가리지 않으며, 이를 증명하기 위해 행동이 앞서는 자이다. 소크라테스가 한 카이레폰의 인격 소개가 그 증거이다.

아리스토파네스가 카이레폰을 닮게 되면 '반송장half alive이 된다'[102]라고 말한 것도 같은 맥락이다. 카이레폰은 소크라테스의 열렬한 추종자로, 소크라테스를 신처럼 여기는 자이다. 그러므로 그는 이런 얼토당토않는 질문으로 소크라테스를 신격화시키고 싶어 했다고 추론해야 한다.

더 중요한 문제가 있다. 소크라테스가 변론할 당시 카이레폰은 증인으로 출석할 수 없었다. 이미 죽었기 때문이다.

그(카이레폰)가 이미 죽었으므로, 그와는 형제간인 여기 있는 이 사람 (카이레크라테스)이 여러분께 증인이 될 것입니다.[103]

소크라테스는 카이레폰 대신 그 동생을 증인으로 제시한다. 직접 증언은 사라지고 한 다리 건넌 간접 증인이, 소크라테스가 가장 현명하다는 자의 증거라니! 터무니없지 않은가! 살인 사건의 목격자가 죽었다고 그 동생을 증인으로 내세운다는 게 말이 되는가!

더 심각한 문제가 있다. 델포이의 신탁은 일반적으로 세상의 모든 신탁과 마찬가지로 애매하다. 델포이 신전은 아폴론이 기거하는 곳이고, 여기서 여사제가 아폴론의 예언을 대신 전한다. 아폴론의 신탁은 듣는 사람에 따라 달리 해석할 여지가 있거나, 해석하기에 따라 전혀 달라질 수 있다.

카드모스가 여동생을 찾으러 갈 때도 '크레타로 가라.'고 말하지 않고 '암소를 따라가라.'고 아폴론은 신탁을 내렸다. 아폴론이 오이디푸스에게 내린 신탁도 애매하다. 아폴론은 지명과 구체적인 정보를 알려 주지 않는다. 그저 '아버지를 죽이고 어머니와 몸을 섞을 것이다.'라는 신탁을 내릴 뿐이다. 오이디푸스는 예언을 거부하기 위해 코린토스에서 자신을 키워 주고 보살펴 주던 양부모를 떠난다. 하지만 델포이 신탁은 길러 준 부모가 아니라 낳아 준 부모를 지칭한다. 오죽하면 다음과 같이 오이디푸스가 아폴론를 저주했을까.

> 아폴론, 나의 친구들이여, 아폴론이 아주 끔찍한 지혜로
> 이처럼 몹시 불행한 고통을 나에게 가져왔다오.[104]

아폴론의 신탁만이 아니라 일반적으로 신탁은 이현령비현령이다. 귀에 걸면 귀걸이고 코에 걸면 코걸이가 신탁의 일반적 특징이다. 자기 편한 대로, 자기에게 이익이 되는 대로 해석할 수 있는 게 신탁이다. 신탁은 항상 애매하다.

하지만 소크라테스의 추종자 카이레폰이 들었다는 델포이의 아폴론 신탁은 얼마나 명쾌하고 정확한가! 역설적으로 신탁이 정확하면 정확할수록 거짓이라는 소리이다. 결론적으로 소크라테스가 들었다는 신탁은 소크라테스 신격화를 위해 꾸며 낸 거짓말이라고 볼 수 있다.

소크라테스가 말한 신탁은 소크라테스가 머나먼 길, 거짓과 위선과 허구와 가식으로 향한 길을 떠나기 위한 장치일 뿐이다. 소크라테스의 신탁 이후 행적은 중요하다. 이 여정을 우리는 소크라테스의 '자기 확인의 여정'이라고 부를 수 있으며, 결과적인 측면에서

본다면 '가치 전복의 여행'이다. 후세 사람들은 소크라테스의 이 여행을 '위대한 여정'이라 부를 수 있다. 13장에서 15장까지 이를 확인하도록 하자.

2. 세 번째로 지혜로운 자, 소포클레스

소포클레스는 이 순위에서 세 번째라고 호명되었다.[1] 소포클레스는 자신이 올바르게 행동한다고, 더구나 자신이 알고 있기wisse 때문에 올바르게 행동한다고 아이스킬로스에게 자랑했던 그 당사자이다.[2] 이러한 앎Wissens의 명료함이란 척도는 분명 곧장 저 세 사람이 일반적으로 그 당시 세 명의 '지혜로운 자Wissenden'로 알려졌던 바로 그 이유이다.

[1] 소크라테스, 에우리피데스, 소포클레스를 현명하다고 연관시키는 설명은 우선 니체의 글에서 찾아야 한다. 니체가 이를 다음과 같이 표현했다.

> 스페티오스의 카이레폰이 얻은 소크라테스에 관한 신탁. 소포클레스는 지혜롭고, 에우리피데스는 더 지혜로우며, 소크라테스는 모든 사람들 가운데서 가장 현명하다.[*105]

이 신탁의 기원은 5세기 말 한 희극 작가Comedian의 언급에서 나온다. 또 다른 증거는 이 신탁을 거짓이라고 비판한 수사학자 아폴로니오스 몰론Apollonios Molon의 언급이다.[*106] 니체 역시 위의 인용문 다음에 "이미 아폴로니오스 몰론은 그것이 참말임을 논박했습니다."

라고 말한다. 니체 역시 위의 신탁이 거짓이라는 것을 알고 있다고 추론할 수 있다. 정확하게 순서를 매겨 가며 지혜로운 자의 순서를 전한 위의 신탁은 애매모호함이 특징인 신탁의 속성과도 어긋난다.

2. 12장 8절 해설 3을 참고하면 좋다. 에우리피데스는 아이스킬로스가 술 취했기 때문에 올바르지 못한 글을 썼다고 비난한다. 반면 소포클레스는 아이스킬로스를 비난하기는 하지만 술 취했음에도 올바르게 글을 썼다고 변호한다.

소크라테스적인 시각에 의해 나타난 소포클레스는 아테네에서 '넘버 쓰리'의 지혜로운 자이다. 이는 소포클레스가 비극을 집필할 당시 아이스킬로스와 달리 무엇이 옳고 그른가에 대한 기준을 가지고 비극을 집필했음을 넌지시 알려 준다. 즉, 소포클레스는 감정과 정념, 또는 광기에 휩싸여 비극을 집필하지 않았다고 소크라테스와 그의 제자들은 생각했다는 뜻이다.

다시 보기

이 절을 '소포클레스를 쟁탈하려는 소크라테스와 플라톤' 또는 '소포클레스 쟁탈전'이라고 이름 붙이자. 지금까지 우리는 니체가 자신에게 유리하게 평가한 소포클레스만을 보아 왔다. 니체의 이러한 소포클레스관에 대한 소크라테스와 플라톤의 반격이 바로 이 절이다. 델포이의 신탁은 소포클레스가 소크라테스와 에우리피데스 다음으로 지혜로운 자라고 선언한다. 이 한마디로 소포클레스는 소크라테스와 에우리피데스와 한편이 된다. 소포클레스는 니체가 그토록 혐오하는 '아는 자', '지혜로운 자'로 등극한다.

소포클레스는 철학 전쟁의 한중심에 있다. 한쪽에는 아이스킬로스와 아리스토파네스와 니체가 있고, 다른 한쪽에는 에우리피데스와 소크라테스 그리고 플라톤이 있다. 전쟁의 한복판으로 들어가서 전황을 살펴보자.

아리스토파네스는 『개구리』에서 소포클레스를 아이스킬로스와 무척 친한 자로 설정한다. 『개구리』에서 아이스킬로스와 에우리피데스는 비극의 옥좌를 두고 서로 요구하는 경쟁을 벌인다. 이 경쟁의 자리에 3대 비극 작가 중 하나인 소포클레스도 당연히 나서야 했다. 하지만 소포클레스는 나서지 않았다. 소포클레스는 에우리피데스와 적대적인 전선을 형성하고, 아이스킬로스와 동맹을 맺었다.

> 크산티아스 : 소포클레스는 어때 ……
> 어째서 그는 시인의 옥좌를 요구하지 않았지?
> 노예 : 소포클레스가 처음 하데스에 내려왔을 때,
> 그는 아이스킬로스에게 입을 맞추고, 악수하며 손을 흔들었고
> 영예의 자리와 거리를 두었습니다.
> 그리고 지금 ……
> 그는 교체 선수로 자리를 지키고 있습니다.
> 만약 아이스킬로스가 이기면, 그는 제자리를 지킬 것이며
> 만약 아이스킬로스가 패배한다면, 이런 시 기술 경쟁의 자리에서
> 소포클레스는 에우리피데스에게 맞서 끝까지 싸울 거라고 말했습니다.[107]

소포클레스는 자신보다 선배 비극 작가인 아이스킬로스에게 단순한 존경 이상의 태도를 취한다. 소포클레스에게 아이스킬로스는

비극의 정수이자 고갱이와 같은 자이다. 그는 아이스킬로스와 경쟁할 생각조차 안한다. 하지만 아이스킬로스가 에우리피데스에게 패배한다면, 소포클레스는 비극을 지키기 위해서라도 에우리피데스와 죽을 때까지 전투할 것임을 공언한다. 아리스토파네스는 이처럼 극의 중반에서 아이스킬로스에 대한 소포클레스의 지원과 지지를 표현한 후, 극의 말미에서 정반대로 소포클레스에 대한 비극의 제왕 아이스킬로스의 후원과 지지를 선언한다.

> 아이스킬로스 : …… 나의 영예의 자리와 관련하여
> 나를 위해 이 자리를 소포클레스에게 양도하여 지키도록 하시오.
> 내가 이 자리에 돌아올 때까지 말이오. 그의 재능은
> 내가 두 번째라고 인정한 유일한 자요.
> 잊지 마시오―저 불한당(에우리피데스)이 저기, 이 왕좌를,
> 저 거짓말쟁이가 나의 옥좌를 결코 차지해서는 안 되오.
> 실수로라도 이 자리를 차지해서는 안 되오.

디오니소스에 의해 비극의 제왕으로 인정받은 아이스킬로스는 비극의 정당한 계승자이자 자신의 후계자가 소포클레스라고 분명하게 선언한다. 반면 그는 에우리피데스를 비극 작가라고 할 수 없는 자, 거짓말쟁이에다 악당으로 간주한다. 니체는 아이스킬로스에게 승리의 화관을 씌워 주고, 소포클레스를 비극의 정수를 받아들이고 이해한 자로 치켜세운다.

반면 소포클레스를 포섭하여 자신의 편으로 만들려는 소크라테스와 플라톤의 공작은 집요하다. 우리가 가장 먼저 볼 수 있었던 것

은 플라톤의 『국가』 1권 도입부이다. 여기서 소크라테스가 소포클레스를 나이가 들어 성적 욕망에서 해방되어 안도한 자로 묘사했음을 우리는 이미 살펴보았다. 소크라테스는 소포클레스가 근친상간의 욕망을 다룬 『오이디푸스왕』을 염두에 두고 문화 공작을 벌였고, 소포클레스를 회개한 자, 참회한 자, 후회하는 자로 문학적 왜곡을 자행한다.

'소포클레스 선생, 성적인 쾌락과 관련해서는 어떠십니까? 선생께서는 아직도 여인과 관계를 가질 수 있나요?'라고 그 사람이 물었죠. 그러자 그분께서는 '쉿, 이 사람아! 그것에서 벗어났다는 게 정말 더할 수 없이 기쁜 일일세. 흡사 광포한 주인한테서 도망쳐 나온 것만 같거든.'이라고 대답하시더군요.[108]

플라톤은 『파이드로스』에서도 소포클레스와 에우리피데스가 마치 친한 비극 작가나 되는 듯이 묘사했다.[109] 또한 위의 신탁에서 보듯이, 소포클레스는 소크라테스와 에우리피데스처럼 아테네에서 지혜로운 자 중 하나이다. 이 신탁으로 소포클레스는 단박에 아이스킬로스와 아리스토파네스의 비극 동맹 사슬에서 풀려나와 소크라테스와 에우리피데스와 더불어 아테네 지혜의 삼총사, 무언가를 아는 삼총사가 되었다.

여기서 질문을 던져 보자. 왜 소포클레스는 양쪽에서 다 자신의 편으로 끌어들이려 하는가? 소포클레스의 어떤 점 때문에 양쪽은 다 자기 편으로 끌어들이는가? 소포클레스가 가지고 있는 상징성 때문이다. 소포클레스는 여러 측면에서 아이스킬로스와 에우리피데스의 중간에 서 있다. 소포클레스는 비극 발전의 결과인 동시에 쇠퇴 지점에 서 있다. 아리스토텔레스가 그 '중간'이 무엇인지 대답해 준다. 그 중간에서 땅으로 내려가거나 왼쪽으로 가면 아이스킬로스와 니체의 편에 서고, 하늘로 올라가거나 그 오른쪽으로 가면 소크라테스와 플라톤으로 간다.

니체는 소포클레스를 내용적 측면에서 '수동적 영웅'을 표현한 자로 평가했다. 고통스러운 운명에 굴하지 않고 뚜벅뚜벅 제 삶을 살아가다 마침내 모든 사람들에게 존경받는 자, 종교에 의지하지 않고도 구원을 받을 수 있는 인물의 전형이 오이디푸스이다.

니체는 소포클레스의 음악적 특징을 높이 샀다. "코로스는 배우의 한 사람이며, 코로스 역시 전체의 한 부분이 되어 극의 행동에 참가하는 자이다."[*110] 비극에서 합창가무단이 차지하는 역할을 중시하는 니체의 입장에서 소포클레스는 코로스를 마지막으로 애면 글면 유지한 자이다.(반면 소포클레스는 고전적 합창가무단의 역할이 무너지는 지점이기도 하다. 니체는 14장 5절에서 이를 다룬다.)

반면 소크라테스와 플라톤은 소포클레스를 호메로스와 유사하게 선인을 모방하는 자로 평가한다.[*111] 그들은 소포클레스가 전승되어 온 무서운 이야기를 올바르게 사용했다고 평가한다. 예컨대 소포클레스는 오이디푸스가 아버지를 살해하고 어머니와 근친상간을 맺는 죄를 짓는다고 묘사할 때, 고의적으로 또는 의식적으로 행한 게 아니라 나중에 이를 발견하게 되었다는 것이다.[*112] 즉, 인간이라면 의식적으로 이런 일을 하지 않는다고 소포클레스는 확신했을 것이라고 소크라테스와 플라톤은 생각했다.

소크라테스와 플라톤은 소포클레스가 현재의 살아 있는 인간이 아니라 '당위적으로 존재하는 인간men as they ought to be', 이상적인 인간을 그려 냈다'[113]는 점을 높이 평가한다.

마지막으로 소포클레스는 소크라테스와 플라톤이 그토록 중시한 한마디로 '아는 자'의 전형이다. 예컨대 소포클레스의 『안티고네』 주인공 안티고네가 '반역을 저지른 자는 묻지 말라.'라는 크레온 왕의 명령을 거부하고 오빠 폴리네이케스를 묻어 주며 '신법이 인간의 법을 능가한다.'고 말한 장면을 보자.'[114]

> 안티고네 : 맞습니다. 제우스가 그러한 법령을 나에게 알려 주지 않았습니다.
> 그리고 지하에서 신들과 함께 사는 정의의 여신도
> 인간들에게 그런 법을 내지 않았습니다. 저는
> 당신이 선포한 어떤 법이 필멸의 인간이
> 신들과 글로 쓰지 않았지만 변하지 않는 신들의 법을
> 무시하도록 허락할 만큼 강력하다고 생각지 않습니다.
> 이 법들은 어제 또는 오늘을 위한 정의로운 것이
> 아니라 영원히 존재하며, 이 법이
> 처음 어디에서 출현한지 아무도 모릅니다.'[115]

영원히 변하는 않는 법, 모든 인간을 초월하는 법, 언제 어디서 출현했는지 모르지만 인간의 곁에 항상 존재하며 절대 기준으로 작용한 법을 아는 소포클레스의 안티고네는 소크라테스와 아는 자, 지혜로운 자와 다름없으며, 플라톤의 이데아를 아는 자이다.

소포클레스의 비극을 둘러싼 아이스킬로스와 아리스토파네스

대 에우리피데스의 문학 전쟁과, 소포클레스의 업적을 둘러싼 니체 대 소크라테스와 플라톤의 철학 전쟁은 끝나지 않았다. 소포클레스를 둘러싼 고대의 전쟁은 현재에도 전투의 한복판에 있다. 니체는 소크라테스, 에우리피데스, 플라톤의 사슬로부터 소포클레스를 다시 끌어왔고, 프로이트는 소포클레스를 인간 욕망 분석의 최전선으로 끌어낸다. 인간해방 철학을 지향하는가와 인간억압 철학을 지향하는가는 소포클레스를 어떻게 받아들이느냐에 달려 있다.

3. 새로운 문화, 예술, 도덕의 선구자

소크라테스는 앎과 통찰에 대한 저 새롭고도 파렴치한 존경을 날카로운 말로 표현했다. 그 말이란 소크라테스는 자신은 **아무것도 알지 못한다**고 고백한 유일한 자라는 것이다.[1] 소크라테스는 분기점이 될 아테네 두루 걷기를 하면서 정치인, 연설가, 시인 그리고 예술가 들과 대화하면서 알고 있다는 자부심을 만났을 때 이 말을 했다. 소크라테스는 저 모든 명망가들이 자신의 사명Beruf에 대해 올바르고 확실한 통찰이 없다는 것, 그 사명을 본능Instinkt으로 추구한다는 것을 알고서 깜짝 놀랐다.[2]

우리는 '단지 본능만으로'라는 말로 소크라테스적 경향의 영혼과 핵심을 다룰 것이다. 소크라테스주의는 이 말로 현존 예술과 현존 윤리에 대해 유죄 판결을 내린다.[3] 소크라테스는 평가의 시선을 어디로 돌리든 통찰의 결여와 망상의 힘을 보았으며, 통찰의 결여로부터 현존하는 것이 내적으로 불합리하며 비난받을 만하다는 결론에 도달한다. 소크라테스는 이러한 단 하나의 관점으로 현존하는 것을 수정해야만 한다고 믿었다.

유일한 자인 그는 경멸과 우월을 표정으로 짓고서 전적으로 다른 문화, 예술 그리고 도덕의 선구자로서 세계 속에 출현했다. 경외감을 갖고 있는 우리는 그 귀퉁이라도 잡으면 엄청난 행운으로 여긴다.[4]

1. 소크라테스를 '파렴치하다unerhört'라고 말하면 좀 이상할지 모른다. 하지만 맞는 표현이다. 왜냐하면 소크라테스는 '앎'과 '통찰'이 중요하다고 역설하는데, 본인은 정작 '아무것도 알지 못한다'라고 공언했기 때문이다.

소크라테스는 정치인을 만났을 때 "내가 알지 못하는 것들을 내가 알고 있다고 생각하지도 않는다.", 시인들을 만났을 때 "제가 정치인들보다 더 뛰어났던 것과 똑같은 바로 그 점에 있어서 이들보다도 제가 더 뛰어나다고 스스로 생각하면서", 장인을 만났을 때 역시 "훌륭한 장인들 또한 시인들도 지니고 있는 것과 똑같은 잘못을 지니고 있는 것으로 제게 여겨졌거니와"라고 말한다.[*116] 정치인, 시인, 장인은 알지도 못하면서 아는 척하는 반면에 소크라테스 자신은 모르는 것을 알고 있다는 점에서 현명하다는 게 소크라테스적인 앎이다.

소크라테스 자신은 아무것도 모름을 알고 있기 때문에 앎과 통찰에 대해 잘 알고 있다는 것은 궤변일 뿐이다. 소크라테스는 자신이 '모른다'는 것을 알고 있을 뿐, 다른 것은 여전히 모르기 때문이다. 그럼에도 소크라테스는 알고 있다고 강변한다. '파렴치한'이란 번역어가 나온 이유이다.

2. 소크라테스가 배심원들 앞에서 변명하는 과정 중에 나온 내용이

다. 소크라테스가 시인을 만난 후, 시인은 소질과 영감에 의해 시를 짓는다고 말했으며, 장인은 '제가 모르는 것을 알고 있었'지만 '중대한 다른 일'을 알고 있는 것처럼 여긴다고 말한다.

하지만 소크라테스는 변명하는 과정 중에 정치인이 어떤 잘못이 있는가를 구체적으로 지적하지 않는다. 소크라테스는 자신을 고발한 사람들 중 한 명인 정치인 아니토스를 지적하며 '실은 그렇지 못하다는 것(정치인이 지혜롭지 못하다는 것—옮긴이)을 밝히어 보이려고 했다.'고 말한다. 이 때문에 소크라테스 자신은 고발과 고소를 당해 법정에 끌려 나왔다고 주장한다. 정치인이 소크라테스를 고소하는 구체적인 내용은 『메논』 92a~96a에서 나온다.

소크라테스를 고소한 아니토스는 유명한 정치인들인 테미스토클레스나 페리클레스가 정치를 잘했다고 평가한다. 소크라테스는 정치를 잘하는 최고의 정치인이라면 '훌륭함'이나 '탁월함'을 잘 알고 있으며, 그 때문에 시민들을 지도하거나 통치하는 자일 것이라고 주장한다. 하지만 그런 위대한 정치인들이 자신의 자식들을 잘 교육시켰는가라고 소크라테스는 아니토스에게 되묻는다. 테미스토클레스나 페리클레스 같은 위대한 정치인들이 자식 교육을 잘못시켰다면, 정치인이 알고 있다고 자부하는 탁월함이나 훌륭함은 진정하지 않다는 결론이 나온다라고 소크라테스는 말한다.

테미스토클레스와 페리클레스의 자식들은 말타기나 음악에서 출중했지만 다른 부분에서는 두각을 나타내지 못했다. 소크라테스는 이러한 사실을 지적하며 비아냥거린다. 즉, 자식 교육을 잘 시키지 못한 그 두 정치인은 정치가 무엇인지 알지 못하는 자인데도 정치를 알고 있다고 떠벌리는 거짓 연설가들이라고 소크라테스는 말

법정에 선 소크라테스 (1750년, 미국 의회 도서관 소장)

한 것이다.

소크라테스는 정말 얼마나 궤변가인가? 정치인이 자식 교육을 잘 시키지 못하면 앎을 알지 못한 것이라니……. 소크라테스 본인은 자식을 얼마나 잘 교육시켰는가? 소크라테스의 자식이 정말 교육을 잘 받았다는 이야기를 들어 본 적 있는가? 없지 않는가! 자신의 부인 크산티페의 손에 안겨 있는 자식을 두고서 죽는 것은 정말 아는 자의 행동인가? 소크라테스가 자식을 잘 교육시키지 못했다면 소크라테스 자신도 정말 철학을 알지 못하는 자가 아닌가?

소크라테스의 궤변은 논리적으로 이렇다. 정치인은 정치를 알지 못하며, 시인은 자신이 쓴 시를 알지 못하며, 장인은 만든 것을 넘어 주제넘게 모든 것을 다 알고 있다고 자부한다. 하지만 그들이 알고 있는 것은 알고 있는 게 아니다. 그들이 알고 있는 것은 진정한 앎이 아닌 '본능적으로' 알고 있는 어떤 것이다. 특히 창작하는 시인은 본능적으로 알고 있는 것의 전형이다. 소크라테스는 이런 방식을 알고 있는 자는 알고 있는 자가 아니라고 논박했다.

3. 본능에 의해 창작된 모든 예술과 본능에 근거한 모든 윤리는 유죄라는 게 소크라테스의 논리이다.

4. 소크라테스가 주장한 내용의 한 끝자락이라도 잡으면 모두 좋아 날뛴다는 뜻이다. 그만큼 소크라테스의 영향은 크고 깊다는 뜻이기도 하다.

다시 보기

소크라테스의 궤변을 더 다루어 보자. 잘 아는 자 소크라테스는 자식 교육을 잘 시켰는가? 소크라테스 역시 자식 교육을 잘 시키지 못했다. 만약 소크라테스가 자식 교육을 잘 시켰다면, 소크라테스 자식들은 적어도 소크라테스에 버금가게 또는 소크라테스보다 으뜸가게 유명해야 한다. 우리는 소크라테스의 부인 이름을 들어 봤어도 소크라테스 자식은 이름조차 알지 못한다. 그렇다면 소크라테스는 훌륭함이나 탁월함을 아는 자가 아니다. 소크라테스는 그저 아무것도 알지 못한다고 솔직하게 고백한 자일 뿐이다.

소크라테스는 아무것도 알지 못한다. 정치인, 시인, 장인은 '본능만으로' 말하고 실천한다. 아무것도 알지 못하는 자와 본능만이라도 알고 있는 자 둘 중에 누가 더 나은가? 본능만에 의한 앎을 아는 자가 훨씬 더 훌륭하다. 그는 시민과 대중과 나라를 위해 정치하는 정치인이다. 그는 서사시와 서정시, 비극과 희극 등으로 시민과 대중을 기쁘고 행복하게, 때로는 슬픔의 위안을 전한다. 그는 모방해서 인간에게 필요한 물건을 만들고 예술품으로 보는 즐거움을 전달하는 장인이다.

아무것도 모르는 자인 소크라테스는 어떤 똥배짱으로 '본능만으로' 앎을 알고 있는 자들보다 우월하다고 말하는가? 아니, 우월하다고 자부하는가? 인간과 관련된 근본 질문이 나온다. 소크라테스는 아무것도 모른다고 했다. 그는 자신이 밝힌 것처럼 이전의 자연철학을 학문적 무능력 때문에 포기했다. 당연히 그는 자연에 대해 아무것도 알지 못한다. 그리고 그는 방향을 틀어 모든 것을 규정하고, 모든 것을 창조하는 '정신'을 연구했다. 하지만 그는 아무것도 모른다고 했으므로, 정신에 대해서도 역시 '아무것도 모른다'.

이 두 가지 사실로 미뤄 본다면, 소크라테스는 '자연'과 '정신'에 대해서 아는 것이 아무것도 없는, 이성적인 사유나 이성에 근거한 활동이 불가능한 존재이다. 소크라테스는 합리적인 이성의 발명자도, 지적인 이성을 철학적으로 끌어들인 자도 아니다. 소크라테스에게 이성이란 애초부터 존재하지 않았고, 소크라테스는 후천적으로도 이성을 얻으려는 노력도 하지 않은 자이다.

그렇다면 소크라테스가 아는 것은 도대체 무엇인가? 아무것도 알지 못한다는 것만 아는 외골수이다. 그런 소크라테스가 무엇 때문에 본능만으로 아는 자와 본능만으로 행위하는 자보다 우월할 수 있는가? '아무것도 알지 못한다'의 반대는 '모든 것을 다 안다'이다. '모든 것을 다 안다'는 존재가 있고, 그 존재가 '아무것도 알지 못한다'는 소크라테스에게 행동 지침을 내린다면 어떨까?

아무것도 모르는 천치 바보 소크라테스는 모든 것을 다 아는 존재의 명령을 따르기만 하면 된다. 모든 것을 다 아는 존재가 바로 그 유명한 소크라테스의 '다이몬'이다. 저 다이몬이 바로 인간이 어떻게 살아야 하는지를 소크라테스를 통해 알려 준다.

소크라테스는 누구인가? 소크라테스는 누군가의 조정을 받는 기이하고 괴상망측한 자이다. 소크라테스는 그 누군가의 명령에 맹목적으로 복종하는 자이다. 소크라테스는 신장개업하는 가게 앞에서 바람이 부는 방향대로 춤을 추는 광고용 허깨비이자 허풍선이이다.

4. 그리스적 본질을 전면 부정한 유일한 자

소크라테스에 직면하여 고대의 이처럼 의심스러운 현상의 의미와 의도를 알아보려는 우리를 번번이 사로잡고 우리를 늘 거듭해서 자극하는 엄청난 질문거리는 바로 이것이다.

확실히 호메로스와 핀다로스와 아이스킬로스로서, 피디아스로서, 페리클레스로서, 피티아와 디오니소스로서, 우리가 놀랍도록 숭배하는 가장 심오한 심연이자 가장 높은 고귀함으로서 존재하는 그리스적 본질을 하나의 개인으로서 감히 부정하려는 저자는 누구인가?[1]

이러한 마법의 술을 인간적인 일Staub에 대담하게 쏟아붓게 한 것은 어떤 악마적인 힘인가?

인간들 중 가장 고귀한 자들로 이루어진 영혼의 합창가무단에게 다음과 같이 소리쳐 알리도록 했던 것은 어떤 반신半神인가?

슬프도다! 슬프도다!

당신은 강력한 주먹으로 이를,

이 아름다운 세계를 파괴했도다.

세계는 무너지고, 세계는 부서졌노라!'[117]

1. 호메로스(서사시 작가), 핀다로스(합창시 작가), 아이스킬로스는 문학의 세계이며, 피디아스(파르테논 신전을 재건한 조각가)는 조각의 세계이며, 페리클레스는 정치의 세계이며, 피티아(델포이 신전의 아폴론의 신탁을 전해 주는 자)와 디오니소스는 종교의 세계를 대표한다. 이들은 고대 그리스의 언어미, 조각미, 정치, 종교(윤리)를 대표하는 자들이다. 니체는 소크라테스가 '일당백' 전사로서 고대 아테네의 기존 모든 고귀한 가치와 전투를 벌이고, 그 가치들을 단숨에 전복했음을 보여 준다.

다시 보기

위 단락은 소크라테스와 그의 영향력이 얼마나 강력한가를 점층적으로 표현했다. 소크라테스는 다양한 분야에서 아름답게 피어난 그리스적 본질을 훼손했다. 소크라테스의 힘은 모든 사람을 취하게 만드는 마법의 술로 악마적인 힘으로 인간 세상을 지배한다. 마침내 소크라테스는 기존의 모든 인간이 만들어 내는 문화세계를 완전히 절멸시켰다.

니체의 눈에 소크라테스는 어떻게 보이는가? 괴테의 『파우스트』에 나오는 악마 메피스토펠레스처럼 나타난다. 메피스토펠레스는 자신의 조무래기 정령들을 통해 세상을 멸망시키는 자이다. 소크라테스는 자신 이전에 존재하던 기존의 모든 가치를 완전히 부정하고 절멸시켜 버리는 파괴자이다.

니체의 눈에 소크라테스는 어떻게 나타나는가? 절대신은 모든 신화에서 나타나는 세상을 창조하는 자이다. 그는 자신이 원하는 대로 땅과 하늘과 산과 강과 바다를 만들고, 자신이 원하는 대로 인간을 창조한다. 소크라테스 역시 창조자이다. 그는 자신이 원하는 대로 문화를 만들고, 자신이 원하는 대로 주물럭거려 윤리적인 인간과 도덕적인 인간을 만든다.

소크라테스는 절대 악당이자 절대 악의 창조자이다. 니체는 이런 소크라테스를 정면 공격한다.

5. 창조적이고 긍정적인 본능의 살해

'소크라테스의 다이몬Dämonion'으로 설명되는 저 놀라운 현상은 우리에게 소크라테스의 본질에 대한 하나의 열쇠를 제공한다.[1] 소크라테스는 자신의 엄청난 오성이 흔들리는 특수한 상황에 처하게 되면, 그 순간 울려오는 신적인 목소리를 통해서 하나의 확고한 근거를 얻는다.[2] 이 목소리가 울려오면, 이 목소리는 경고하고 금지시킨다.[3] 본능적 지혜는 이처럼 완전히 비정상적인 사람에게서만bei dieser gänzlich abnormen Natur 의식적 인식을 때때로 **방해하며 맞서기 위해서** 출현한다.[4]

모든 생산적인 인간에게서 본능Instinkt은 창조적이며 긍정적인 힘인 반면, 의식은 비판적이며 금지적인 힘으로 행동한다. 이와 반대로 소크라테스에게서 본능은 비판가이고 의식은 창조자이다.[5]—**결함에 의해 만들어진**per defectum 진정한 괴물! 그리고 우리는 또한 여기서 저 신비한 속성의 기괴한 결점defectus을 알게 된다.

신비주의자에게서 저 본능적 지혜instinktive Weisheit가 발전하는 것과 마찬가지로 특수한 **비신비주의자로서** 소크라테스는 논리적 본성logische Natur이 지나치게 발전Superfötation해 있다는 것을 알게 된다. 하지만 다른 한편에서 본다면 소크라테스에게서 나타난 논리적 충동logische Triebe은 자기 자신을 거부하는 것이 허용되지 않는다.[6] 우리가 모든 거대한 본능적instinktiven 힘 속에서 자연의 힘에 섬뜩하게 놀라면서 마주치듯이, 논리적 충동은 이러한 고삐 풀린 탁류에서 하나의 자연의 힘으로 나타났다.[7]

플라톤의 저서들 속에서 소크라테스적인 삶 방향의 저 신적인 소박성과 확실성의 숨결을 느낀 사람이라면,[8] 그는 또한 논리적 소크라테스주의[9]라는 무서운 톱니바퀴가 마치 소크라테스의 **배후**에서 작동하고 있다는 것, 그리고 이것이 그림자와 마찬가지로 소크라테스를 관통하여 처음부터 끝까지 관찰된다고 느낀다. 소크라테스가 이러한 상황을 알고 있었다는 것은 그가 신적인 소명을 도처에서 그리고 배심원들 앞에서도 주장했던 당당한 진지함에서 명백하게 드러난다.[10]

이 점에서 있어서 소크라테스를 부정하는 것은 본능을 해체하는 그의 영향력을 시인하는 것만큼이나 근본적으로 불가능하다. 소크라테스가 그리스 국가의 법원에 끌려갔을 때, 이처럼 해결할 수 없는 갈등 상황에서 유일한 판결의 형식인 추방이 요구되었다. 만약 사람들이 소크라테스를 완전히 수수께끼 같은 어떤 자, 이름 붙일 수 없는 어떤 자, 설명할 수 없는 어떤 자로 국경 너머로 쫓아낼 수 있었다면, 어떤 후세인들도 아테네인들의 부끄러운 행위를 정당하게 나무라지 못했을 것이다.[11]

하지만 소크라테스에 대해서 추방이 아니라 죽음이 언도되었다. 소크라테스는 죽음 앞에서 자연스러운 공포를 느끼지 않고 완전히 명료하게 이 죽음을 관철시킨 것처럼 보인다.[12] 소크라테스는 아주 편안하게 죽음 속으로 걸어갔다.[13] 플라톤의 묘사에 따른다면 술꾼들 중 마지막 남은 자가 이른 새벽에 새로운 날을 시작하기 위해서 향연을 떠나듯이 소크라테스는 떠났다.[14]

소크라테스가 떠난 뒤, 의자와 바닥 위에는 잠든 술꾼들이 진정한 에로스주의자[15]인 소크라테스를 꿈꾸기 위해서 남아 있었다. **죽어 가는 소크라테스**는 고상한 그리스 청년들에게는 전혀 새로운, 지금까지 보지 못했던 이상이었다. 누구보다도 전형적인 그리스 청년이었던 플라톤은 자신의 몽상가적 영혼을 열정적으로 던져 버리고 이 형상 앞에 엎드렸다.[16]

1. 다이몬Dämonion은 곧 소크라테스의 전부이자 핵심이자 고갱이라는 뜻이다. 소크라테스를 이해하고 싶다면, 소크라테스가 어려움에 처할 때마다 들었다고 말하는 다이몬을 알아야 한다는 뜻이다. 다이몬 이외에 소크라테스를 잘 이해할 수 있는 또 다른 것은 없다고 니체는 선언한다.

2. 소크라테스에게 다이몬이 출현하는 시기와 그 형상을 설명한 문장이다. 니체는 다이몬이 출현하는 시기는 이성이 아니라 '오성이 흔들릴 때'라고 못 박았다. 오성은 앞에서 설명했듯이 도덕적 판단, 윤리적 판단 등을 의미한다. 소크라테스가 도덕적으로, 윤리적으로, 종교적으로 판단을 하지 못하거나 혼란을 겪을 때 다이몬의 가르침을 받았다는 뜻이다.

소크라테스는 이 다이몬이 '소싯적에' 나타나기 '시작'[118]했으며, '수시로'[119] 출현하며 '이전에는 아주 자주'[120] 나타났다고 말한다. 다이몬의 출현 시기, 빈도 등으로 미뤄 본다면 소크라테스와 다이몬은 떼려야 뗄 수 없는 사이이다.

소크라테스는 다이몬이 '다른 이에게도 나타나겠지만, 이전 사람들 중엔 누구에게도 나타난 일이 없었'[121]다고 말한다. 소크라테스는 자신 이전에는 다이몬을 만난 사람이 없지만, 자신 이후 철학하는 소수의 사람들에게는 다이몬이 나타난다고 생각한다. 즉, 소크라테스는 다이몬을 만난 최초 인간이며, 자신을 따라 진정한 철학적인 사유를 하는 자는 다이몬을 만나게 되며, 다이몬의 현명한 조언 덕분에 인생을 잘 살 수 있다는 뜻이다.

다이몬은 어떻게 생겼는가? 소크라테스는 다이몬이 일종의 '영적인 것', '신령한 것', '신적인 것'이며 '일종의 소리'라고 분명히 밝힌다. 『변론』 31c, 『크리톤』 54d, 『테아게스』 128~131e 등에서 소크라테스는 다이몬이 '목소리'로 들려온다고 말한다.

소크라테스에게 다이몬이 가장 먼저 나타난 예는 『에우티프론』 3b이다. 소크라테스는 '목소리'로 출현하는 다이몬의 이야기를 자주 해서 기존의 종교를 믿지 않는다는 소리를 듣게 되었으며 이 때문에 기소당했다고 말한다.

다이몬은 『변론』 31c~d에서 소크라테스에게 정치하지 말라고 금지시켰으며, 40a 이후에서 소크라테스가 법정에 가면 재판을 받아 죽을 것이 분명함에도 불구하고 말리지 않았다. 다이몬은 『크리톤』 54d에서 소크라테스가 다른 나라로 탈출할 수 있지만 탈출하지 말라고 말한다.

이외에도 다이몬은 주로 소크라테스가 윤리적 판단이 불가한 상황에 처하면, 목소리로 나타나서 방향과 길을 제시했다. 소크라테스는 다이몬의 목소리가 들려오면, 그 목소리가 내는 명령을 무조건 따라 행동했다.

우리 식으로 이해하면, 평범한 사람의 입장에서 생각한다면, 귀에 어떤 소리가 들려온다면, 그는 미친 사람이다. 그 당시 아테네 사람들이 소크라테스를 이상하거나 기이한 사람으로 보았던 것은 이 때문이다.

3. 다이몬의 기능에 관한 내용이다. 다이몬이 소크라테스의 행동에 어떤 영향을 미쳤는가를 설명한 내용이다. 소크라테스에게 다이몬의 가장 1차적인 기능은 금지이다. 다이몬의 소리가 들려오기 시작하면, 소크라테스는 다른 사람의 목소리나 자신 내면에서 발생하는 또 다른 소리를 전혀 듣지 못한다. 다이몬의 강력한 목소리가 소크라테스의 얼을 빼놓고, 다른 생각을 할 여지를 가로막는다.

> 나는 이런 말들이 들려오고 있다는 생각이 들어. 마치 코리바스 같은 열광 상태에 빠진 사람들이 아울로스들의 소리가 들리는 것으로 생각하듯이 말일세. 또한 이런 말들의 바로 그 소리가 내 안에서 윙윙거리고 있어서 다른 것들은 들을 수가 없게 만들고 있네.[122]

디오니소스 축제 참가자들은 축제 때 커다란 북소리와 아울로스 소리를 들었다면, 축제의 장을 떠나도 그 소리가 마치 귀에서 들리는 것처럼 느낀다. 공연장에서 커다란 음악 소리를 듣고 난 뒤의 상태도 이와 똑같다. 소크라테스는 다이몬의 목소리가 들리기 시작하

소크라테스와 다이몬 (외젠 들라크루아, 1838
년, 부르봉 궁전 도서관 소장)

면, 마치 디오니소스 축제에 참석한 자보다 더 심하게 다른 소리를
들을 수 없는 망아 상태가 되어 버린다.

소크라테스의 귀에 들리는 다이몬의 목소리는 대부분 '하지 마!'
라는 금지를 명령한다. 금지는 두 가지 영역에서 나타난다. 하나는
소크라테스 자신의 행동과 관련된 금지이고, 다른 하나는 소크라테
스를 넘어 소크라테스와 접하는 사람들의 행동까지 금지하는 경우
이다.

다이몬은 『변론』 31c~d에서 소크라테스에게 정치를 '하지 마'라
고 금지한다. 다이몬은 『변론』 40a~41a에서 '제가 무엇인가를 잘못
할 것 같기만 하면, 아주 사소한 일들의 경우에서조차도, 반대하고
나서'는 존재이다.

『파이드로스』에서도 다이몬은 극적인 금지를 보여 준다.

내가 막 강을 건너가려 하는데, 으레 내게 등장하는 신묘한 존재의 증후가
나타났고, ─그때마다 그건 내가 하려는 것을 막는다네. ─내가 신적인 존재
에게 어떤 잘못을 저질렀다 하여 속죄하기 전에는 떠나지 못하게 ······

『알키비아데스』103a에서 소크라테스는 미소년 알키비아데스를 무척 좋아했지만 만나지 못했다. 그 이유는 다이몬이 소크라테스에게 미소년 알키비아데스를 만나지 말라고 금지했기 때문이다. 그이후 소크라테스가 알키비아데스를 만날 수 있었던 것도 다이몬의 더 이상 '하지 마', '만나지 마'라는 금지를 하지 않았기 때문이다.

> 다른 이들은 성가실 만큼 자네에게 말을 걸어왔지만 나는 몇 해가 돼도 말 한마디 건네지 않았지. …… 일이 이렇게 된 건 인간적인 탓이 아니라 일종의 신령스런 가로막음 탓이었네. …… 그렇지만 지금은 그것이 더 이상 날 가로 막지 않기에 이렇게 자네한테 와 있는 것이네. 그리고 나는 앞으로도 그것이 날 가로막지 않을 것으로 낙관하고 있네.

4. 다이몬에 대한 평가이다. 즉, 니체가 소크라테스의 다이몬을 어떻게 바라보는가를 설명한 문장이다.

'본능적 지혜die instinktive Weishet'는 다이몬을 말한다. '본능적'은 다이몬이 이성적인 사유나 합리적 사유에서 발생하는 것이 아니어서 마치 우리가 알고 있는 본능처럼 목적을 달성하기 위해서 맹목적이고 저돌적이며 헌신적이란 뜻이다. '지혜'는 다이몬이 전달하는 내용이 주로 '금지'와 관련되어 있다는 점, 이 금지는 주로 윤리적이고 도덕적이며 종교적인 내용이어서 지식이 아니라는 뜻이다.

'이처럼 완전히 비정상적인abnormen 사람에게서만'은 소크라테스 또는 소크라테스와 같은 자를 지칭한다. 니체는 소크라테스를 '비정상적인', '미친', '병적인' 사람으로 취급한다. 니체는 소크라테스를 '완전히' 미친놈 정도로 바라본다.

아스파시아의 품에서 알키비아데스를 떼어 놓는 소크라테스 (장 밥티스트 르뇨, 1785년)

'의식적 인식bewußten Erkennen'은 인간이 이성적으로 사유할 때 나타나는 것이다. 의식적 인식은 합리적이고 보편타당한 가치 기준에 의거한 사유의 상태를 말한다.

'본능적 지혜'에 심취하는 자는 미친 자이거나 비정상적인 사람이며 '의식적 인식'을 하는 자는 보통의 평범한 인간을 말한다. 다이몬은 인간의 합리적인 사유나 이성적인 판단을 완전히 불신하고, 자신의 목소리에만 따르라고 명령한다. 니체에 따르면 다이몬의 말이라면 맹목적으로 믿고 따르며, 다이몬의 말에 헌신하는 소크라테스는 본능적 지혜에 심취한 '완전히 미친놈'이다.

그 전형적인 예는 목숨을 버리고서 죽여 달라고 배심원에게 호통치고 야단치는 소크라테스의 모습이다. 또 다른 예는 자식과 부인을 위해 탈출하고, 자신의 사상을 전파하기 위해 살아남는 것이 중요하다고 역설하는 크리톤의 말을 뿌리치고, 다이몬이 명령한다고 탈출하지 않는 소크라테스의 모습이다. 이 외에도 '완전히 미친놈'

으로서 소크라테스의 모습은 많다. 이에 대해서는 13장 전체 다시 보기에서 다룬다.

5. 생산적인 인간은 창조적인 작업을 수행하는 예술가를 말하고, 정반대 지점에 있는 인간은 소크라테스와 같은 인간으로 창조된 예술에 트집 잡는 비판가나 비평가를 말한다. 양 진영의 인간에게 본능과 의식은 서로 다른 역할을 한다. 표로 만들면 아래와 같다.

6. 이 문장은 소크라테스가 논리적 충동을 무조건 따라 사유하고 행동했다는 뜻이다. 이 점에서 소크라테스는 '결함에 의해 만들어진 기괴한 괴물'이다. 소크라테스가 기괴한 괴물인 이유는 신비주의자인 동시에 특수한 비신비주의자이기 때문이다. 신비주의자로서 소크라테스는 다이몬의 지배를 받는 상태를 말하며, 특수한 비신비주의자로서 소크라테스는 다이몬의 지배를 받지 않는 상태, 이성과 사유에 의해 살아가는 자이다. 특수한 비신비주의주의자로서 소크라테스는 윤리적이고 도덕적인 다이몬의 지배를 받지 않고 있을 때 지독할 정도로 이성적이며 지나치게 냉정할 정도로 합리적이다.

'논리적 본성'은 특수한 비신비주의자를 나타내는 말로, 신비주의자를 뜻하는 '본능적 지혜'와 대립되는 말이다. '논리적'이란 말은 소크라테스가 일상생활이나 대화를 할 때 이성적이며 합리적으로 한다는 뜻이며, '본성'은 이성적이며 합리적인 사유가 뼛속 깊이 각

	본능	의식
생산적인 인간	창조적 / 적극적	비판적 / 금지
소크라테스 같은 인간	비판적	창조적

인되어 있는 걸 보여 준다.

왜 소크라테스는 기괴한가? 논리적 충동에 의해서만 행동하기 때문이다. 인간은 대개 본능이나 본성에 충실한 감정적 인간, 도덕이나 윤리에 질곡되어 순응하며 살아가는 도덕적 인간, 지나칠 정도로 냉정한 합리적 사유의 이성적 인간으로 나눌 수 있다. 하지만 이 세 유형은 한 인간에게서 어느 정도 혼융되어 상호 균형을 이루며 나타난다. 대다수 인간은 이성적인 동시에 감정적이며, 본능에 충실하면서도 윤리적인 판단을 존중하고 살아간다.

소크라테스는 도덕을 본능화시키고, 이성을 본성화시켜서 인간으로서 본능적, 본성적 욕구를 완전히 절멸시킨 인간이다. 지나치게 이성적인 동시에 지나치게 도덕적인 인간의 결합물을 생각해 보자. 지나치게 이성적인 인간은 냉혈한이고, 지나치게 도덕적인 인간은 고지식한 자이다. 이 두 가지를 동시에 갖춘 인간이 존재한다면, 그는 분명 기괴할 수밖에 없는 괴물이 분명하다. 그는 자신이 옳다고 생각한 걸 실천하기 위해 수단과 방법을 가리지 않는 자이다. 니체는 이 점에서 소크라테스를 기괴한 괴물이며 결함과 결정을 가진 이상한 괴물로 간주한다.

7. 소크라테스에게 본능적 지혜는 거대한 자연의 힘과 같다. 소크라테스에게 논리적 본성 역시 거대한 자연의 힘과 같다. 해일과 태풍 그리고 폭우와 폭설 앞에서 인간은 무력하다. 자연의 압도적 힘을 이겨 낼 인간은 없다. 소크라테스의 본능적 지혜와 논리적 본성은 자연의 힘처럼 막강하게 소크라테스 그 자신을 압도하고 있다.

8. 소크라테스 죽음의 전체 과정을 묘사한 4부작을 한마디로 줄인 문장이다. 법정 앞에서 에우티프론을 만나 자신이 왜 기소되었는가

를 묻는 『에우티프론』, 소크라테스 자신은 아테네를 위해 좋은 일을 했지만 삶에 연연하지 않고 사형을 선택하겠다는 것을 도도하게 논증하는 『변론』, 감옥 수감 후 탈출을 권하는 크리톤에게 자신이 조국 아테네를 얼마나 사랑했으며, 그 조국을 배신하는 것이 얼마나 잘못되었는가를 지적하며 탈출을 거부하는 『크리톤』, 독미나리 약물을 마시면서도 사후세계가 철학한 자들에게 얼마나 좋은 곳인지, 육체의 감옥을 떠난 영혼이 얼마나 소중한 것인지, 어린 자식들과 어린 부인의 안위보다 마지막까지 제자들에게 철학적 사유의 향연을 보여 주며 죽음으로 뚜벅뚜벅 걸어 들어가는 『파이돈』을 보라. 소크라테스가 자신의 철학적 삶에 얼마나 강한 확신을 가지고 죽음에 임했는가! 플라톤이 그린 죽음에 직면한 소크라테스의 모습은 인간의 모습이 아니라 신 그 자체의 모습이다.

9. 소크라테스와 소크라테스주의는 전혀 다르다. 마치 마르크스와 마르크스주의가 다르고, 마오쩌둥과 마오이즘이 다른 것과 마찬가지이다. 소크라테스주의는 소크라테스에서 비롯되었지만, 소크라테스 본인도 제어하거나 통어할 수 없는 어떤 실체이다. 마치 마르크스가 마르크스주의를 마음대로 못하고, 마오쩌둥이 마오이즘을 마음대로 못하는 것과 마찬가지이다.

소크라테스주의는 소크라테스가 만든 것이 아니라 소크라테스를 따랐던 추종자들, 그 중에서도 특히 플라톤이 바라본 소크라테스이다. 플라톤이 소크라테스를 교조화시켜 우리에게 전달한 것이 '소크라테스주의'이다.

플라톤의 도덕론 중에는 플라톤에 속하는 것이 아니라 다만 그의 철학에서만 발견되는 어떤 것이 있다. 사람들은 플라톤임에도 불구하고 특히 소크라테스주의라고 부를 수 있다. …… 플라톤은 자신 스승의 교리에다 세련되고 고상한 어떤 것, 특히 자기 자신을 넣어 해석하기 위해서 모든 짓을 다했다. 모든 해석자 중에서 가장 뻔뻔한 자인 플라톤, 대중음악과 민요처럼 거리에서 전체 소크라테스를 끄집어낸 플라톤은 이를 끊임없이 그리고 실행할 수 없도록 변화시키려 했다. 특히 플라톤은 소크라테스의 모든 것에 자신의 가면과 다양성을 덧씌웠다. 농담조로 말한다면, 호메로스식으로 덧붙인다면, '앞에도 플라톤, 뒤에도 플라톤, 가운데는 키메라'가 아니라면 플라톤적인 소크라테스란 무엇인가?'[123]

키메라는 괴물이다. 머리와 다리는 사자, 몸통과 목 근처 머리는 염소(산양 또는 양), 꼬리는 뱀(이무기 또는 용)으로 만들어진 상상의 괴물이 키메라이다. 우리가 아는 소크라테스는 소크라테스에 의한 소크라테스가 아니라 플라톤이 자신의 목적과 이념에 맞게 전달한 키메라 소크라테스이다. 소크라테스라는 괴물이다.

플라톤은 소크라테스의 일생뿐만 아니라 죽음마저도 미화시켰다. 플라톤에 의해 규격화된 소크라테스 안에서 소크라테스는 옴짝달싹할 수 없다. 오로지 극작가 플라톤만이 배우 소크라테스의 말과 행동을 규정한다. 소크라테스는 플라톤의 명령에 따라 연기하는 소크라테스에 지나지 않는다. 이것이 우리가 알고 있는 소크라테스주의이다. 니체는 플라톤에 의해 규격화된 소크라테스주의를 다음과 같이 명제화해서 설명한다.

소크라테스주의는 **첫째**, 영혼의 진지한 수용의 지혜이며

아레초의 키메라 (기원전 400년, 아테네 국립 고고학 박물관 소장)

둘째, 비논리적 일반화에 기인한 두려움과 증오로서 과학이며

셋째, 의식적이며 논리적으로 정확한 행위를 요청하는 독특한 어떤 것이다.

그 결과 과학과 윤리적 삶의 손상이 발생한다.[124]

소크라테스주의란 무엇인가? 소크라테스주의는 육체가 영혼의 감
옥이라는 육체와 영혼의 이분설을 바탕으로 영혼이 육체보다 중요하
다고 강조한다. 소크라테스주의는 영혼의 구원을 위해서 우리가 알고
있는 과학과 과학적 사실을 부정하거나 사실, 현실, 대상, 자연 등을
객관적으로 연구하는 과학을 두려움과 공포의 대상으로 바라본다. 소

크라테스주의는 과학이 영혼의 구원책이 되지 못하므로, 일상의 삶을 금욕, 절제, 규율화된 훈육을 통해 인간을 교정하여 사후 영혼을 구원하고자 한다.

소크라테스주의가 인간에게 가져오는 최종 결과는 무엇인가? 과학의 부정이다. 과학은 존재하지 말아야 하며, 이미 존재하고 있다면 빨리 제거되어야 한다. 또한 인간 욕망의 거부이다. 인간은 자신의 욕망과 욕구에 충실한 삶을 버리고 이상에 충실하게 살아야 한다. 인간 소크라테스를 제거하고 남은 것이 플라톤적인 괴물 소크라테스주의이다.

소크라테스주의는 언제 발생하는가? 소크라테스 이후인가? 아니다. 소크라테스 이전에도 다양한 형태로 존재했다.

소크라테스주의는 소크라테스보다 오래되었습니다.'[125]

소크라테스 이후에도 소크라테스주의는 다양한 양식으로 발흥한다. 소크라테스주의는 인간의 내면에 있는 여러 정신의 요소 중 하나이기 때문이다. 소크라테스주의는 이 모든 소크라테스주의의 원형일 뿐이다.

10. 소크라테스주의가 소크라테스 이면에서 작동하고 있다는 것, 소크라테스는 소크라테스주의의 톱니바퀴 중 하나에 지나지 않음을 지칭한 문장이다. 소크라테스가 주인공이 아니라 소크라테스주의가 주인공이며, 소크라테스는 배우에 지나지 않는다는 뜻이다. 이것이 잘 드러나는 사례로 소크라테스가 '신적인 소명'이라며, 다시 말하면 자신이 생각하고 의도하는 것이 아니라 신이 사주하고

명령한 것이어서 자신도 어쩔 수 없이 따라야 한다는 걸 들 수 있다.

　그 구체적인 사례는 앞에서 살펴본 다이몬이 명령한 것을 소크라테스가 따를 때이다. 다른 예는 소크라테스가 꿈속에서 신을 만나 죽은 뒤 좋은 곳에 간다고 확신한 경우이다.

　　이 밤에 내가 꾼 꿈을 근거로 해서 판단하는 걸세. …… 아름답고 잘생긴 여인이 소복을 하고서 내게로 다가와서는 나를 부르더니만 말한 것 같았어. '소크라테스여! 그대는 셋째 날에 비옥한 프티아에 이르리라.' 하고.[126]

또 다른 예도 있다.

　　그 꿈이란 실은 이런 것들이었기 때문일세. 지나간 나의 생애에 있어서 똑같은 꿈이 여러 차례에 걸쳐 내게 나타나서는, 그때마다 다른 모습을 보이기는 했지만, 똑같은 것들을 말하는 거야. '소크라테스여, 시가를 지어라, 그리고 이를 일삼아 하라.'고 말하는 거야.[127]

이후 소크라테스는 시를 지었다고 한다.

　'배심원들 앞에서도 주장했던 당당한 진지함'이란 소크라테스가 스스로 죽기를 각오하고 배심원들을 희롱하고, 놀리고, 야단치고, 윽박지르고, 혼내는 내용을 말한다. 『변론』은 죽기로 작정한 소크라테스 입장에서 자신의 정당성을 주장하는 내용이고, 배심원들 입장에서는 소크라테스에게 말 한마디도 못한 채 소크라테스의 연설과 강연을 듣는 내용이다. 실제로 『변론』을 보면, 소크라테스만 말할 뿐, 배심원은 어떤 말도 하지 않는다.

11. 소크라테스 당시의 아테네 사법 제도는 우리가 현재 알고 있는 사법 제도와 다르다. 판사도, 검사도, 변호사도 없다. 배심원과 고발 또는 고소를 제기한 원고와 고발 또는 고소를 당한 피고가 있을 뿐이다.

재판 순서는 다음과 같다. 첫째, 원고와 피고가 각각 죄의 유무를 주장하고 배심원이 판결한다. 둘째, 유죄로 판명되면 원고와 피고가 각각 자신이 원하는 형을 제안하고 배심원이 이를 판정한다. 셋째, 형량 판결 후 형량을 판결받은 피고는 배심원에게 최후의 연설을 한다. 플라톤의 『변론』도 위에 말한 것과 같은 순서로 구성되어 있다.

소크라테스가 유죄 판결을 받은 후, 고소자들은 소크라테스에게 사형을 내릴 것을 제안했다. 반면 소크라테스는 자신이 잘못한 것이 아니라 이로운 행동을 했기 때문에 '영빈관 식사 받기'를 제안했다. 이에 고소자들은 죄를 지은 것으로 인정할 경우에는 사형, 추방, 벌금, 구류 등 다양한 형벌도 제안했다. 소크라테스는 이 중에서 그 당시 배심원들이 자신에게 사형을 내리기를 주저한다는 것을 알고 있었으며, 추방형을 제안하면 좋겠느냐고 배심원들에게 물어본다.

그러면 추방형을 제안할까요? 아마도 여러분께선 이를 저에 대한 형량으로 정했으면 하실 겁니다.[128]

추방형에 대한 또 다른 증거도 있다.

이번 재판의 경우만 해도, 그대가 원했던들, 그대로서는 국외 추방의 형량을 제의할 수 있었거니와 ……[129]

하지만 소크라테스는 당시 아테네 배심원들의 기대를 저버리고 추방형을 거부한다. 그는 그 이유로 첫째, 자신이 목숨에 애착을 갖는 것처럼 보이는 게 싫다, 둘째, 자신이 추방되어 이주한 나라에서도 아테네와 마찬가지로 자신의 주장을 싫어할 사람들이 있을 것이다, 셋째, 동가식서가숙하기에는 나이가 너무 많다, 넷째, 젊은 추종자들이 너무 많다, 다섯째, 추방 후 침묵이 조건이라면 받아들일 수 없다를 들었다.[130]

니체는 소크라테스의 자기 항변적 추방 부정이나 거부 대신에 아테네 사람들 입장에서 이 문제를 바라본다. 그 원칙은 '현재 우리가 알 수 없는 것은 시간이나 역사에 맡긴다'이다. 전제 조건은 소크라테스가 그 당대 아테네인들이 무척 이해하기 곤란하고 어려운 사람이었다는 것이다. 그 당시 아테네인들에게 소크라테스의 사상은 파격이었다. 그들에게 소크라테스의 기행은 이해할 수 없는 행동이었다. 그들은 소크라테스의 지나칠 정도로 윤리적이고 도덕적인 삶을 납득할 수 없었다. 그들에게 국가에 목숨을 바쳐 충성을 다하는 소크라테스의 국가관은 너무 낯설었다. 소크라테스의 제자 알키비아데스와 크세노폰이 조국 아테네를 배신한 경우 말고도 수많은 증거들은 고대인들에게는 조국애나 국가애가 없었음을 보여 준다.

아테네인들은 그런 소크라테스를 역사의 심판에 맡기는 게 낫다고 생각했을 것이라고 니체는 추론한다. 역사의 심판은 시간의 것인 동시에 가치관 변화의 것이다. 역사의 심판은 항상 현재 판결보다 후일 판단하는 것이 더 나을 때 인간이 의지할 수 있는 방법이다. 아테네인들은 인간의 치명적 약점인 판단 불가, 판단 불일치, 판단 불안정성의 상태를 보완한 방법으로 소크라테스 추방형을 대안으로 생각했다는 게 니체의 추론이다.

12. 니체는 아주 간단한 한마디 말로 소크라테스 사형의 본질을 드러낸다. 배심원이 소크라테스에게 사형을 언도한 것이 아니라, 소크라테스가 사형형을 언도받도록 노력했다는 뜻이다. 우리의 상식 전복이다. 두 측면에서 이를 살펴볼 수 있다.

한 측면은 형벌의 종류이다. 소크라테스는 앞에서 살펴본 대로 추방형을 선택할 수 있었다. 대신 그는 벌금형을 제안한다. 소크라테스는 벌금으로 30므나를 제안한다. 30므나는 너무나 형편없는 액수로, 배심원들의 공분을 자아내기에 충분했다. 당시 소피스트였던 프로타고라스가 가르침의 대가로 100므나를 받았다.[131] 30므나가 얼마나 작은 돈인지 간접적으로 알 수 있다. 소크라테스는 자칭 아테네 최고의 현인(아테네인들 입장에서는 최고의 소피스트)이었으며 배심원들 또한 그렇게 이해하고 있었다. 배심원들은 소크라테스가 많은 돈을 벌었을 거라고 여겼다. 소크라테스를 따랐던 제자들 중에 부자들이 많았던 것도 30므나가 얼마나 하찮은 벌금이었는지의 증거이다.

또한 소크라테스는 사형형을 언도받은 후 크리톤과 제자들이 제안한 대로 탈출할 수 있었다. 그는 이 모든 제안을 거부하고 죽기 위해 재판을 받는 것마냥 행동했다. 일흔이 넘는 나이는 소크라테스에게는 목숨을 건 도박을 할 수 있는 자원이 되었다.

다른 측면은 법정에서 보인 소크라테스의 태도이다. 첫째, 소크

감옥에서 독배를 들기 전 소크라테스 (자크루이 다비드, 1787년, 메트로폴리탄 미술관 소장)

라테스는 법정의 규칙을 파괴했다. 법정에서는 법의 언어를 써야 한다. 하지만 소크라테스는 법정에서 법의 언어를 사용하지 않았다.

> 많은 분께서 거기에서 들으셨거나 또는 그 밖의 다른 곳에서 들으신 것과 똑같은 말로 제가 변론하는 걸 여러분께서도 들으시더라도 ……[132]

게다가 그는 유명한 법정 연설문 작성자의 원고도 자신에게 맞지

않는다고 거부한다.[133]

둘째, 소크라테스는 재판의 의미도 바꾼다. 재판은 죄의 유무를 따지는 곳이다. 재판은 증거에 의해서 죄를 지었는가 짓지 않았는가를 판별한다. 하지만 소크라테스는 재판을 다르게 정의한다.

정의로운 것과 부정의한 것에 관련해서 공적인 방식으로 긴 말과 긴 말이 서로 반대되면서 부딪치는 한, 이것은 법정 말다툼입니다.[134]

소크라테스는 피고인 자신은 정의로운 것을 말하고, 원고는 부정의한 것을 말한다는 선악이분법에 근거해서 재판을 바라본다.

마지막으로 소크라테스는 재판관의 역할을 담당하고 있는 배심원들을 협박하여 법정 질서를 문란케 한다.

저의 죽음 다음에는 여러분이 저를 죽게 한 처벌보다도 단연코 훨씬 더 가혹한 처벌이 곧 여러분한테 닥칠 것이라고 말씀드립니다.[135]

사형 선고를 받은 후 소크라테스가 배심원들을 협박한 태도를 본다면, 그가 재판 과정 중에 얼마나 험악한 짓을 많이 했는지 알 수 있다. 실제로 『변론』에는 소크라테스가 배심원들을 협박하거나 윽박지르거나 그들의 무능과 무지를 탓하거나, 그들을 비꼬거나 냉소적으로 비아냥거리는 부분이 무척 많다.

이러한 사실로 미루어 보아, 소크라테스는 배심원들의 분노와 공분을 자극해서 스스로 사형 선고를 받도록 노력했음을 알 수 있다. 니체는 이를 '죽음을 관철시켰다'라고 간단하게 말한다.

13. 플라톤이 묘사한 소크라테스의 죽음을 살펴보면, 소크라테스는 반신이거나 신인이다. 그는 죽음 앞에서 인간관계에 연연하지 않았으며, 죽음 자체도 두려워하지 않았다. 물론 그 이전에 소크라테스가 법정에서 죽음을 요청했다는 사실, 국외로 탈출하지 않았다는 사실, 마지막으로 죽음 앞에서 철학적 담론을 즐겼다는 사실 자체를 보라. 그는 죽음을 향해 천천히, 스스로 설정한 목적을 달성하기 위해 한 발 한 발 걸어갔던 것이다.

죽음 당일은 그의 죽음을 훨씬 더 신격화시켜 준다. 우선 소크라테스가 얼마나 죽음에 초연했는가는 인간관계 측면에서 살펴볼 수 있다. 소크라테스는 죽기 전 어린 부인 크산티페와 어린 자식들을, 한편으로는 제자들과 철학적 담론을 즐기기 위해서, 다른 한편으로는 부인들이 우는 것이 보기 싫어서[136] 쫓아낸다.

소크라테스는 죽기 직전까지 사형장에서 일하는 사람들을 위한 배려도 기꺼이 한다.

> 목욕을 하고서 독약을 마시는 것이 그리고 여인들에게 주검을 목욕시키는 수고를 하지 않게 하는 것이 더 나을 것 같아 보이기 때문이네.[137]

소크라테스는 또한 독약을 가져다주는 자를 '얼마나 예의가 바른지', '지극히 상냥했어', '얼마나 진솔한지'[138]라고 말할 정도로 자신에게 죽음을 가져다주는 자를 위한 마지막 배려도 잊지 않는다.

죽음 앞에서 초연한 소크라테스를 보여 주는 또 다른 하나는 독약을 마시는 사형 그 자체의 측면에서도 살펴볼 수 있다. 소크라테스는 죽기 전 모든 사형수에게 내려 주는 특혜, 좋은 식사와 욕정

해소 성관계도 부정한다. 그는 모든 인간이 조금이라도 더 살기를 원하는 것에 집착하지 않는다. 그는 '내 말대로 따라 주게.'라고 말하며 해가 아직 산등성이에 있지만 독약을 따르도록 청한다.

그는 독약이 든 잔을 받아 쥐고 '조금도 두려워하지 않'고 '안색도 표정도 전혀 바꾸'지 않고 마신다. 그는 오열하는 제자들을 꾸짖어 우는 제자들을 부끄럽게 만든다. 그는 죽어 가다 말고 얼굴을 덮었던 천을 걷고 '크리톤! 우리는 아스클레피오스께 닭 한 마리를 빚지고 있네. 갚게나, 소홀히 말고.'[139]라고 말하고 죽어 간다.[140] 마지막 순간까지 지독한 양심가의 고결한 양심을 한껏 과시하고 죽은 게 소크라테스이다.

14. 플라톤의 『향연』과 인간의 삶을 비교 비유하면서 소크라테스가 얼마나 고귀하게 죽었는가를 설명한 내용이다.

밤새 술 마신 후의 뒷자리를 상상해 보자. 술에 취해 뻗어 있는 자들, 토하고 게운 자리, 널브러져 자고 있는 사람들, 소리와 고함이 어우러지며 제 말이 맞다고 우기며 싸우는 자들, 그리고 이미 자리를 뜬 자들도 있다.

그 북새통과 혼란스러운 자리에서 허리를 꼿꼿이 세우고 여전히 술을 마시는 자들이 있다. 그들은 목소리도 그리 크지 않고 잘났다고 떠들지도 않는다. 그 중 한 사람은 취한 다른 사람들 뒤치다꺼리도 마다하지 않는다. 술을 마시다 마시다 지치면 결국 모두 잠이 든다. 뒤치다꺼리를 한 사람은 모두 잠든 것을 확인한 후, 새롭게 해가 뜨는 새로운 날을 맞아 새로운 하루를 시작하기 위해 유유히 떠난다. 그가 누구인가? 소크라테스이다. 플라톤이 전하는 『향연』의 마지막 장면이 바로 이 내용이다.

플라톤의 향연 (안젤름 포이어바흐, 1869년)

　인생사는 어떤가? 한밤 진탕 마시고 즐기고 토하고 후회하는 한
판 술자리와 같다. 대다수 인간은 이 인생이라는 술자리에서 흥청
망청 마시고, 노래 부르고, 춤추고, 제 잘난 맛에 떠들고 싸운다. 그
리고 취해 쓰러진다. 비유적 표현으로 말하면 인생을 그렇게 마감
하고 죽는다는 뜻이다.

　하지만 플라톤이 묘사한 소크라테스는 달랐다. 그는 진탕 마신
뒤 술자리를 정리하듯 인생을 깔끔하게 정리하고, 새로운 삶, 곧 죽
은 뒤의 새로운 삶을 새롭게 시작하기 위해 천천히 죽음을 향해 걸
어갔다.

15. 소크라테스는 '진정한 에로스주의자'라는 소리이다. 그는『향
연』에서 즐기기 위한 섹스는 해서는 안 되며, 출산을 위한 섹스만을

해야 한다고 주장한다. 그는 섹스를 통한 출산이야 말로 필멸의 인간이 불사의 인간이 될 수 있다고 주장한다.[141]

또한 그는 동성애를 뜻하는 소년애를 할 경우에도 정신과 정신의 신성한 결합을 의미하는 영적인 사랑만을 해야지 육체적인 사랑을 해서는 안 된다고 말한다. 그는 인간이 소년애를 통한 영원한 아름다움을 소유할 수 있다고 말한다.[142]

니체는 성적인 결합과 불사의 인간 그리고 동성애와 아름다움의 소유를 접목시킨 소크라테스를 '진정한 에로스주의자', '아가페적인 사랑주의자'라고 말한다.

16. 소크라테스의 죽음에 대한 니체의 총평이다. 소크라테스의 죽음 과정을 보면, 그는 당대 그리스 사람과 전혀 다른, 특이한, 별종의 인간이었다. 육체적 향락과 쾌락, 현실 속의 불사에 대한 욕심이 지배하던 시대에 소크라테스는 고고하게 죽음 뒤의 새로운 삶이 있다고 주장한 특이한 인간이다.

당대 새로운 것을 찾는 젊은이라면, 누구나 다 소크라테스의 기이한 행적과 삶에 매력을 느꼈을 것이며, 소크라테스를 스승으로 받아들였을 것이다. 소크라테스가 자신을 따라다닌 부유하면서도 시간이 많은 청년들이 많다고 자랑한 게 그 증거이다.

그 당시 아테네 최고의 집안 출신이었던 플라톤, 비극 작가가 되고 싶었던 플라톤, 30살 무렵 정치적 야심도 컸으며 현실적 능력과 자질도 있었던 플라톤이 자신의 모든 기득권을 버리고 소크라테스의 제자가 되었던 것은 우연이 아니다. 소크라테스의 죽음이 만든 기적이었다. 이것이 니체가 내린 평가이다.

소크라테스의 다이몬을 어떻게 이해할 것인가? 소크라테스가 직접 다이몬의 목소리를 들었는가? 아니면 플라톤이 소크라테스를 신격화하기 위해 다이몬의 목소리를 들었다고 위조했는가? 소크라테스가 "신들을 만들어 낸 자이며, 또한 생소한 신들을 만들어 내면서도 예부터 믿어 온 신들은 믿지 않는 자"[143]라는 이유로 기소된 것을 보면, 그는 다이몬의 목소리를 직접 들었다고 볼 수 있다.

반론도 가능하다. 다이몬이 소크라테스 인생의 중요한 지점마다 미리 금지의 목소리를 들려준다거나, 그를 따르는 사람들의 인생까지 바꾼다는 점에서 본다면, 소크라테스가 다이몬의 목소리를 직접 들었다는 주장은 설득력이 떨어진다. 또한 다이몬의 목소리를 소크라테스 이전에 들은 자가 없다는 점, 그 이후 철학하는 자들만이 그 목소리를 들었다는 점에서 본다면, 다이몬은 플라톤의 창작일 가능성도 있다.

양 주장의 중립적인 지점에서 정리해 보자. 다이몬은 소크라테스 경험과 플라톤적인 의미 부여가 만든 합작이다. 소크라테스는 약간의 정신 이상 상태 또는 자아망각이나 과대망상의 상태에서 다이몬의 목소리를 들었다고 떠벌렸고, 플라톤이 이 다이몬의 목소리에 신비적 성격을 부여해 의미를 확대시켰다.

소크라테스가 다이몬의 목소리를 직접 들었는가의 여부는 확인할 수 없다. 소크라테스만이 그 답을 할 수 있기 때문이다. 중요한 것은 왜 플라톤은 다이몬을 중시했는가이다. 플라톤은 어떤 이유로 다이몬에 중요한 의미를 부여했는가? 소크라테스가 다이몬의 목소리를 직접 듣고 따랐다고 플라톤이 말함으로써, 어떤 이득이 생기는가?

플라톤은 소크라테스가 들었다고 주장하는 다이몬이 주는 시장 가치를 알았다. 소크라테스에게 따라다니는 어떤 신성이 있고, 이것이 다이몬이라면, 그리고 그 덕분에 소크라테스가 인간 이상의 능력을 발휘했다면, 소크라테스는 동질동량의 소피스트들과 구분될 뿐만 아니라 대다수 인간이 따라야 하는 모범이 되는 자이다. 플라톤의 셈법은 이런 결론에 도달한다.

플라톤은 소크라테스의 다이몬을 어원적인 관점에서 세밀하고 정교하게 가다듬는다. 그는 헤시오도스의 『일과 날』에 나온 인간의 다섯 번 탄생설을 세 개로 나눠 설명한다. 하나는 '황금 종족', 다른 하나는 '반신 영웅족', 마지막으로 현재 우리들이다.

플라톤은 '황금 종족'을 "분별 있는 자들, 즉 앎을 가진 자들이기 때문에 '다이모네스daimones'라고 부르고, 이들을 '훌륭한 사람은 죽어서 커다란 몫과 영예를 얻게 되고 신령daimōn이 된다'고 보았다. 반면 영웅Herōs은 '질문erōtan하는 데 능숙한 지혜로운 자이자 능란한 연설가이고 변증술 전문가'라고 말하며, '연설가들과 소피스테스들의 부류'라고 몰아붙인다. 마지막으로 현재 인간은 '보자마자, 즉 오포페opōpe와 동시에, 본 것opōpen을 자세히 관찰하기도 하고 헤아리기도 한다.'고 말한다.[144]

플라톤에 따른다면 '관찰'하고 '헤아리는' 인간은 황금 종족과 영웅 중 누구의 가르침을 받아야 하는가? 인간은 다이몬의 목소리를 듣는 소크라테스와 질문할 뿐인 돈을 받고 가르치는 소피스테스의 말을 듣고 따라야 하는가? 아니다. 다이몬의 신성한 목소리를 듣는 소크라테스가 새로운 신성이므로, 그를 믿고 따라야 한다. 일찍이 헤시오도스가 황금 종족으로서 '그들은 제우스의 뜻에 따라 지상에서 순수한 정령이 되어 필멸의 인간들을 지켜 주"[145]는 존재라고 힘주어 강조한, 그 다이몬의 목소리를 듣는 소크라테스는 인간이 도달할 수 있는 최고의 신이나 마찬가지이다. 플라톤이 수시로, 때때로 소크라테스의 다이몬을 언급한 이유는 바로 이 때문이다. 소크라테스의 또 다른 제자가 『회상』 1장에서 다이몬의 목소리를 듣는 것이 인간에게 얼마나 이로운가를 역설한 이유도 이 때문이다.

소크라테스가 직접 들었다는 다이몬과 플라톤이 거대한 기획을 하고서 의미를 부여한 다이몬은 자웅동체이다. 이것은 소크라테스와 플라톤이 주장한 다이몬의 실체이다. 이 다이몬을 니체의 시각에서 더 나아가 비판적으로 바라보는 관점이 필요하다.

비판적 이해를 위해 한발 더 나가 보자. 니체의 이 절을 이해하기는 쉽지 않다. 다이몬과 소크라테스적인 절대 이성 때문이다. 용어도 낯설 뿐만 아니라 니체가 명확하게 표현하고자 하는 것이 잘 드러나지 않기 때문이다. 그보다도 우리가 소크라테스를 너무 존경하기 때문이다. 니체의 이 절을 완전하게 해독하기 위해서는 프로이트의 도움을 받아야만 한다. 프로이트에 맞춰 니체의 소크라테스 평가를 해석해 보자.

위의 글을 간단하게 요약해 보자. 소크라테스는 '완전히 비정상적인 사람'이다. 왜냐하면 그는 어릴 적부터 수시로 '목소리'를 들었기 때문이다. 이 목소리는 소크라테스가 하려는 행위를 막는 '금지'를 주요 목적으로 한다. 이 목소리는 본능에서 기인한 '본능적 지혜'로서 소크라테스를 위험에 빠지지 않게 도와준다. 하지만 소크라테스는 또 다른 측면도 지니고 있다. 그는 지나칠 정도로 이성이 발달했고, 이는 '논리적 충동'이라 일컬을 만하다. 소크라테스는 본능적 지혜와 논리적 충동의 제어를 받는 특이한 괴물로서, '본능'을 완벽하게 통제한 자이다. 그는 이 점에서 '진정한 에로스주의자'이다.

프로이트에 맞춰 설명해 보자. 귀에서 소리가 들린다면, 어릴 적부터 수시로 귀에서 이상한 소리가 들렸다면, 그는 완전히 정신이 이상한 슈레버 같은 자이다. 아니면 종교적 광신에 빠져 신의 목소리를 듣는다고 떠벌리는 자이다. 그는 어떤 상태인가? 어릴 적부터 부모, 특히 '아버지의 목소리'를 신적인 목소리로 듣는 자이다.

소크라테스는 대부분의 아버지가 자식들에게 명령하는 형태로 금지를 선언하는 '하지 마'를 아버지가 보이지 않아도 계속해서 듣는 자이다. 니체는 목소리로 들리는 '다이몬'을 '아버지의 경고하는 목소리warnende Stimme des Vaters"146라고 명확히 정의한다.

프로이트는 '아버지의 경고하는 목소리'를 초자아, 슈퍼에고superego라 불렀으며, 양심을 뜻한다고 말한다. 프로이트는 이것이 사회적으로 확장되면 '사회적 초자아'라고 명명한다. 프로이트는 이 초자아가 인간의 가장 본능적인 에고에 대한 직접적 반응에서 비롯되었다는 점에서 본능과 밀접한 연관이 있다고 말한다. 이 점에서 초자아는 '본능적 지혜'이고, 우리가 접하는 도덕, 윤리, 양심 등이 사회적 초자아이다. 이 초자아는 정신 중에서 가장 저열한 부분으로 이해되곤 하는 에고의 또 다른 일부이다.

반면 소크라테스는 초자아의 지배를 받는 동시에 에고, 즉 자아의 지배도 받는다. 그는 현실 논리에 맞춰 이성적으로 사유한다. 하지만 이 합리적이고 이성적 사유 역시 초자아의 지배를 받는다. 자

아는 이드의 욕구와 욕망을 부분적으로 허용하지만—허용하지 않으면 폭발하기 때문에—허용하고 난 후 초자아의 금지 명령을 살피며 눈치를 본다. 하지만 소크라테스의 이성은 본능에 버금가는 '논리적 충동'에 이르기까지 발전해 있다. 그는 이성에 의해, 에고에 의해 완벽하게 자신의 욕망을 통제할 수 있다.

그렇다면 소크라테스가 가지고 있는, 인간이라면 누구나 소유하고 있는 욕망은 어떻게 되었는가? 소크라테스는 욕망을 완전하게 통제한다. 합리적이고 계산적인 이성이 억누르고, 다이몬으로 표현되는 목소리가 또 한 번 누른다. 그는 욕망을 완벽하게 제어하여 출산 이외에는 성적 결합을 하지 않으며 영적인 사랑만을 추구하는 '진정한 에로스주의자'가 된다. 욕망에서 벗어난 완전한 아가페적인 사랑만을 하는 소크라테스는 인간에게 좌절을 안겨 줄 뿐이다. 그는 양심과 이성의 지배를 완전히 받아들이는 반신반인이다.

니체와 프로이트는 이런 소크라테스를 어떻게 평가하는가? 소크라테스는 '완전히 비정상적인 사람', 즉 미친놈이다. 목소리를 어릴 적부터 수시로 듣는 자는 대부분의 신경증 환자와 마찬가지로 편집증 환자이거나 과대망상증 환자이기 때문이다. 오성이 흔들릴 때마다 양심의 지배를 받으며, 욕망이 돌출될 때마다 이성의 지배를 완벽하게 받는다면, 그는 욕망을 전혀 실현하지 못하는 신경증 환자일 뿐이다.

소크라테스에게서는 모든 것이 전도된다. 창작의 원천인 본능이 비판가가 되고, 이성은 의식이 된다. 욕망 위에 이성이 있고, 이성 위에 양심과 도덕이 있다. 양심과 도덕이 질서와 규율의 원천이 되고, 이성은 양심과 도덕의 시녀가 되고, 욕망과 욕구는 지하의 어두

컴컴한 굴속에서 신음하며 병들어 간다. 욕망과 욕구는 징벌받은 채 사회적으로 아무것도 창조하지 못하고, 설사 창조의 길에 들어선다 해도 에고의 저울에 올라 검열을 거쳐야 하고, 창조된 후에는 초자아, 슈퍼에고의 심판대 위에서 사형당할 운명이다. 감정과 감성이 창조한 세계는 스멀스멀 사멸한다. 소크라테스가 창조한 세계는 인간 정신의 본원을 뒤집은 전도된 세계이다.

13장 다시 보기

니체의 글은 대체로 난해하고 어렵다고 생각한다. 니체의 글은 함의하는 바도 많고 노림수도 많아 접근하기도 쉽지 않다고 생각한다. 『비극의 탄생』 중에서도 13장은 특히 어렵게 느껴지기도 한다. 우리가 '소크라테스의 우산' 아래에서 비를 피하고 살아왔기 때문이다. 우리는 소크라테스의 우산을 걷어 낼 생각조차 못하고 살고 있기 때문이다. 우리는 소크라테스의 우산을 걷으면 장대비를 맞고 쫄딱 젖을지도 모른다고 생각하기 때문이다.

니체의 글 중에서 소크라테스 관련 부분은 우리에게 특히 어렵게 다가온다. 번역과 관련된 단어 역시 선택하기 쉽지 않다. 우리 안에 소크라테스는 절대 존경과 경외심의 대상이기 때문이다. '에우리피데스쯤이야'라고 생각하는 근대인이나 현대인이 소크라테스를 거부하고 부정하는 것은 쉽지 않기 때문이다.

13~15장을 이해하기 위해서는 우리 안의 소크라테스와 소크라테스주의를 완전히 버려야 한다. 우리에게 익숙한, 마치 공기와 물과 같은 소크라테스와 소크라테스주의를 망각해야만 한다. 반대로 13장에 나온 니체의 소크라테스 평가에 익숙해야만 한다.

소크라테스는 '수상한 계몽zweifelhaften Aufklärung가'이고 '시민을 타락시키는 자Volksverführer'이다. 아리스토파네스가 '절반은 분노에 차서 또 다른 절반은 경멸하는 말투로' 소크라테스를 '최초의 소피스트'이자 '최고의 소피스트'로 평가한 것 역시 맞다. 소크라테스는 알지 못하기 때문에 안다고 자부하는 궤변을 떠벌리는 '파렴치한' 짓을 행한 자이다.

소크라테스는 일반 시민들을 대상으로 '경멸과 우월의 표정을 하고서' 얕잡아 보는 자이다. 소크라테스는 '완전히 비정상적인 사람에게서bei dieser gänzlich abnormen Natur'만 볼 수 있는 '**결함에 의해 만들어진** per defectum 진정한 괴물'이다.

소크라테스는 '완전히 수수께끼 같은 어떤 자, 이름 붙일 수 없는 어떤 자, 설명할 수 없는 어떤 자'이다. 『해리포터』식으로 이야기하면 이름을 불러서는 안 되는 자이다. 소크라테스는 인간이 아니라 인간의 별종으로 자신만 들을 수 있는 '목소리'로 세상을 살아갈 수 있다고 자부하는 자이며, 인간과 세상을 구원할 수 있다고 떠벌리는 '미치광이 백수건달 노인'이다.

소크라테스는 인간의 희망이 아니라 '인간 추락과 절망'의 원흉이다. 소크라테스는 완전히 비정상적인 다른 어떤 사람들과 마찬가지로 목소리에 의해 살고 목소리에 의해 삶의 방향을 정하며, '나를 따르라'고 외친 괴물이자 괴수이다.

니체의 소크라테스 평가를 요약하면 위와 같다. 프로이트의 정신분석학은 소크라테스를 금지, 금지하는 아버지, 아버지의 목소리, 양심, 종교, '사회적 초자아'의 관점에서 분석하는 것을 최종 목적으로 한다고 해도 과언이 아니다. 이것은 우리의 다음 분석 과제이다.

14장

반디오니소스적 경향의 창시자,
소크라테스

1. 시를 짓는 외눈박이

이제 비극에 눈을 돌린 소크라테스의 키클롭스 같은 커다란 외눈[1], 즉 예술적 감동의 사랑스러운 광기를 단 한 번도 작열시킨 적 없던 저 눈을 생각해 보도록 하자. 디오니소스적 심연을 만족스럽게 보는 것이 저 눈에는 금지되어 있음을 또한 떠올려 보자. 저 눈은 플라톤이 언급했던 '숭고하고 높이 칭송받는'[2] 비극 예술에서 도대체 무엇을 인지했단 말인가? 진정으로 어리석은 어떤 것, 요컨대 결과 없는 원인과 원인 없는 결과를 보았으며, 덧붙여 전체적으로 너무 다채롭고 다양하여 사려 깊은 기질에는 맞지 않으며, 그리고 예민하고 감상적인 영혼에는 너무 위험하다고 보았단 말인가.[3]

우리는 소크라테스가 시예술 중 유일하게 이해한 것이 **이솝 우화**äsopische Fabel임을 알고 있다. 그리고 소크라테스는 이솝 우화를 확실히 미소 지으며 편안하게 받아들였다.[4] 마치 상당히 선량한 젤레트가 '벌과 암탉'의 우화[5]에서 아래와 같이 시를 찬양하며 노래한 것과 같다.

> 시가 어디에 유용한지 당신은 저에게서 볼 수 있다오.
> 오성을 많이 가지지 못한 자에게,
> 형상을 통해 진리를 말해 준다오.

1. 소크라테스의 눈이 커다랗다는 것은 비유가 아니고 사실이다. 실제로 소크라테스의 눈은 상당히 크고 둥글었던 것으로 전한다.

> 그 아이는 못생겼는데요, 들창코도 그렇고 퉁방울stick out눈마저도 당신(소크라테스)을 닮았습니다. 당신만큼 심한 편은 아니지만 말입니다.[147]

소크라테스는 못생긴 아이보다 더 못생겼다. 소크소크라테스의 눈은 실제로 전해지는 흉상을 보더라도 상당히 크고 툭 불거져 나왔다. 신화나 그림에서 전해지는 키클롭스의 눈 역시 상당히 큰 것으로 보인다.

소크라테스의 눈이 키클롭스의 커다란 외눈을 닮았다는 비유적인 표현이다. 소크라테스는 눈이 두 개이기 때문이다. 왜 니체는 소크라테스의 두 눈을 외눈에 비유하였는가? 그것도 키클롭스의 외눈에 비유했는가를 추적해보도록 하자.

키클롭스는 여러 종류가 있지만, 미케네 문명을 상징하는 키클롭스는 논의와 무관하므로 여기서는 생략한다. 두 번째 키클롭스

Kyklops는 헤시오도스의 『신들의 계보』에 나오는 키클롭스로, 가이아의 자식들이자 제우스에게 천둥과 번개를 선물한 브론테스Brontes, 스테로페스Steropes, 아르게스Arges이다. 이들은 눈이 세 개이지만 두 개는 전혀 볼 수 없고 이마에 있는 눈만 볼 수 있다. 이들은 외눈박이 키클롭스로 불린다. 하지만 키클롭스는 원래 한쪽 눈만을 가진 외눈박이란 뜻이 아니라 원과 눈이 합쳐진 '둥그런 눈circle-eyes, round-eyes'이란 뜻이다.

> 그들은 모든 점에서 신들과 같았지만
> 그들 이마의 정중앙에 눈이 하나 있다는 점에서 달랐다.
> 그들의 이름은 각각의 이마에 있는 단 하나의 둥그런 눈,
> 이 특징 때문에 키클롭스로 불렸다.[148]

또 다른 키클롭스는 호메로스의 『오디세이아』에 나오는 키클롭스로, 오디세우스가 항해를 하던 중 만났던 거인족이다. 오디세우스는 포세이돈과 님프 투사의 자식인 키클롭스 폴리페모스를 만났다. 호메로스는 이 키클롭스 폴리페모스를 외눈박이라고 표현하지 않았다. 하지만 대부분 이 키클롭스 역시 외눈박이라고 추론한다. 그 이유는 오디세우스와 그의 전우들이 폴리페모스의 눈을 단 한 번 공격했고,[149] 폴리페모스는 그 때문에 '내 눈이 완전히 멀게'[150] 되었다고 말하기 때문이다. 이는 추론일 뿐 키클롭스 폴리페모스가 외눈박이라는 증거는 아니다.

호메로스의 『오디세이아』에 나오는 키클롭스를 외눈박이라고 우리의 생각을 완전히 고착시킨 것은 에우리피데스이다. 그는 호메로

키클롭스의 대장장이 (코르넬리스 코트, 1572년)

로마 콜로세움에서 출토된 키클롭스 두상 (1세기경, 사진 Steven Lek, commons.wikimedia.org)

스의 이야기에 나오는 오디세우스와 키클롭스의 만남을 그린 사티
로스극 『키클롭스』에서 키클롭스를 외눈박이로 확정하여 전한다.

> 이곳에는 해신의 외눈박이 아들들로, 사람을 마구 잡아먹는
> 키클롭스들이 외딴 동굴들에 살고 있어요.'[151]

에우리피데스가 고정시킨 키클롭스 이미지 때문에 우리는 키클
롭스를 무조건 외눈박이로 생각한다. 질문을 던져 보자. 왜 니체는
두 눈을 가진 지혜의 성인 소크라테스를 거대한 힘을 지닌 신적인
존재이자 외눈박이 키클롭스에 비유하는가? 이 질문은 소크라테스
의 외눈이 무엇을 상징하는가를 묻는 것과 같은 말이다.

니체는 소크라테스를 두 눈을 가진 존재가 아니라 한 면만 보는
외눈박이로 보았다. 이는 소크라테스가 13장에서 말한 외눈, 즉 다
이몬의 지령을 받는 외눈, 양심이나 도덕과 윤리를 상징하는 외눈
만을 가지고 이 반대 영역에 있는 인간의 욕망, 욕구, 감정 등을 표
현한 예술을 보지 못한다는 뜻이다. 소크라테스가 인간의 욕망과
욕구, 감정 등을 이해하려고 노력하지만, 그 역시 양심과 이성의 프
리즘을 통해 볼 뿐이라는 것이다. 이와 관련된 더 자세한 이야기는
다시 보기에서 한다.

2. 이 말은 소크라테스가 왜 외눈박이인가를 논증하는 구절이다.
플라톤은 『고르기아스』에서 소크라테스의 입을 빌려 비극을 '숭고
하고 높이 칭찬받는' 예술이라고 정의하고 그 예술이 어떤 역할을
할 것인가 규정한다. 비극 예술은 대중이 좋아하는 것만을 제공하
는 게 아니라 대중에게 올바름을 전달하기 위해 싸우는 예술이어야

한다고 플라톤은 정의한다.

> 그리고 숭고하고 높이 칭찬받는 활동인 비극의 작곡은 어떤가? 비극은 어디에 관심을 기울이는가? 비극 작곡의 의도가 네가 생각하듯이 단지 관객의 만족인가, 아니면 그것이 관객들에게 즐거움을 주고 만족을 줌에도 불구하고, 그것이 잘못된 어떤 것을 말하지 않기 위해 그리고 대사와 노래로 관객들을 즐겁게 만들든 아니든 관객들에게 불편하지만 유익한 어떤 것을 말하기 위해 용감하게 싸우는가? 자네는 이러한 두 길 중에서 비극은 어떻게 작곡되어야 한다고 생각하는가?[152]

플라톤이 비극을 '숭고하고 높이 칭찬받는' 활동으로 규정한 것은 관객들을 올바름의 방향으로 계도하고 계몽하기 위해서이다. 즐거움의 원천 봉쇄와 만족의 완전 제거라는 비판을 듣는다 할지라도 올바름의 교훈 전달이라는 목적을 포기할 수 없는 게 소크라테스이고, 이 때문에 소크라테스는 외눈박이가 된다.

3. 소크라테스는 에우리피데스의 철학적 전사이고, 에우리피데스는 소크라테스의 문학적 용병이다. 14장은 전체적으로 소크라테스적 예술의 전조인 에우리피데스를 집중적으로 다룬 11장과 12장을 철학적 측면에서 다룬 것이라고도 볼 수 있다.

'원인 없는 결과'는 주로 도덕적, 윤리적, 종교적인 문제를 다루는 방식을 말한다. 이에 대해서는 11장 7절 해설 3, 4, 5를 참조하면 좋다.

'너무 다채롭고 다양'한 것은 에우리피데스가 기존 비극 작가의 언어와 플롯 등을 비판할 때 다룬 내용이다. 이에 대해서는 11장 7

절 해설 6, 7에서 설명했다. '너무 다채롭고 다양'한 것은 진지한 자와 감상적인 자에게 안 좋다는 게 소크라테스의 생각이다. 철학적 사유를 하는 진지한 자에게 '너무 다채롭고 다양'한 것은 사물의 본성을 보여 주는 게 아니라 사물의 외양과 형식만 보여 주어서 좋지 않기 때문이다. 마음이 여리고 쉽게 감동을 잘하는 감상적인 자에게 '너무 다채롭고 다양'한 것은 자신이 해야 할 본분과 역할을 망각하게 만들기 때문이다.

4. 소크라테스가 죽기 직전 이솝 우화를 바꾸어 시를 썼다는 내용이다. 이에 대해서 7절에서 자세히 다룬다.

5. 젤레트(Christian Fürchtegott Gellert, 1715~1769년)는 독일 민속학자로 독일 민중의 삶을 바탕으로 우화시를 지었으며, 독일의 이솝으로 불린다. 그는 『우화와 이야기Fabeln und Erzählungen』, 『영적인 송가와 노래Geistliche Oden und Lieder』와 같은 저작을 남겼다. 여기에 나온 '벌과 암탉'의 이야기는 『우화와 이야기』에서 나온다. 이 시는 14장 전체 주제를 아우르는 핵심 내용이다. 이 우화는 14장 전체를 비유적으로 보여 줄 뿐만 아니라 니체가 소크라테스를 비판하는 핵심적인 주장이다. 아래는 '벌과 암탉'의 전문이다.

> 게으른 암탉이 그대 벌에게 말했습니다. "지금
> 내가 그대에게 고백할 것이 하나 있습니다.
> 내가 처음 그대를 알게 된 이후, 나는 당신이 아무것도 하지 않고
> 주위를 어슬렁거릴 뿐이라는 걸 알게 되었답니다.
> 당신은 아무것도 생각지 않고 당신의 즐거움만 생각할 뿐이더군요.
> 정원의 꽃들 주위를 날아다니는 동안

한여름 동안 꽃들에게서 꿀을 빨아들이기 위해서

아주 열심히 일하는 것이 아니더군요.

처음에는 카네이션에 앉았다가

다음에는 인동초로 날아가기만 하더군요.

제가 당신이라면, 저 또한 당신처럼 행동하겠지요.

하지만 우리는 해야 할 다른 일들이 있답니다.

그리고 이건 훨씬 더 유용한 일이랍니다.

밤새 새로 낳은 근사하고 하얀 알로

우리 집을 채우는 것.

이것이 바로 우리 서식지에서 의무랍니다."

꿀벌이 외쳤습니다. "아, 간청하건데 조롱하지 마세요.

당신은 제가 일하는 동안 이웃들을 깜짝 놀래키려고

하루 종일 소리치지 않는다고 그렇게 생각하시나요?

당신이 알을 품고 있는 동안

저는 분명 게으름뱅이입니다. 그렇다면 와서 보셔요.

그러면 벌집의 증인이

누가 더 바쁜 꿀벌이고 게으른 암탉인지

더 많은 기술과 노고, 그리고 보호를 보여 줄 것입니다.

우리가 꽃 위에 있을 때

우리는 우리 자신을 생각하지 않는답니다.

하지만 우리는 우리보다는 다른 입들을 향기롭게 하기 위해

벌집에 꿀을 모은답니다.

그리고 우리 일은 커다란 소음을 일으키지 않으며

그리고 우리가 넥타르를 밀랍 봉분에 실어 나르며,

한여름날에도 우리들은 괴성을 지르지 않는답니다.

당신의 예술이 당신의 둥지에 만족하듯이

모두 목이 쉴 때까지, 이것이 당신 마음에

각인되어 있다면, 이것은 허무맹랑한 자부심이랍니다.

우리가 어떻게 여기에 남아 있겠어요.

그리고 우리의 장점을 아는 분,

우리의 일을 물으신 분, 그들은 다음과 같은 것을 보여 줄 겁니다.

그리고 그는 벌집에서

질서, 예술, 그리고 근면함을 발견할 겁니다.

그리고 자연은 또한 우리에게 선물을 주었습니다.

보이지 않는 날카로운 침,

우리들은 그 침으로 자신들이 아무것도 알지 못하는 것을

거만하게 나무라고 비난하는

당신들을 아프게 쏘아 댈 겁니다.

암탉 씨, 저의 조언을 받아들이고 저리 가십시오!"

오, 자신하고만 사랑에 빠지신

당당한 풍채를 지니신 냉소가여,

시를 비웃지 마셔요.

진리는 어떤 형상을 가지고 여기에서 나타난답니다.

그리고 지혜는 우화로 나타난답니다.

시인은 조용한 꿀벌이랍니다.

그래도 당신은 당신 자신을 암탉으로 여기실 건가요?

자, 우화가 당신에게 잘 맞는답니다.

당신은 시가 어디에 유용한지 질문을 던져 보세요.

시는 재산도, 가치도, 재치도 없답니다.

하지만 당신은 어떻게 그렇게 어리석지요?

시가 어디에 유용한지 당신은 당신에게 가르쳐 준답니다.

오성을 많이 가지지 못한 자에게,

형상을 통해 진리를 말해 준다오.'153

니체는 이 시를 통해 소크라테스와 우화의 관계를 여러모로 비유한다. 우선 암탉은 관객에게 즐거움과 만족만을 주는 비극, 관객이 좋아할 만한 것만을 던져 주는 비극인 반면, 벌은 관객에게 즐거움과 만족을 제공하는 동시에 올바름도 전달하는 비극이자 관객에게 침을 쏘아서라도 올바름을 전달하는 비극이다.

암탉은 소크라테스 입장에서 비극 작가이며, 벌은 철학자이다. 소크라테스 입장에서 비극 작가는 암탉과 같은 존재로 시끄럽고 일하는 척하지만 자신과 자신의 이익을 위해서, 자신의 자식을 위해서 일할 뿐인 반면, 철학자는 조용히 아무도 모르게 일하지만 타인을 위해서 공동체 전체를 위해서 봉사하는 존재이다.

또 다른 비유도 있다. 암탉은 머리가 나쁜, 시인의 표현대로 오성이 부족한 일반 시민들을 가리키는 반면, 벌은 아는 자이자 사유하는 철학자이다. 철학자가 머리 나쁜 일반 시민들과 오성이 부족한 자들을 직접 가르친다 해도, 그들은 고귀한 가르침을 이해할 수 없다. 종교적 신앙심에 버금가는 윤리의식과 사명의식을 소유한 철학자는 일반 시민들을 포기할 수 없으므로 철학이 아닌 다른 방법을 통해 일반 시민을 계몽시킬 방법을 찾아야 한다. 우화시가 그 역할을 할 수 있다. 우화시는 누구나 알아들을 수 있는 소박하고 일반적인 동물 등의 비유를 통해, 철학이 전하고자 하는 고귀한 메시지를 전달할 수 있다.

결론적으로 시란 무엇인가라는 비유에 도달한다. 암탉은 저질스러운 시를 쓰고 소란스럽게 공연에 올라오는 비극이자 비극 시인인 반면, 벌은 조용하지만 질서, 예술, 근면함을 보여 주는 철학자이자 우화시이다.

결론적으로 소크라테스 입장에서 시란 무엇인가? 유익함을 목적으로 대중을 계몽시키는 것이다. 우화시를 제외한 시들은 관객들에게 즐거움을 선사하지만 오성이 부족하고 머리가 나쁜 대중의 마음을 산란하게 만들고 현혹할 뿐이다. 이런 시와 비극은 사라져야 한다는 게 소크라테스 생각이다.

니체는 '벌과 암탉'을 통해 소크라테스의 의도가 이러했다고 상상했다. 14장은 소크라테스가 죽기 마지막 전에 왜 시를, 그중에서도 우화시를 쓰게 되었는가를 다룬다. 니체는 소크라테스의 철학에서 음악으로 전도 현상을 촘촘하게 끌고 가기 위해서 젤레트의 우화시를 도입했다.

한 가지 더 살펴봐야 할 게 있다. 니체의 글에 나온 시와 젤레트의 시의 번역이 약간 다르다. 니체가 자신의 의도를 전달하기 위해 젤레트의 시를 바꾼 것으로 여겨진다. 다음 원문을 참조해 보자.

젤레트의 시

Du siehst an dir(필자 강조), wozu sie nützt:

Dem, der nicht viel Verstand besitzt,

Die Wahrheit, durch ein Bild, zu sagen.

시가 어디에 유용한지 당신은 **당신에게**(필자 강조) 가르쳐 준답니다.

오성을 많이 가지지 못한 자에게,

형상을 통해 진리를 말해 준다오.

니체의 인용

Du siehst an mir(필자 강조), wozu sie nützt,

Dem, der nicht viel Verstand besitzt,

Die Wahrheit, durch ein Bild, zu sagen.

시가 어디에 유용한지 당신은 **저에게서**(필자 강조) 볼 수 있다오.

오성을 많이 가지지 못한 자에게,

형상을 통해 진리를 말해 준다오.

니체는 젤레트의 시에서 나온 'dir(당신)'를 'mir(저)'로 바꿔 전달한다. 니체는 '당신'을 암탉과 비극, 비극 작가로, '저'를 꿀벌과 철학, 철학자로 대비시킴으로써 철학이 비극보다 우수함을 분명하게 드러낸다. 반면 젤레트는 '당신'을 모든 사람으로 비유함으로써 우화시가 인간의 어리석음을 깨우치는 좋은 수단임을 밝히고 있다.

다시 보기

외눈박이 소크라테스를 상상해 보자. 신화 속의 키클롭스처럼 외눈이면서 엄청난 힘을 지닌 외눈박이 소크라테스를 상상해 보자. 외눈박이 소크라테스는 14장 전체를 요약하는 글이다. 키클롭스는 어떤 존재인가? 이 질문은 이 글에서 '소크라테스란 어떤 존재인가?'라는 질문과 일치한다. 소크라테스는 외눈박이 키클롭스 같은 존재라는 게 니체의 결론이다.

　신화 속에서 거만하고 이기적이며 흉악한 키클롭스를 정치적으로 해석한 철학자가 있다. 플라톤이다. 플라톤은 말년 저작 『법률』에서 키클롭스를 가부장적 정치 제도의 전형으로 해석한다.

　　그 시기의 통치 형태는 개인적 지배체제라고 모두가 일컫는 것으로 제게는 생각됩니다. 이것은 오늘날에도 여전히 여러 곳에 있는데, 헬라스인들 사이에서도, 이방인들의 경우에도 있습니다. 한데, 이걸 호메로스도 어딘가에서 키클롭스족의 가족 생활과 관련해서 있었던 것으로 말하고 있는데, 그건 이런 것입니다.'154

　플라톤이 묘사한 키클롭스족은 '개인적 지배체제'의 전형으로 우리가 현재 알고 있는 가부장적 지배와 일치한다. 그들은 '엄청난 힘으로 무장'155한 존재들이며, '제우스도 하늘의 모든 힘들도 무시하고, 우리가(키클롭스들이) 훨씬 더 강하'156다고 생각하는 존재이다. 그들은 '나 자신 이외에는 누구도 따르지 않는'157 절대적인 자들이다. 우리가 일상에서 흔히 볼 수 있는 한 집안의 절대적인 아버지와 같은 자들이다.

　　그런 통치 형태들에서는 그들에게 있어서의 통치권이 아버지 또는 어머니에게서 받게 된 것이기 때문에 가장 나이 많은 부류가 다스리고, 다른 사람들은 그들을 따라, 마치 새들이 한 무리를 이루듯, 할 것입니다. 이들

은 가부장적 통치를 받으며 ……'.158

정신, 인간의 정신을 중심으로 철학을 처음 세우고 건설한 자는 바로 소크라테스이다. 그는 철학의 가부장이다. 소크라테스 이후 인간을 둘러싼 수많은 철학 유파들이 만들어졌다. 소크라테스는 그들 철학의 아버지이다. 철학의 가부장 소크라테스는 신화 속 키클롭스와 마찬가지로 절대적인 자이다. 그는 호메로스의 『오디세이아』에 나오는 키클롭스처럼 철학을 통해 인간의 모든 삶의 영역을 스스로 판단하고 결정하는 무시무시한 힘을 가진 자이다.

> 그들은 의논하는 회의장도 없고 법규도 없으며
> 높은 산들의 꼭대기에 있는 속이 빈 동굴들 안에 살면서
> 각자 자기 자식들과 아내들에게 법규를 정해 주고
> 자기들끼리는 서로 상관하지 않아요.'159

키클롭스의 외눈과 소크라테스의 외눈은 어떤 점이 닮았는가? 키클롭스가 가부장으로서 한쪽 눈만을 가지고 자신이 세상에서 제일이라고 자랑한다. 소크라테스 역시 자신이 처음 들었다고 떠벌렸던 다이몬의 목소리가 진리라고 떠벌리는 외눈을 가진 자이다. 소크라테스는 자신의 절대적인 힘을 근거로 자신이 본 것을 유일한 진리라고 스스로 선언하는 주체인 동시에 그 선언에 절대 복종하는 맹목적 시종이다. 그는 양심, 윤리, 도덕과 배치되는 욕망, 욕구, 감정을 이해하지 못한 외눈박이 힘 센 키클롭스이다. 그는 '논리적 충동'에 굴복하는 인간이다.

키클롭스는 어떻게 몰락하는가라는 질문은 소크라테스를 어떻게 몰락시켜야 할 것인가를 묻는 것과 같다. 니체는 키클롭스의 몰락을 통해 소크라테스의 쇠퇴를 비유적으로 보여 주고자 한다. 호메로스의 신화에서 키클롭스는 어떻게 몰락하는가? 그는 신화에서 예언한 대로 아무 힘도 없고 능력도 없는 '아무도 아닌Noman'이자 '아무것도 아닌 자', '이름조차 없는 자'인 오디세우스에게 한 눈뿐인 외눈을 잃는다.

이는 소크라테스 운명의 상징이다. 하나도 모르기 때문에, 아무것도 모르기 때문에 세상의 모든 것을 다 안다고 자부하는 자 소크라테스는 그를 이해하지 못하는 '아무도 아닌'이자 이름조차 없는 자들인 일반 대중에 의해 배척당하고 살해당할 운명에 처한다. '아무것도 아닌 자'들인 배심원들이 소크라테스를 죽음으로 몰고 간 것은 이미 외눈박이 소크라테스에게 상징적으로 나타난다.

일반 대중은 아는 것보다, 유익한 것보다 고통스러운 현실의 삶을 이겨 내기 위해 잠시 잠깐 즐기는 걸 소중히 여긴다. 잠시 잠깐의 즐거움과 만족이 없다면, 이 고단하고 팍팍한 평생 동안의 고통스러운 삶을 어떻게 견딜 수 있단 말인가! 그들은 '평생 절제와 인내로 살라'는 유익함을 설교하는 소크라테스를 믿지 못한다. 그들은 소크라테스를 두려운 눈으로 쳐다보았다.

마지막 남은 외눈을 잃고 분노한 키클롭스가 오디세우스를 향해 거대한 바위를 던지지만 맞히지 못한다. 소크라테스의 운명도 마찬가지이다. 소크라테스는 자신의 사상을 이해하지 못하는 일반 대중을 향해 철학하면 죽은 뒤 천국에 갈 것이라고 유혹한다.[160] 하지만 '아무도 아닌'인 일반 대중들은 그 축복마저 하나의 이야기로 바라

오디세우스에게 복수하려는 폴리페모스 (귀도 레니, 1639~1640년, 로마 카피톨리노 박물관 소장)

볼 뿐 소크라테스를 존중하지 않는다.

분노한 키클롭스가 다시 오디세우스와 그 일행을 향해 돌을 던진다. 저주와 분노를 실은 그 거대한 돌 역시 '아무도 아닌'인 오디세우스와 그보다 못한 일행들을 맞히지 못한다. 세상의 모든 것을 아는 자 소크라테스는 살아생전 철학을 하지 않으며 지옥에 간다고 저주를 퍼붓는다.[161] 하지만 일반 시민들은 그 저주를 귓등으로도 듣지 않고 흘려들을 뿐이다.

'아무도 아닌'인 오디세우스와 그 동료에 의해 신과 같은 존재인 외눈박이 키클롭스가 하나뿐인 눈을 잃는다면 어떻게 행동할 것인가? 신화에는 전하지 않는다. 하지만 우리는 알 수 있다. 오디세우스에 의해 키클롭스 폴리페모스가 외눈을 잃자, 동료 키클롭스들이 그를 도우려 몰려들었다. 아마도 두 눈을 다 잃은 폴리페모스는 동료들의 도움을 받았거나 자신의 다른 가족의 도움을 받고 살아갔을 것이다.

　예술을 이해하지 못한다고 일반 시민의 질타를 받고 마지막 남은 눈마저 잃은 소크라테스는 어떻게 행동할 것인가? 욕망과 욕구 그리고 감정을 지닌 일반 시민들, 유익한 것보다는 잠시 잠깐의 쾌락을 통해 삶의 고통을 잊고자 하는 시민들의 도움을 받아야만 살아남을 수 있다. 소크라테스는 살아남기 위해서 이제까지 살아왔던 삶 전체를 다 뒤집어엎어야만 한다. 과거 예술을 조롱하고 비웃었던 자신의 태도를 반성하고, 대중들이 그토록 사랑하고 좋아하는 예술에 한발 다가가야 한다. 다가가지 못한다면 죽음이다. 육체적 죽음이 아니라 자신이 그토록 시민들에게 전달하고자 했던 철학의 죽음, 정신의 죽음, 영혼의 파멸이다.

　외눈박이 소크라테스는 타협한다. 그는 예술에 손을 내민다. 그는 마지막 남은 삶의 불꽃을 예술에 종사한다. 14장은 마지막 남은 삶의 마지막 불꽃을 예술에 바친 소크라테스의 이율배반적인 삶에 관한 기록이자 비판이다. 니체가 외눈박이 소크라테스를 말한 이유는 바로 이 때문이다.

2. 자신의 시들을 불태운 플라톤

하지만 소크라테스에게 비극 예술은 확실히 '진리를 말하는 것'으로 보이지 않았다. 비극 예술이 철학자가 아니라 '오성을 많이 가지지 못한 자'에게 접근한다는 점도 문제이다. 이것이 비극을 멀리해야 할 이중의 이유였다.[1]

플라톤과 마찬가지로 소크라테스는 비극을 유익한 것이 아니라 즐거운 것만 묘사하는, 멀리해야 할 예술로 간주했으며,[2] 그 때문에 자신의 제자들에게 그러한 비철학적 자극을 절제하고 특히 멀리할 것을 요구했다. 이는 성공을 거뒀다. 청년 비극 작가 플라톤은 소크라테스의 제자가 되기 위해서 맨 먼저 자신의 시들을 불태웠다.[3]

하지만 정복할 수 없는 성향이 소크라테스적인 격률과 다투었던 그 곳에서, 저 무서운 인물의 압력과 더불어 시 자체를 새롭고 지금까지 알려지지 않았던 지위로 끌고 갈만큼 충분한 힘 그 자체가 나타났다.[4]

[1.] 소크라테스는 비극을 싫어했다. 비극은 절대 진리를 말하지 않지만, 대다수 '오성이 부족한 자'의 마음을 사로잡는다. 반면 철학은 진리를 말하지만, 다수 '오성이 부족한 자'의 마음을 사로잡지 못한다. 철학은 소수 열성분자의 신앙과 같은 헌신을 받지만, 비극은 절대다수의 마음을 휘어잡는다.

철학의 대중화 불가, 대중의 철학 거부, 이것은 철학의 절대 한계이다. 진리를 말하는 '철학이라는 종교'의 개조가 된 소크라테스는 이를 극복하기 위해 어떻게 행동해야 하는가? 신자 없는 종교는 개인적인 신조에 지나지 않는다. 절대 진리를 말하는 철학을 절대다수에게 쉽게 전달할 수 있는 최종 병기를 찾아야 한다. 소크라테스는 죽기 전 양심을 걸고 우화를 시로 짓는다. 절대다수에게 철학을 쉽게 전달하기 위해서.

2. 소크라테스가 '비극을 유익한 것이 아니라 즐거운 것만 묘사하는, 멀리해야 할 예술로 간주'했다는 직접적인 근거는 찾을 수 없다. '플라톤과 마찬가지로'라는 말은 소크라테스의 비극관을 플라톤에서 찾을 수밖에 없는 니체의 고육책이다. 우리가 알고 있는 소크라테스는 소크라테스 본인이 아닌 소크라테스 제자들의 작품들을 통해서 창조되고 변형된 소크라테스이다. 이 경우 어디까지가 소크라테스 본인의 말과 행동이고, 어디서부터 플라톤이나 또 다른 제자들의 말과 사상에 의해서 만들어진 소크라테스인가를 구분하는 것이 문제가 된다.

흔히 소크라테스의 고유한 사상이라고 할 수 있는 것은 플라톤의 초기 작품인, 『에우티프론』, 『변론』, 『크리톤』, 『파이돈』의 중간 정도이다. 하지만 이 네 권의 저작에서도 소크라테스가 위의 말을 직접 한 적은 없다.

플라톤의 초기작 네 권을 시간상으로 나열하면, 플라톤의 다른 저작에서도 소크라테스의 살아생전 흔적을 찾아낼 수 있다. 플라톤이 나중에 저술하기는 했지만 시간상으로 보면 이 네 권 사이에 소크라테스의 행적을 기록한 글들이 있다. 대충 정리한다면 다음의 표와 같다.

4부작 이외에 『테아이테토스』, 『크라튈로스』, 『소피스트』, 『정치가』에서도 소크라테스는 위의 말을 직접 한 적이 없다. 결론적으로

시간	재판 전날 밤	재판 당일 새벽	재판 당일 오전 중			오전과 오후	약 한 달 뒤	3일 뒤
장소	바실레우스 관아 앞					재판정	감옥	감옥
상대자	테오도로스	에우티프론	헤르모게네스	테오도로스		500명의 배심원	크리톤	제자들
저작	테아이테토스	에우티프론	크라튈로스	소피스트	정치가	변론	크리톤	파이돈

말하면 소크라테스는 위와 같은 말을 한 적이 없다.

　'즐거움에 근거한 비극, 유익함을 제공하지 못한 비극'이라는 규정은 다른 곳에서 추론할 수 있다. 소크라테스가 우화를 시로 쓴다는 것이 그 증거이다.[162] 우화는 즐거움의 전달이 아니라 유익함의 전달이 목적이다. 반대로 말하면 우화를 제외한 시는 즐거움을 위한 것이다. 소크라테스의 제자인 플라톤은 이 말과 유사한 말을 직접 기술한다.

　　자네가 서정시에서든 서사시에서든 즐겁게 하는 시가를 받아들인다면 자네 나라에서는 법과 모두가 언제나 최선의 것으로 여기는 이성 대신 즐거움과 괴로움이 왕 노릇을 하게 될 걸세. …… 철학과 시 사이에는 일종의 불화가 있다고 말이네. 즐거움을 위한 시와 모방이 훌륭히 다스려지는 나라에 …… 시가 즐거움을 주는 것일 뿐만 아니라 나라의 체제와 인간 생활을 위해서도 이로운 것이라는 걸 말일세.[163]

　플라톤은 즐거움을 위한 시를 이상 국가에서 배제하고 유익함을 주는 철학이 이상 국가를 지배해야 한다고 주장한다. 즐거움을 위한 시와 유익함을 위한 철학의 오랜 불화! 이 불화를 끝낼 방법이 있다. 즐거움을 위한 시가 즐거움뿐 아니라 유익함을 위한 일에도 복무하는 것이다. 즉, 시가 겉으로는 즐거움을 드러내지만 속으로는 유익함을 주는 것이다. 우화시가 바로 이 예이다. 소크라테스가 죽기 전 우화를 시로 쓴 이유이기도 하다.

즐거움과 유익함의 이분법을 도입하고, 유익함이 즐거움을 압도한다는 유익론은 시에 관한 소크라테스와 플라톤의 논의에서 가장 일반적인 원칙이다. 소크라테스적인 앎의 실체가 이 연장선상에 있다. 소크라테스에게 있어서 정치인의 대중 위안적 행동과 말 그리고 시인의 소질에 의한 환각적 상태의 창작이란 결국 대중에게 즐거움을 주기 위한 것이지 유익한 것이 아니다.

플라톤은 소크라테스의 이러한 사상을 받아들여 미술이나 시가, 정치는 '아름다운 것 자체'에 대한 지혜가 부족하다고 말한다.

> 온갖 부류의 다중의 기분과 즐거움을 잘 알아차리는 것을 지혜로 믿는 사람이, 그게 미술이나 시가의 경우에 있어서건 또는 특히 정치에 있어서건 간에, 어떤 점에서 차이가 있다고 생각하는가?[164]

물론 소크라테스의 제자 아데이만토스는 '없다'고 대답한다. 플라톤은 스승 소크라테스와 마찬가지로 즐거움보다는 지혜가 좋은 것이라고 결론을 내린다.

> 다중한테는 즐거움이 좋은 것이라 생각되지만, 한결 세련된 사람한테는

지혜가 좋은 것이라 생각된다는 것도 틀림없 ……'[165]

    어떤 영역에서건 즐거움을 배제한 유익함과 올바름만이 아름 다운 것 자체이자 지혜라는 게 소크라테스와 플라톤의 기본 주장 이다.

3. 플라톤은 소크라테스를 만나기 전 비극 작가를 꿈꾸었다고 한 다. 디오게네스 라에르티오스는 이를 아주 감동적으로 전한다.

    그는 처음에는 디오니소스 학교에서 글쓰기 교육을 받았다. …… 그는 그 림을 그리기도 했으며, 처음에는 디티람보스를, 후일에는 서정시와 비극을 쓰기도 했다. …… 나중에 플라톤은 비극으로 상을 타려고 시합에 나가려고 했을 때, 디오니소스 극장 앞에서 소크라테스의 연설을 들었다. 그 후 플라 톤은 자신의 시들을 불길에 던지며 다음과 같이 말했다. '이리로 오소서, 불 의 신이여, 플라톤이 지금 당신을 필요로 합니다.' 이후 스무 살이 되었을 무 렵 플라톤은 소크라테스의 제자가 되었다.'[166]

4. '정복할 수 없는 성향(또는 맹아, 기질)'은 비극을 말한다. '소크라 테스적인 격률'은 소크라테스의 많은 주장 중에서 미학적 소크라테 스주의라고 일컬어진 "아름답기 위해서 모든 것은 이해되어$_{verständig}$ 야만 한다."(12장 7절)이다. '저 무서운 인물'은 소크라테스를 말한다.

    간단하게 정리하면 다음과 같다. 기득권을 누리고 있던 비극과 이에 대항한 소크라테스가 다툼을 벌이는 곳에서, 소크라테스의 정 신적 지도와 이를 받아들이고 발전시킬 만한 인물인 플라톤이 나타 나서 기존의 글쓰기 대신 새로운 양식의 글쓰기를 만들어 냈다.

'새 술은 새 부대'에 담아야 한다. 플라톤은 '유용성'을 추구하는 소크라테스의 철학을 '즐거움'이라는 양식과 결합하여 새 부대를 만들었다. 플라톤은 의식적인 방법으로 새로운 글쓰기를 만들어 낸 진정한 천재이다. 니체는 플라톤을 이렇게 평가한다.

기존의 비극적 미학관과 소크라테스주의적 미학관이 충돌하는 장소 또는 시기가 있었다. 유용성만을 추구하는 소크라테스 또는 소크라테스주의는 일반 시민에게 다가갈 수 없었다. 일반 시민은 훈계하듯이, 야단치듯이, 지적질하듯이, 윽박지르듯이, 양심의 가장 밑바닥까지 탈탈 털어 내는 소크라테스의 기분 나쁜 말을 싫어하고 혐오했다. 소크라테스가 아무리 위대하고 올바르다 할지라도 이런 소크라테스를 수용할 시민은 많지 않았다. 소크라테스에게 휩쓸리는 추종자와 맹목적인 복종자는 있을지언정 대중적인 지지자는 없었다.

소크라테스와 소크라테스주의가 살아남기 위해서 필요한 것이 있다. 일반 시민과 손을 잡는 것이다. 아니, 일반 시민이 솔깃할 만한 무엇을 제공해야 한다. 그것은 다름 아닌 '즐거움'이다. 즐거움을 가장 잘 표현한 방식이 있다. 즐거움을 선사한 비극적 글쓰기, 극적 글쓰기, 시적인 글쓰기이다. 이 즐거움을 주는 시와 비극에 일반 대중은 열광했다. 비극 극장을 꽉 채운 일반 시민들이 그 증거이다.

새 술은 새 부대에 담아야 한다. 유용성, 이해 가능성, 훌륭함을 추구하는 소크라테스의 새로운 사상은 일반 시민에게 잘 전파되기 위해서 즐거움과 괴로움, 희열과 고통, 카타르시스를 주는 기존의 비극적 글쓰기와 시적 글쓰기와는 다른 글쓰기가 필요했다.

플라톤은 '유용성'과 '즐거움'을 극적으로 결합시킨다. 기존의 비극적 미학관에 따른 글쓰기를 마음으로 받아들인 플라톤은 스승 소크라테스의 이성적 미학관을 정신적으로 수용한다. 플라톤은 비극 경연대회에 참가해서 이름을 떨치려고 마음먹을 만큼 비극에 애정이 깊었다. 플라톤은 철학적 내용과 비극적 형식의 결합을 추구한다. 플라톤은 새로운 글쓰기 전략을 구사한다. 형식은 비극(연극) 양식을 따르되 유익성을 추구하고, 연극적 방식을 추구하되 내용은 유용성을 담는다는 게 그 전략이다.

　플라톤은 스승 소크라테스의 정신인 유용성과 즐거움을 표현하는 기존의 비극 양식을 통합한 새로운 글쓰기를 만들어 낸다. 플라톤은 산문과 극을 결합한 중간 형태의 글쓰기를 창조한다. 우리가 지금 접하고 있는 플라톤의 저서 대부분이 이러한 양식을 따르고 있다. 플라톤식 글쓰기는 당대에도 없었다. 스승 소크라테스에 대한 기록을 남긴 크세노폰도 플라톤과 전혀 다른 산문식 글쓰기이다. 플라톤 이전에도 플라톤식 글쓰기는 없었다. 서정시, 서사시가 주류를 이루고 역사를 기술한 문체가 있었을 뿐이다.

　플라톤의 글쓰기가 얼마나 위대하고 영향력이 있었는지는 플라톤식 글쓰기 이후 몇 백 년 동안 대다수 저자들이(단, 플라톤의 제자 아리스토텔레스는 그 예외이다.) 플라톤의 글쓰기를 따라했다는 점에서 알 수 있다. 플라톤의 새로운 글쓰기는 히트 상품 중 히트 상품이고, 새로운 트렌드를 창출했다.

　한발 더 나아가 보자. 니체의 잠언식, 격언식 글쓰기 역시 새 술은 새 부대를 따른 예이다. 니체는 기존의 모든 사상을 전방위적으로 비판하고 파괴한다. 이전의 글쓰기 방식으로는 이 거대한 임무를 감당할 수 없다. 니체가 학자로서, 교수로서 글을 썼던 것을 얼마나 후회했던가? 니체가 변증법적 사유에 맞춘 변증법적 글쓰기에 얼마나 후회했는가? 「자기비판의 시도」 3장에서 나온 '학자용 모자를 썼으며 독일인의 진중함과 변증법적 무기력함'은 니체 자신의 사유 방법과 글쓰기 방식에 대한 진지한 후회이다. 니체가 초기와 말기 극소수의 글을 제외하고 새로운 글쓰기를 시도한 것은 플라톤과 마찬가지로 '새 사상은 새로운 글쓰기'에 따른 원칙 때문이다.

3. 철학과 신학의 시녀로 전락한 시

이에 대한 하나의 예가 바로 전에 언급했던 플라톤이다. 플라톤은 확실히 비극과 예술을 일반적으로 판단하면서 자신의 스승 소크라테스의 소박한 냉소주의Zynismus에 뒤지지 않았다. 그럼에도 그는 완전한 예술가적인 운명 때문에 하나의 예술 형태를 창조해야만 했다. 그 형태는 이미 그와 멀어졌던 예술 형태와 내적으로 친화성이 있었다.[1]

플라톤이 과거 예술에 퍼부었던 주된 비난—과거 예술은 환영의 모방이자 또한 경험적 세계의 하위 영역이라는 것[2]—은 새로운 예술 작품에 가해져서는 안 된다.[3] 그리고 우리는 플라톤이 현실을 넘어서서 사이비 현실의 토대가 되는 저 이데아를 묘사하려고 애쓰고 있음을 보게 된다. 그러나 그 노력의 결과 사상가 플라톤은 우회로를 통해 그 자신이 시인으로서 항상 고향처럼 머물렀던 곳, 소포클레스와 과거 전체 예술이 저 비난에 대해 저항했던 바로 그 곳에 도달했다.

비극이 이전의 모든 예술 형태를 흡수했다면,[4] 동일한 현상이 이상한 의미이기는 하지만 플라톤적인 대화에도 적용된다. 플라톤적인 대화는 이전의 모든 양식과 형식의 혼합을 통해서 창조되었으며, 이야기, 서사시, 극 사이에서, 산문과 시 사이 그 중간에서 유동하며, 옛 시대의 통일된 언어 형식의 법칙을 파괴했다.[5] 이 길 위에서 **견유파적**zynischen 저자들은 훨씬 더 나아갔다. 그들은 다채로운 양식 혼합으로 산문과 운문 사이에서 이리저리 좌충우돌했으며, 그들이 삶 속에서 재현하고자 애썼던 '미쳐 날뛰는 소크라테스'의 문학적인 형상에 도달했다.[6]

플라톤적인 대화는 마치 난파한 옛 시들이 자신들의 모든 자손을 구조해 줄 조각배와 같았다. 난파한 옛 시들은 좁은 공간으로 밀려들어 갔으며 한 명의 키잡이 소크라테스에게 겁을 잔뜩 먹고 종속되었다. 이제 그들은 이처럼 환상적으로 행진하는 모습을 전혀 물리지 않다고 생각하면서 새로운 세계로 들어간다.

실제로 플라톤은 전체 후세에게 새로운 예술 형식의 전형, 즉 **소설**Roman의 전형을 제공했다. 소설은 끝없이 고양된 이솝 우화로 특징지워진다. 우화 속에서 시와 문답법적 철학의 관계는 수백 년에 걸친 철학과 신학의 관계와 같다. 특히 **시녀**ancilla로서이다. 시녀는 플라톤이 악마적인 소크라테스의 압력을 받고서 과거의 전체 시에게 밀어붙였던 새로운 지위이다.[7]

1. 소크라테스는 비극과 예술을 냉소적으로 바라보았다. 그의 제자 플라톤 역시 스승의 영향을 받아 소크라테스보다 비극과 예술에 대해 한층 더 냉소적이었다. 하지만 플라톤은 타고난 예술가이므로,

스승을 따라 철학적 사유를 하면서도 예술적인 활동을 할 수밖에 없었다. 그는 새로운 예술의 형태를 창조했지만, 그가 창조한 것은 그토록 냉소적으로 바라보았던 비극 글쓰기의 모방이다.

플라톤이 부정할수록 더 따라할 수밖에 없었던 것은 비극 예술이다. 아버지를 부정하는 아들일수록 나이를 먹으면 그토록 부정했던 아버지의 모습을 닮아 간다. 어머니를 싫어하는 딸일수록 중년에 접어들면 어머니와 도플갱어이다. 소크라테스에 감화받은 플라톤은 비극 작가의 길을 부정했지만, 글을 쓰는 플라톤은 비극적 글쓰기 형식을 그대로 답습한다.

2. 이 문장은 플라톤의 예술 창작을 '동굴의 우화'에 빗대어 설명한 것이다. 플라톤의 모방론에 대해서는 2장 2절 해설 1에서 자세하게 설명했다. 플라톤의 모방론적 관점에서 본 예술을 그의 동굴의 우

모방된 예술 관객 환영 경험적 세계 비극 시인 철학 추종자 진정한 철학자
(병사, 말, 개 등)
현실

동굴의 우화

화와 연결하여 비유적으로 설명하면 다음 그림과 같다.

불꽃은 플라톤 이전의 창조하는 예술가이다. 그들은 실제 경험 세계를 모방하는 것이 아니라 실제 인간들이 들고 있는 말 형상, 병사 형상, 새 형상들을 모방하여 예술을 창조하는 자들이다. 관객은 경험적 현실 세계의 모방을 보는 것이 아니라 만들어진 환영의 모방, 즉 모방의 모방을 본다.

플라톤과 같은 철학자나 철학 추종자들은 과거 예술의 환영이나 경험적 세계의 하위 영역을 넘어서, 햇빛이 그림자를 드러내는 실제 이데아의 세계를 모방하여 예술로 창조하는 자이다.

3. 아이러니! 플라톤이 시도한 예술은 환영의 세계가 아닌 새로운 세계, 즉 이데아이지만, 그 표현 양식은 어쩔 수 없이 비극 예술을 모방할 수밖에 없었다. '새 술은 새 부대에'에 입각하여 새로운 예술 형식을 창조한 플라톤 역시 옛 예술 비극에 빚졌다.

4. 비극은 과거의 아폴론적인 것과 디오니소스적인 것을 수용하여 하나로 만든 예술이란 뜻이다. 비극은 특히 5장의 서정시, 6장의 민요, 7장과 8장의 합창가무단, 9장과 10장의 주인공 들의 연극적 요소를 하나로 만든 예술이라는 뜻이다.

5. 이 문장은 플라톤 저작의 글쓰기의 특징을 니체가 요약한 글이다. 플라톤의 글은 정치와 철학, 윤리, 미학 등 다양한 영역을 다루지만 형식적 측면에서 본다면 비극의 노래와 대사, 서사시 등을 모방한 예술이다. 그의 글은 기존의 모든 장르의 글쓰기를 혼합하여 창조된 새로운 양식이다.

우리가 흔히 보는 플라톤 이전의 글은 통일성이 생명이었다. 호메로스나 헤파이스토스의 서사시, 헤로도토스의 역사적 글쓰기, 비극 작가의 비극이나 희극 작가의 희극, 또는 그 이전의 서정시는 문체가 깔끔하게 하나로 통일되어 있다. 반면 플라톤의 글은 나쁘게 말하면 중구난방이고 좋게 말하면 퓨전적 일관성이다.

다양한 요소의 혼합은 결과적으로 형식 파괴를 불러온다. 형식 파괴가 성공하면 새로운 예술 양식으로 평가받지만, 실패하면 조잡하기 짝이 없어진다. 플라톤의 글은 아주 성공한 경우이다. 플라톤 이후 후대 많은 저자들이 오랜 동안 그의 글쓰기를 모범으로 여기고 따라했다. 이 문장은 반대로 말하면 플라톤 글 읽기의 어려움이다. 플라톤의 저서는 서간문을 제외하고는 기본적으로 대화체이다. 플라톤은 가장 중요한 내용을 쉬운 우화나 옛이야기로 상징적으로 드러내기도 하며, 때에 따라서는 산문과 시를 왔다갔다한다. 독자는 산만하고 비체계적인 듯 보이는 글을 따라 읽기가 쉽지 않다.

6. 이 문장은 다음과 같이 구분하여 이해할 수 있다.

하나, 플라톤의 글은 다양한 양식의 글쓰기를 섞어 새 양식을 만들었다. / 견유파 저자들의 글은 플라톤의 글보다 더 혼합적이고 복합적이다.

둘, 견유파 저자들은 '미쳐 날뛰는 소크라테스'의 삶을 생활에서 실천했다. / 소크라테스는 한편으로 '미쳐 날뛰는' 삶을 살았다.

셋, 견유파 저자들의 글은 마치 '미쳐 날뛰는 소크라테스'의 삶마냥, / 운문과 산문 사이에서 부유하며 난삽하고 어지럽다.

이 말의 문헌적 근거는 디오게네스 라에르티오스에게서 나온다.

그(플라톤)는 누군가에게 '당신은 디오게네스를 어떤 사람이라고 생각하

는가?'라는 질문을 받자, '미쳐 날뛰는 소크라테스'라고 대답했다.[167]

이를 바탕으로 이 문장을 추적해 보자. 문체는 직접 확인해 보는 수밖에 없다. 플라톤의 저작은 많이 남아 있으므로 확인이 가능하다. 하지만 소크라테스의 제자로 견유학파를 열었던 안티스테네스 Antisthenes(기원전 445~365년)와 대표적인 견유학파인 디오게네스(기원전 412~323년)의 저작은 남아 있는 게 거의 없다. 물론 안티스테네스의 저작 중 『아약스Ajax』와 『오디세우스Odysseus』는 남아 있다. 하지만 이 저작들은 안티스테네스가 고르기아스의 제자로 수사학을 배울 때 쓴 책들이다. 이 점에서 니체가 말한 '미쳐 날뛰는 소크라테스' 영향력을 찾아보기 쉽지 않을 듯하다. 견유학파의 대표자인 디오게네스의 책 또한 남아 있지 않다. 따라서 우리는 플라톤의 저작을 바탕으로 니체가 한 말을 상상하는 수밖에 없다.

중요한 건 '미쳐 날뛰는 소크라테스'와 관련된 부분이다. 견유학파가 미쳐 날뛰는 생활을 했다는 것은 우리도 잘 알고 있다. 디오게네스의 삶과 행위가 그 증거이다. 예컨대 한 벌의 옷과 물을 떠먹을 수 있는 표주박만으로 생활하고, 맨발로 걸어 다니고 개처럼 통 속에서 산 게 그 증거이다. 또한 소크라테스의 나이 많은 제자이자 가장 중요한 제자 중 하나였던 안티스테네스의 금욕적이면서 절제적인 삶도 그 증거가 될 수 있다.

절제와 금욕적 생활을 강조한 플라톤이 소크라테스의 제자인 안티스테네스의 제자 디오게네스의 삶을 '미쳐 날뛰는 소크라테스'라고 언급한 것은 의미가 있다. 소크라테스의 삶은 정상적인 사람들이 보기에 그 정도가 지나쳐 '미쳐 날뛰는' 것으로 보일 수 있다고 플라톤은 생각했다는 점이다.

우리가 알고 있는 철학의 시조이자 철학의 아버지로서의 소크라테스, 신격화된 소크라테스를 버려 버리자. 눈을 부릅뜨고 쳐다보면, 나이 많은 늙은 미치광이 소크라테스, 중년의 배불뚝이 궤변가 소크라테스, 커다란 눈을 말똥말똥 뜨고 잘생긴 젊은 청년들을 사냥하러 다니는 소크라테스가 보인다.

소크라테스는 분명 미친 자다. 예를 들면 소크라테스는 한겨울 혹한에도 맨발로 다녔다.[168] 소크라테스는 단벌 신사로 평생 옷 한 벌로 인생을 보냈다. 그는 새벽에 생각에 잠기기 시작하면 정오를 지나 저녁을 지나 다음날 새벽까지 한자리에 서 있었다.[169] 죽기 전 제자들과 철학을 토론하기 위해서 어린 자식을 안고 있는 부인을 쫓아내는 소크라테스를 생각해 보자. 일반인의 시각으로 본다면, 그는 분명 미친놈이다. 소크라테스의 또 다른 제자 크세노폰도 노골적으로 그가 얼마나 미친 짓을 하고 살았는지 간명하게 말한다.

> 여하튼 자네는 노예일지라도 주인에게 이러한 취급을 받으면 도망하고 말 것 같은 생활을 하고 있네. 음식은 더 이상 할 수 없을 만큼 검소하고, 의복은 단지 검소할 뿐만이 아니라 여름이나 겨울을 단벌 신사로 신발, 내의 없이 지내고 있네.[170]

소크라테스가 깨끗이 씻고 신발을 신은 것이 제자들에 의해 회자가 될 정도라면, 그가 얼마나 지저분하고 더럽게 살았는지를, 일반 시민들이 볼 때 얼마나 미친 사람이었는지를 역설적으로 보여 준다.

그는 소크라테스 선생님이 목욕도 하고 신발도 신은 채(이건 그분이 좀처럼 하시지 않던 일이지.) 자기와 맞닥뜨리게 되었다고 말했네.'[171]

게다가 소크라테스는 앞에서 살펴본 대로 시도 때도 없이 귀에 이상한 소리가 들려온다고 말하고, 꿈에 여신이 나타나 행동을 지시한다고 말한다. 그뿐이 아니다. 소크라테스는 그 당시 모든 종교관, 관습, 규범 등이 잘못되었다고 입에 거품을 물고 떠들고 다닌다. 디오게네스가 밝은 대낮에 등불을 들고 '인간'을 찾아다녔듯이, 소크라테스는 등불도 들지 않은 채 참다운 올바름을 찾아다녔다.

플라톤은 자신의 스승 소크라테스라는 인물이 한발만 더 나가면 '미쳐 날뛰는' 것으로 보일 수 있다고 생각했을 것이다. 플라톤의 이런 염려가 소크라테스의 손자뻘 제자인 디오게네스의 삶을 보고 '미쳐 날뛰는 소크라테스'로 나타난다.

니체는 소크라테스가 '미쳐 날뛰는' 디오게네스의 전조라고 판단한다. 니체는 플라톤에 이어 견유파의 글쓰기가 '통일된 언어 형식의 법칙'을 파괴한 미친 글쓰기의 전형이라고 비판한다.

7. 우화는 첫째, 우리가 알고 있는 소설의 태동에 영향을 미쳤으며 둘째, 시를 문답법적 철학의 시녀로 만들었다. 니체의 주장이다. 니체가 왜 이렇게 언급했는지 살펴보도록 하자.

우화와 소설은 의미상에서 유사하다. 우화에는 세 가지 의미가 있다. 우화는 뜻으로 보면 첫째, 우리가 일반적으로 알고 있는 동물이나 사물 등을 통해 교훈을 전하는 것, 둘째, 꾸민 이야기 셋째, 이야기의 줄거리 또는 플롯을 뜻한다. 소설은 꾸민 이야기로서 줄거리나 플롯을 가지고 있으며, 대다수 소설은 교훈을 목적으로 한다는 점에서 우화와 유사하다.

다시 보기

니체는 왜 우화에 그렇게 적대적이고, 소설에 대해 비판적인가?
니체가 우화와 소설을 왜 유사하게 보았는지를 결과적인 측면에서
살펴보자. 니체는 우화의 목적이 인간을 '획일화'시키고 '통일을 향
한 동경'[172]을 강요한다고 보았다.

> 최초의 우화—인류는 마치 머릿속에서 떠오르기나 한 것처럼 동일하
> 며, 현실의 인간을 획일적으로 만든다.[173]

우화는 기본적으로 교훈을 전제로 한다. 우화는 쉽고 재미있는
이야기를 통해 인간을 통일성과 획일성으로 몰아간다. 소크라테스
적인 비극 작가 에우리피데스가 그 대표적인 우화 비극 작가라고
할 수 있다. 에우리피데스는 프롤로그에서 우화를 이용하여 관객을
하나의 생각으로 몰아갔다. 그는 우화적 프롤로그를 통해 비극을
보는 관객이 다른 생각을 하는 걸 거부했다.

> 에우리피데스는 명백하게 소재의 신선함, 놀라운 우화가 아니라 그 자
> 신이 지루한 우화로 창조해 낸 격정적인 장면을 통해서 도달하려고 했
> 다.(관객을 끌고 가려 했다.) 하지만 무엇보다도 그는 우화를 변형시켰던
> 것처럼 프롤로그를 통해 관객들을 가르치려고 했고, 그럼으로써 관객들이
> 잘못된 생각을 하지 않도록 만들었다.[174]

니체가 말한 우화는 동물이 주인공으로 나온 것만은 아니다. 니체는 신화 역시 우화라고 생각했다. 그는 '사랑하는 신에 관한 새로운 우화', '헤시오도스의 여러 인간의 시대에 관한 우화', '예수에 관한 성스러운 우화', '기독교적 우화'라는 말들을 사용한다. 우화의 한 종류인 신화 역시 인간을 획일화시키고 통일시키는 방향으로 나간다. 인간의 획일화와 통일화란 '올바름', 즉 도덕적이고 윤리적으로 올바른 인간을 지향한다.

니체는 소설이 인간을 획일화시키고 통일시키는 우화의 정신을 이어받았다고 주장한다. 소설이 우화의 연장이라면, 소설 역시 인간을 획일화시키고 통일화시키는 역할을 한다. 소설의 시작은 소크라테스에서 비롯한다.

그러나 모든 시대에 걸쳐 새로운 종류의 소크라테스적 예술이 남아 있다. 이 예술은 소설과 동맹을 맺고서 그리스 이외 모든 후세에게 경탄을 강요했다. …… 경험적 현실의 반영으로서 연극, 환상적-이상적 현실의 반영으로서 소설—이것들은 거의 이천 년 동안 그리스에게 의존을 보여주는 두 가지 기본 양식이다. ……[175]

우화는 소설의 어머니이고, 소설은 어머니 우화를 닮아 인간을 올바름으로 이끄는 한 수단에 지나지 않는다. 먼 옛날로 거슬러 올라가는 고대소설의 주제는 한마디로 권선징악이다. 이것은 변함없는 사실이다. 소설은 인간과 인간의 관계, 인간의 심리를 헤집고 파헤치고 들어가 길게 늘어난 우화이다.

소설의 원형을 만들어 낸 사람은 소크라테스이고, 소크라테스의 유지를 받들어 전형을 창출한 자는 플라톤이다. 니체는 그렇게 판단했다. 플라톤의 고전적 저작인 『국가』의 기게스 이야기, 동굴의 우화, 『향연』의 에로스 관련 우화는 책 전체의 주제를 집약한 것이다. 이 우화가 전달하는 메시지는 분명하다. '올바르게 살라'는 것이다. 이 우화들의 본질을 분명하게 이해하지 못하면, 책 전체 내용역시 파악 불가능하다.

우화의 매력! 소크라테스는 이미 오래전 이를 분명하게 파악했다. 우화의 힘! 플라톤은 이미 오래전 이를 분명하게 정식화시켰다. 우화의 음모! 니체는 소크라테스와 플라톤의 음험한 의도를 분명하게 간파했다. 우화의 전염! 니체는 우화가 낳은 수많은 변태들이인간의 정신을 구석구석 병들게 만든다고 주장한다. 우화의 병에걸린 자들은 '죽은 시인의 사회'에서 살아가는 우리들이다.

그리고 나라는 것! 나는 우화가 되었고, 허구가 되었으며, 말장난이 되었다. 나는 생각하고, 느끼고, 의욕하기를 완전히 멈춰 버렸다.[176]

생각하기를 그만두고, 느끼지를 못하고, 더 이상 아무것도 하고싶어 하지 않는 자는 누구인가? '죽은 시인의 사회'에서 살고 있는나, 정신이 없는 자, 정신을 잃은 자, 영혼이 무뎌진 자이다. 그는 보이지 않는 거대한 실과 선에 의해 조정당하는 인간이다. 니체가 소설을 우화의 연장이라 한 것은 시를 잃어버린 사회, 시를 느끼지 못하는 인간, 비극의 메시지를 향유하지 못하는 인간을 지적한 것이다. 소설은 곧 비극의 죽음이자 시의 죽음이며, 이는 소크라테스의비극 죽이기 음모에서 시작되었다.

4. 논리적 도식주의로 전락한 아폴론적 경향

여기에서는 철학적 사상이 예술을 압도하도록 성장했으며 예술을 문답법Dialektik의 줄기에 긴밀하게 매달리도록 강요했다. **아폴론적 경향은 논리적 도식주의 속에서 고치로 변해 버렸다.**[1] 우리는 마찬가지로 에우리피데스의 작품 속에서 이와 상응하는 어떤 것과 그 외에 디오니소스적인 것의 자연주의적 흥분으로의 전환[2]을 인지했다.

플라톤의 극에서 문답법적 주인공인 소크라테스는 우리에게 에우리피데스적인 주인공과 유사한 본성을 지니고 있음을 상기시킨다. 그 주인공은 근거와 반대 근거에 의해서 자신의 행위를 정당화해야만 하고 바로 이 때문에 종종 우리의 비극적 동정을 상실하는 대가를 치르는 위험에 처하곤 했다.[3] 왜냐하면 누구나 문답법적 본질 속에서 각 결론이 나올 때마다 축제로 환호하는 **낙관주의적 요소**를 부인하지만, 냉정한 빛과 의식 속에서만 숨을 쉴 수 있기 때문이다. 일찍이 비극에 쇄도한 낙관주의적 요소는 자신의 디오니소스적 영역을 점차 능가했으며, 필연적으로 비극을 자기절멸—시민적 드라마로의 죽음의 도약에 이를 때까지—로 몰고 갔다.[4]

사람들은 다음과 같은 소크라테스적 명제의 결론을 생생하게 표현할 수 있다. '훌륭함은 지식이다. 무지할 때에만 죄를 짓게 된다. 훌륭한 자는 행복한 자이다.' 비극의 죽음은 이와 같은 낙천주의의 세 가지 기본 형식 속에 놓여 있다.[5] 왜냐하면 이제 훌륭한 주인공(영웅)은 문답법론자이며, 이제 훌륭함과 지식 그리고 믿음과 도덕 사이에 필연적으로 확인 가능한 연결이 반드시 존재해야 하며, 이제 아이스킬로스의 초월적인 올바름의 해결은 습관적으로 사용한 **악명 높은 기계장치**의 도움을 받아 피상적이고 파렴치한 '시적 올바름'의 원리로 떨어지기 때문이다.[6]

1. '여기에서는'은 플라톤의 저작을 말한다. 플라톤의 글은 형식적으로 보면 비극과 동일하다. 이 점에서 그의 글은 이전의 다양한 예술 양식을 흡수한 하나의 새로운 예술이다. 하지만 플라톤의 작품은 내용상으로 보면 예술이 말살된 예술로서, 철학적 사상을 표현하기 위한 예술일 뿐이다. 플라톤의 저작은 비극과 마찬가지로 형식적 측면에서 대화와 문답을 이용하지만, 예술의 본래 기능을 하는 것이 아니라 철학의 시녀이자 문답법의 시녀에 지나지 않는 역할을 할 뿐이다.

'**아폴론적** 경향은 논리적 도식주의 속에서 고치로 변해 버렸다'는 플라톤의 예술이 가져온 결과이다. 니체는 플라톤이 비극의 한 축인 아폴론적 것의 아름다움을 논리적 도식주의로 몰아갔다고 비판한다. 그 추론은 다음과 같다.

아폴론은 꿈의 신이자 미의 신이며 진리의 신이다. 아폴론이 비극에서 꿈의 신으로 나타날 때는 '가상'으로 나타나고, 미의 신으로 나타날 때에는 언어가 주축인 '대화', '서사시', '형상', '형식의 확고함'으로 나타난다. 플라톤이 소크라테스를 주인공으로 내세운 작품들은 주로 문답법으로 이뤄지는데, 문답법은 꿈의 신인 아폴론적인 '가상의 예술'이다. 아폴론적인 가상이 무대 위에 나타날 수 있는 방법은 노래, 춤, 서정시와 달리 대화로 나타날 수밖에 없기 때문이다.

플라톤의 철학극 무대 위 주인공인 소크라테스가 내세운 대화법은 처음부터 끝까지 증명을 위한 논리학이다. 이때 아폴론은 진리의 신으로 나타난다. 플라톤 저작의 주인공인 소크라테스는 스스로 아폴론의 시종임을 고백한다.

> 나 자신도 백조들(아폴론의 시종)과 함께 같은 신(아폴론)에 봉헌된 자이며 그 종 ......'177

형식의 정교화와 시스템의 고도화가 새로운 것의 출현을 막듯이, 플라톤의 저작 안에서 논리의 정교화는 도식주의로 귀결되기 마련이다. 비극 작가를 지망한 플라톤은 철학적 논증을 위해 비극을 차용하지만, 비극의 디오니소스적 요소가 주는 감동은 소멸하고 논증에 이은 논증, 더 고차적인 이데아를 논증하기 위한 논증의 순환만이 남게 된다.

2. 자연주의적 흥분에 대해서는 12장 6절 해설 6을 참조하자. 논리적인 문답법만 남은 플라톤의 저서에서는 디오니소스적인 황홀은 완전히 사라져 버린다. 그 대신 소크라테스 문답법이 막강한 힘을 발휘하여, 대화 상대자가 입을 벌리지도 못한 채 숨을 죽이고서 소크라테스 말에 주억거리고 있는 장면을 생각해 보자. 이때 소크라테스의 입장에 서 있다면, 아니 플라톤 극의 주인공을 응원한다면, 논리의 막강한 힘이 주는 기쁨은 흥분으로 다가올 것이다.

3. 에우리피데스적인 주인공에 대해서는 11장 3절 해설 16을 참조하자. 플라톤 저작이자 극의 주인공 소크라테스와 에우리피데스 극의 주인공의 유사점은 '싸운다'는 점이다. 에우리피데스의 주인공

은 자신의 이익을 놓치지 않기 위해서 적과 싸웠고, 플라톤의 주인공 소크라테스는 자신의 주장이 옳다는 것을 증명하기 위해 적들과 사생결단을 하고 싸웠다.

전자의 주인공이 말싸움과 법정 투쟁을 해서 승리한다는 것은 상대방에게 이익을 빼앗는 것이고, 후자의 주인공이 문답법을 통해 적을 때려눕힌다는 것은 소피스트, 정치인, 시인의 설 자리를 잃게 만드는 것이다. 양자는 상대가 죽든지 말든지 관계없이 이기기만 하면 된다는 점에서 무자비하다. 법적 다툼이 얼마나 비인간적이고, 소크라테스적 산파술이 얼마나 많은 적을 만들었는지 생각하자. 적에 대한 인간적 동정이 없는 곳에는 최소한의 인간적 연민도 있을 수 없다.

에우리피데스의 승자가 물질적 승리를 거둬 상대방을 굶겨 죽이듯이, 플라톤의 주인공은 정신적 승리를 거둬 상대방의 정신적 가치가 설 자리를 제거해 버린다. 잔인함과 무자비함은 승리한 자, 이긴 자의 이면이다.

4. 에우리피데스에 의해 관객에서 무대 위 주인공으로 올라온 내용을 다룬 11장 3절 전체가 시민극을 설명한다. 시민극은 한마디로 말하면 영웅적인 오디세우스가 소시민적인 그래쿨루스적인 인물로 등장한 것을 말한다. 비극의 한 요소인 디오니소스적 요소가 논리로 모든 문제를 해결할 수 있다고 주장하는 논리적 낙관주의, 다른 말로 하면 아폴론적 요소의 강화에 의해 몰락하게 될 때, 비극은 죽음을 맞고 시민극이 등장한다고 니체는 바라보았다.

시민극이란 에우리피데스식으로 말하면 이기심에 근거한 대화, 플라톤식으로 말하면 합리성에 근거한 문답법을 말하며, 이 양자가 합쳐져서 만들어진 강력한 아폴론적 요소가 비극의 또 다른 요소, 디오니소스적 요소인 춤, 음악, 서정시 등을 제거한다.

5. 낙관주의가 고대 비극을 절멸시켰다는 게 요지이다. 이 단락은 에우리피데스의 비극을 설명한 13장 7절에 나오는 '아름답기 위해서는 모든 것은 이해되어야만 한다.'와 같은 맥락이다.

낙관주의의 세 가지 기본 공식이 왜 비극을 죽음으로 몰고 가는가를 살펴보도록 하자. '훌륭함은 지식이다. 무지할 때에만 죄를 짓게 된다. 훌륭한 자는 행복한 자이다.' 이 세 공식에서 두 가지가 추론된다. 첫째, 아는 자는 훌륭한 자이고, 훌륭한 자는 행복한 자이다. 둘째, 모르는 자는 죄를 짓는 자이고, 죄를 짓는 자는 불행한 자이다.

문제의 핵심은 '아는 자는 무엇을 아는가?'와 '모르는 자는 무엇을 모르는가?'이다. 이 질문은 '아무것도 모른다'를 알고 있다고 자랑한 소크라테스는 '무엇을 알았는가?'라는 질문과 일치한다. 낙관주의자 소크라테스는 '원인과 결과', '죄와 벌', '훌륭함과 행복'의 필연적인 관계를 창조했다.[178] 여기서 말하는 원인과 결과는 콩 심은 데 콩 나는 것과 같은 자연과학적 진리가 아니다. 그 인과론은 '원인인 죄를 지은 자는 결과로서 벌을 받는다.'는 응징론과 '원인인 훌륭한 행동을 하면 결과인 행복을 얻는다.'는 보상론으로 구성된 윤리적인 망상이다.

소크라테스는 자신이 알지 못하고, 이해하지 못해서 행동할 수 없었을 때 전지전능한 다이몬이 길을 제시하면 이를 따랐다. 다이몬은 소크라테스가 죄를 짓는 것이 아니라 훌륭하게 행동하도록 만든다. 소크라테스는 훌륭하게 살았으므로 죽은 자들이 사는 세계에 가서 벌을 받지 않고 행복을 얻는다는 것을 확신한다. 이것이 소크라테스의 사후 낙관주의의 전형이다.(이 절 다시 보기 참조.) 이 낙관주의는 모든 종교적 낙관주의의 전형이고, 우리가 흔히 도덕적으로 윤리적으로 접하는 낙관주의의 원형이다. 이 낙관주의가 비극을 죽음으로 몰고 간다.

낙관주의자는 왜 비극을 죽음으로 몰고 가는가? 오이디푸스의 고통스러운 삶과 프로메테우스의 지독한 고통이 보여 주듯이 비극은 현재 현실의 고통스러운 삶에도 불구하고 삶은 살아갈 만하다는 것을 표현한다. 오이디푸스는 모르는 자이다. 그는 스핑크스의 수수께끼를 풀 정도로 아는 것이 많은 자이지만 자신에게 어떤 운명이 닥칠지 몰랐다. 프로메테우스 역시 모르는 자이다. 그는 '미리 생각하는 자'이자 제우스의 운명을 아는 자이지만 최고의 신 제우스에 의해 자신이 어떤 고통을 겪을지 몰랐다. 소크라테스에 따르면 그들은 몰랐기 때문에 훌륭한 자가 아니다.

오이디푸스는 모르기 때문에 죄를 짓는 자이다. 그는 신탁을 들은 후 자신에게 닥칠 운명을 피하려고 고향 테베에서 달아나려 하지만, 운명은 그를 테베로 이끌었다. 그는 운명을 몰랐기 때문에 아버지를 살해했고, 어머니와 근친상간의 죄를 짓는다. 프로메테우스 역시 죄를 짓는 자이다. 그는 최고의 신에게 저항하고, 최고의 신을 협상 테이블로 끌어들이려는 극악무도한 죄를 짓는다. 오이디푸스와 프로메테우스는 알지 못했기 때문에 죄를 지을 수밖에 없었다. 이로 인해 오이디푸스는 지혜의 창구인 눈을 잃는 벌을 받았으며, 프로메테우스는 독수리에게 간을 쪼이는 벌을 받는다.

죄를 지은 오이디푸스와 프로메테우스는 행복한가, 불행한가?

비극 작가들은 양자를 행복으로 이끌었다. 오이디푸스는 죽기 전 행복을 얻었으며, 프로메테우스는 제우스와의 타협을 이끌었다. 반면 소크라테스는 이들을 저주받은 자들로 끌고 간다. 사후 낙관주의자 소크라테스는 죄를 지은 자들을 사후세계에서 지옥의 구렁텅이로 처박아 버린다. 그들은 몰랐기 때문에 현재 현실에서 죄를 지은 자이고 사후에 불행한 자가 된다.

소크라테스 문답법의 세 가지 기본 공식은 비극의 세계관과 충돌한다. 비극은 원인과 결과를 부정하고, 죄와 벌을 인정하지 않으며, 훌륭함과 행복을 연결시키지 않는다. 현재 현실 속에서 살아가는 인간은 왜 태어났는지 모르고 어떻게 죽을지 모른다. 인간은 모르고서도 죄를 짓고 알고서도 죄를 짓고 벌을 받기도 하고 안 받기도 한다. 인간은 훌륭하게 산다고 해서 행복하지도 않으며 악독하게 산다고 해서 불행하지도 않다. 인간은 그저 비극 속 주인공처럼 극한의 고통 속에서 살아갈 수밖에 없으며, 하루의 고통 뒤에 다음 날 다시 영웅처럼 되살아나 또 하루를 살아갈뿐이다.

하지만 낙관주의자 소크라테스는 현재 현실의 고통스러운 삶을 부정하고 죽은 뒤 사후 행복을 추구한다. '현재 현실 부정'의 염세주의적 태도와 이와 정반대인 '사후 행복 긍정'은 낙관주의의 가장 전형적인 모습이다. 소크라테스는 현재 현실에서 도덕적으로 아는 자가 되어야 죄를 짓지 않고 사후에 복을 받는다고 강조한다. 플라톤 철학 드라마의 문답법 주인공 소크라테스는 철학의 주인공이자 영웅으로서 현재 현실의 우리 죄를 끊임없이 징치한다. 이 때문에 비극은 사멸한다.

6. 무엇이 올바른가를 결정할 수 있는 것의 복잡함과 어려움(아이스

킬로스의 초월적인 올바름의 해결)을 아주 쉽고 간단한 기준(악명 높은 기계장치, 시적 올바름)으로 해결함을 뜻한다. 악명 높은 기계장치에 대해서는 12장 7절 해설 10에서 설명했고, 아이스킬로스의 초월적인 올바름의 해결은 니체가 9장 3절과 4절에서 다루었다. '시적 올바름'은 '문학적 올바름'으로도 번역 가능하다. 시적 올바름이란 문학이나 영화의 주인공이나 영웅이 악인을 쉽게 징치하고 올바름을 회복하는 것을 말한다.

이 말은 쇼펜하우어의 『의지와 표상으로서의 세계 I』3부 51장에 나온다. 쇼펜하우어는 시적 올바름이 소크라테스 같은 낙관주의나 기독교 등의 종교적 세계관에서 올바름을 실현하는 수단이라고 본다.

> 이와 반대로 소위 시적 올바름의 요청은 비극의 본질, 확실히 세계의 본질에 대한 완전한 오해에 근거한다. …… 하지만 천박하며 낙관주의적이며, 프로테스탄트적이거나 또는 유대교적인 세계관은 시적 올바름을 요구하며, 그 충족에서 자신의 진가를 발견한다.[179]

시적 올바름이 필요한 것은 올바름과 정의가 현실에서 실현되지 않으며, 실현된다 해도 극히 미미하게 실현되는 데에서 비롯한다. 시적 올바름을 가장한 문학이나 영화는 현실의 부정의를 보상해 주고, 종교는 사후 보상으로 올바름의 실현을 장려한다. 문학과 영화 속에서 올바른 자와 정의로운 자는 대부분 승리한다. 여러 종교에서 신앙심이 깊은 자는 현실에서 고통을 받지만 죽은 후 반드시 구원받거나 새롭게 다시 태어나 행복할 것이라고 믿는다. 반면 비극은 이와는 전혀 다르다. 비극은 현실 자체가 고통임을 인정하고 삶이란 고통을 감내하고 살아가야 함을 보여 준다.

> 비극의 진정한 의미는 주인공이 자신이 지은 죄를 속죄하는 것이 아니라 현존재의 죄, 즉 '인간의 가장 큰 죄는 자신이 태어났다는 데에 있다'는 원죄를 속죄한다는 데에 심오한 통찰이 있다.[180]

실레노스가 미다스에게 알려 준 삶과 현존재의 비밀이 곧 비극의 정신이다. 반면 에우리피데스는 '소위' 또는 '이른바' 시적 올바름이 현실에서 실현되지 않는다는 걸 너무 잘 알고 있었다. 그 때문에 에우리피데스는 자신의 비극을 상투적으로 악명 높은 기계장치 위의 신에 의존하여 결말을 지었다. 이 신은 비극에 나타나는 갈등을 해결하고, 각 주인공이 나아가야 할 길을 지시해 주며, 모든 죄와 벌, 선행과 복을 가르쳐 준다. 에우리피데스의 비극에서 시적 올바름은 아주 쉽게 명쾌하게 실현된다.

에우리피데스의 비극이 아닌 일상생활에서는 어떤가? 소크라테스가 그 역할을 대신한다. 악명 높은 기계장치 위에 신이 있고, 그 신의 가면을 벗기면 소크라테스가 있다. 소크라테스는 신의 가면을 쓰고 음흉하게 웃음 짓고서, 에우리피데스 비극에서와 같은 역할을 한다.

> 기계 위의 신이 나타나자마자 우리는 그 가면 뒤에 소크라테스가 숨어 있으며 자신의 저울 위에 행복과 미덕을 놓고서 균형을 잡으려고 애쓰고 있다는 것을 알아챕니다.[181]

인간의 죄와 벌을 판단하는 신은 소크라테스가 가면 쓴 것, 소크라테스에서 비롯된 사상에 지나지 않는다는 것이 니체의 판단이다. 그 결과 어떤 일이 발생하는가? 아이스킬로스가 프로메테우스의 행위를 처리했던 방식의 올바름이라는 해결 방법은 사라진다. 인간의 도덕이나 윤리로는 판단할 수 없고 인간의 지혜와 감각으로는 이해할 수 없는 초월적인 해결 방식은 사라진다.

소크라테스는 올바름을 정하기 위해서 너무나 '피상적이고 파렴치한 시적 올바름'이란 잣대를 들이댄다. 그는 자신이 마치 신이라도 된 양 모든 가치의 판별자가 된다. 소크라테스는 단 하나의 올바름만이 지배하는 획일적인 사회와 국가를 만들고 싶었다. 니체는 '시적 올바름'이란 말로 소크라테스적인 가치가 세계의 보편적 척도로 등장했음을 지적한다.

다시 보기

염세주의를 이해하는 것은 니체 사상의 중심에 들어서는 것이고, 낙관주의를 이해하는 것은 니체가 비판한 대상의 정곡을 찌르는 것이다. 니체는 「자기비판의 시도」에서 염세주의와 낙관주의를 대비시켜 자기비판을 감행했다. 니체 자신은 염세주의자라고 고백하고, 낙관주의에 대해서 불구대천의 적으로 전투할 거라고 한 선언은 「자기비판의 시도」의 핵심 내용이다.

니체는 낙관주의와 낙관주의자에 대해서 적대적이다. 낙관주의의 대표자는 소크라테스이고, 소크라테스는 전형적인 낙관주의자이기 때문이다. 소크라테스의 낙관주의는 다음 세 가지로 정리될 수 있다.

소크라테스와 더불어 더 이상 예술과 관계가 없는 낙관주의가 시작한다.

목적론과 선량한 신에 대한 믿음과 함께:

인식하는 선량한 인간에 대한 믿음과 함께.

본능의 해체와 함께.[182]

소크라테스는 예술을 부정하고 그 대신 종교적 낙관주의, 이론적 낙관주의, 윤리적 낙관주의를 촉발시킨다. 이론적 낙관주의에 대해서는 15장에서 살펴보도록 한다. 여기에서는 종교적 낙관주의와 윤리적 낙관주의를 연결하여 알아보자.

낙관주의는 현실세계를 부정하는 약함의 염세주의이고 죽고 나서 행복을 바란다. 소크라테스는 현재 현실이 아니라 사후세계를 낙관했다. 소크라테스는 착한 자는 죽어서 사후세계에서 복을 받는다는 것을 낙관했다. 소크라테스는 종교적 신념에 가까울 정도로 사후 행복을 믿었다.

소크라테스는 『변론』에서 위대한 영웅들과 신들을 만날 수만 있다면 '몇 번이고 죽고 싶은 마음'이라고 배심원들 앞에서 호언장담한다. 그는 한발 더 나가 선량한 자는 죽는 것을 바라야 한다고 말할 정도였다. 그는 현실세계의 고통에 대한 보답으로 사후에 받는 보상론을 주장한다.

여러분 또한 죽음에 대해서는 희망차야만 합니다. 그리고 이 한 가지는 진실이라고 생각해야만 하고요. 즉, 선량한 사람에게는, 그가 살아서나 죽어서나 간에 그 어떤 나쁜 일도 없으며, 또한 이 사람의 일들을 신들이 소홀히 하지도 않는다는 것 말입니다. ……[183]

소크라테스는 선량하게만 살았다면 현재 이승의 삶보다는 죽음 뒤 저승의 삶이 더 낫다고 공언하는 자이다. 그는 자신이 선량하게 살았으므로 '살아 지옥'을 벗어나 '죽어 천당'에서 행복하게 살 것이라고 공언한다. 이 점에서 그는 현실세계를 부정적으로 바라보는 염세주의자이자 사후세계를 긍정적으로 바라보는 낙관주의자이다.

소크라테스는 『크리톤』에서 『변론』과 정반대로 응징론을 제기한다. 그는 현실에서 악한 짓을 저지른 자는 죽어서 벌을 받는다고 주장한다.

> 이처럼 부끄럽게 앙갚음으로 올바르지 못한 짓을 하고 앙갚음으로 해치고서 떠난다면 …… 그대 자신과 친구들 그리고 조국과 우리를 해친다면, …… 저곳 저승의 법률인 우리 형제들도 그대를 상냥하게 맞아들이지 않을 것이니라.[184]

낙관주의의 가장 큰 특징은 사후 보상과 사후 응징이다. 소크라테스는 이전 어느 누구도 주장하지 않았던 착한 자를 위한 사후 낙관주의를 끌어들인다. 소크라테스는 이를 극단까지 밀고 갔기 때문에 살아날 수 있음에도 불구하고 스스로 죽음을 선택하고, 죽으려고 작정했기 때문에 죽기 바로 직전 제자에게 일격을 당한다. 제자 케베스는 소크라테스에게 '스스로 자신을 죽이는 것이 온당한 짓'이냐고, 다른 말로 하면 자살이 올바른 일이냐고 묻는다. 제자나 다수 시민들은 소크라테스에게 현실에 염증을 느끼고 자살하려는 자와 다름없다고 평가한 것이다. 소크라테스는 이에 대해 또다시 사후 행복의 궤변으로 너스레 떤다.

> 진정 철학으로 생애를 보낸 사람은 내가 보기에는 죽음에 임하여 확신
> 을 갖고 있으며, 또한 자기가 죽은 뒤에는 저승에서 최대의 좋은 것들을
> 얻게 될 것이라는 희망에 차 있을 것이 당연하다. ……[185]

이 얼마나 기괴한 자살 변호론인가! 소크라테스는 철학을 통해 자살을 선교하는 자이자 철학을 배우도록 양성하는 자살의 목회자이다. 소크라테스의 목적은 분명하다. 현실의 고단한 삶을 이겨 내기 힘들지만, 도덕적으로 착하게 살고 윤리적으로 올바르게 사는 것이 중요하다. 이렇게 산 자는 죽어서 복을 받을 수 있다. 소크라테스에 따르면 철학은 바로 이런 것을 가르치는 것이고, 이러한 가르침을 받은 자는 사후 행복을 얻는 것이다.

소크라테스는 이를 한발 더 밀고 나가 육체의 영혼 감옥설[186]을 주장한다. 육체는 영혼을 가두고 있음에 지나지 않기 때문에 진정한 자유는 죽어서 얻을 수 있다는 것이 소크라테스의 핵심 논지이다.

> 지혜를 사랑하는 이는 다른 사람들과는 달리 혼으로 하여금 몸과의 결
> 합 상태에서 최대한 벗어나게 하는 사람임이 분명하겠지?[187]

육체의 영혼 감옥설은 플라톤의 『변론』에 이미 나타난다.

> 이제는 죽어서 골칫거리들에서 벗어나게 된 것이 제게는 더 잘된 것이

라는 점이 명백해졌습니다.[*188]

사는 것이 골칫거리이니 죽어서 벗어나야 한다는 것이 소크라테스식 낙관주의의 핵심 논리이다. 니체는 소크라테스의 현실 염세와 사후 낙관을 부정하고 거부하고 공격한다. 비극은 현실 긍정의 예술이고 사후 부정의 종교이다. 현재의 고통이 아무리 크다 할지라도 인간이라면 비극 속의 주인공들처럼 영웅적으로 운명에 맞서 살아가야 한다. 니체가 말한 강함의 염세주의는 바로 이 지점에서 움튼다. 니체는 소크라테스와 반대로 사후 염세주의자이자 현실 낙관주의자이다.

5. 합창가무단의 쇠락화

이제 이러한 새로운 소크라테스적-낙관주의적 무대세계에 대해서 **합창가무단**과 비극의 전체적인 음악적-디오니소스적 토대는 어떻게 나타날까? 우연적인 것으로 그리고 비극의 기원과 연관하여 없어도 좋은 잔여물로 나타난다. 반면 우리는 이미 합창가무단이 일반적으로 비극과 비극적인 것의 근원으로 이해될 수 있다고 고찰했다.[1]

이미 소포클레스의 작품 속에서 합창가무단과 관련된 당혹스러움이 나타났다. 이는 비극의 디오니소스적 토대가 이미 그의 작품 속에서 파괴되기 시작했다는 것을 보여 주는 중요한 표식이다. 소포클레스는 합창가무단에게 활동의 주요 부분을 더 이상 맡기지 않았다. 그 대신 그는 합창가무단이 배우와 거의 동등한 지위로 나타나도록 그 영역을 제한시켰다. 합창가무단은 오케스트라에서 무대 위로 올라가게 되었다. 물론 그럼으로써 합창가무단 본질은 완전히 파괴되었으며, 아리스토텔레스 또한 합창가무단의 이러한 해석에 동의를 표했다.[2]

소포클레스가 공연 때마다 자신의 행위에 의해서 그리고 전승에 따른 기록에 의해서 추천했던 합창가무단의 위치 변경은 합창가무단 절멸의 첫 번째 단계이다. 소포클레스와 더불어 에우리피데스, 아가톤, 신희극에서 합창가무단의 파괴 단계는 연이어 일어났다.[3]

낙관주의적 문답법은 자신의 삼단논법 채찍으로 **음악**을 비극 밖으로 몰아냈다.[4] 즉, 낙관주의적 문답법은 디오니소스적 상태의 표현이자 형상화로서, 음악의 명백한 상징화로서, 디오니소스적 황홀의 꿈의 세계로 해석될 수 있는 비극의 본질을 파괴했다.

1. 니체는 합창가무단에 대해서 8장에서 다루었다.
2. 소포클레스의 비극 작품에서 이미 합창가무단의 역할이 축소되고 있었으며, 아리스토텔레스 역시 이를 긍정적으로 평가했다는 내용이다.

> 합창가무단도 또한 배우들 중 한 명으로 간주되어야 할 것이다. 즉, 합창가무단은 전체의 한 부분으로 행동에 참가해야 할 것이다―합창가무단은 에우리피데스가 아니라 소포클레스에서와 같이 행동해야 한다.[189]

합창가무단이 배우들 중 한 명이 된다는 것은 합창가무단의 역할이 크게 줄어들었음을 알려 준다. 합창가무단이 비극의 전부이자 본질이라고 생각한 니체 입장에서 합창가무단의 역할 축소는 비극의 죽음을 이끄는 길이다.

'합창가무단은 오케스트라에서 무대 위로 올라가게 되었다. 물론 그럼으로써 합창가무단 본질은 완전히 파괴되었'다는 비극의 무대를 중심으로 살펴볼 필요가 있다. 형식적으로 본다면 비극의 죽음은 합창가무단이 어디에 위치하느냐에 달려 있다. 합창가무단이 오케스트라 위치에 있다면 비극은 죽지 않으며, 합창가무단이 무대 위에 오른다면 비극은 죽음을 맞는다.

비극의 무대에 대해서 설명한 7장 5절 다시 보기를 참조해 보자. 오케스트라는 무대 앞에 커다란 원형 공간에 있다. 이 원형 공간에서 합창가무단은 춤을 추고 노래를 부른다. 기능적 측면에서 오케스트라는 관객들에게 무대 위 공간이 현실이지만 가상인 가상현실로 보이게 만든다. 감상적 측면에서 오케스트라의 합창가무단은 관객들에게 현실과 가상현실을 분리하는 일종의 장막과 같은 역할을 한다.

합창가무단이 오케스트라의 위치에서 무대 위로 올라간다는 것은 무대 위 공간이 가상현실이 아니라 현실과 구분이 안 되는 공간으로 변화한다는 것이다. 그 결과 춤을 추고 노래하는 합창가무단은 배우의 한 사람이 되어 주인공의 '대화 상대자'가 되거나 주인공과 '농담 따먹기'나 하는 속물적인 대중으로 변한다. 무대 위 주인공은 고전적 비극의 영웅이 아니라 에우리피데스식 속물적인 인간, 그래쿨루스적인 인간 오디세우스, 소크라테스적인 문답법을 주로 하는 철학적인 인간이 된다.

니체가 '디오니소스적으로 흥분된 대중 전체의 상징'으로 보았던 합창가무단은 비극에서 역할을 떠맡지 못하게 되고 스멀스멀 사라지게 된다. 형식상의 변화가 기능적 변화를 초래하고, 기능적 변화가 감상적 측면의 변화를 불러온다. 형식상의 변화는 궁극적으로 본질적인 변화까지 가져옴을 합창가무단이 보여 준다.

3. 막간가는 플롯과 전혀 관계가 없는 내용을 담은 노래이다. 합창가무단은 플롯에서 동떨어져 일종의 여흥을 돕는 위치로 전락한다. 아리스토텔레스는 이를 다음과 같이 말한다.

> 이후 시인들에게서 그들 극 속에서 노래는 다른 비극들의 노래들과 달리 플롯과 아무런 관련이 없었다. 따라서 그들은 이제 막간가를 부르게 되었으며, 이는 아가톤이 처음 시작했다.[190]

4. 에우리피데스의 말 가르치기가 비극을 절멸로 몰고 갔듯이, 낙관주의적 문답법 역시 비극을 죽음으로 끌고 갔다. 에우리피데스의 말 가르치기에 대해서는 11장 3절에서 주로 기술했다. 삼단논법은 소크라테스식 산파술로 이해하는 게 좋다. 삼단논법은 소크라테스 당시 아직 정립되지 않았고, 아리스토텔레스에 의해 정식화되기 때문이다.

이러한 내용보다 더 중요한 것은 니체가 비극의 본질을 명료하게 정리했다는 점이다. 니체는 비극을 '디오니소스적 상태의 표현이자 형상화', '음악의 명백한 상징화', '디오니소스적 황홀의 꿈의 세계'로 정의한다.

다시 소포클레스가 문제다. 13장 2절에서 니체는 소포클레스의
지위가 고전 비극과 에우리피데스-소크라테스 비극의 중간에 위치
한다고 언급했다. 소포클레스는 어디로 끌어가느냐에 따라 인간해
방 사상과 인간억압 사상의 중간에 위치해 있음을 13장 2절 다시
보기에서 설명했다. 소포클레스는 딱 중간에 위치해 있다. 니체는
이 절에서도 소포클레스가 비극의 융성과 쇠퇴의 정중앙에 있음을
밝힌다. 아리스토텔레스 역시 소포클레스가 변곡점에 있음을 간파
했다.

니체는 분명 단언한다. 소크라테스 이전에 소크라테스주의가 있었
으며, 소크라테스 이후에 소크라테스는 확고하게 자리를 잡는다. 소포
클레스가 비극 속에서 합창가무단의 위치를 변경하고 역할을 줄이기
시작했을 때 소크라테스주의는 이미 태동하고 있었다. 소포클레스에
이미 태동된 소크라테스주의는 비극을 서서히 죽음으로 몰고 간다.

소크라테스주의는 중단되지 않은, 고대 비극의 희생 축제이다.[191]

소크라테스와 에우리피데스 연합군은 소포클레스의 형식을 계
승 발전시켰다. 소크라테스와 플라톤 동맹군은 사상과 정신적 측면
에서 소포클레스의 무지에서 비롯한 죄짓기와 앎을 변화 완성시켰
다. 소크라테스주의는 소포클레스에서 시작하여 소크라테스에서
봉우리를 맺고, 소크라테스 제자들에 의해서 꽃을 피운다. 니체와
프로이트는 소포클레스를 정반대로 이끌고 간다. 소포클레스가 다
시 문제다!

6. 디오니소스적 비극의 해체

그러므로 우리는 소크라테스 이전에 이미 작동하고 있는 반디오니소스적 경향을 받아들였다.[1] 이 경향은 다만 소크라테스에게서 매우 대담하게 표현되었을 뿐이다. 따라서 우리는 소크라테스적인 현상이 암시하였듯이 그러한 현상이 어느 방향으로 나아가는가라는 질문을 던지는 데 머뭇거려서는 안 된다. 우리는 또한 소크라테스적인 현상을 플라톤적인 대화에 직면하여 해체적인 부정적 힘으로만 파악할 수도 없다. 그리고 소크라테스적 충동의 가장 직접적인 작용은 확실히 디오니소스적인 비극의 해체로 나아간다.

소크라테스의 뜻깊은 인생 경험[2]은 우리로 하여금 소크라테스와 예술 사이가 **필연적으로** 대척 관계인지 아닌지, '예술적인 소크라테스의 탄생'이 일반적으로 모순에 가득 찬 것인지 아닌지를 질문 던지도록 강요한다.

1. 소포클레스에서 이미 시작된 합창가무단의 죽음을 말한다.
2. '소크라테스의 뜻깊은 인생 경험'은 다음 절의 복선이다. 소크라테스는 감옥에서 갇혀 죽기 전 평생 철학적인 삶을 살았던 것과 정반대 경험을 한다. 그는 '음악을 해라!'는 꿈을 꾸고, 이솝 우화 몇편을 시로 창작했으며, 아폴론에게 노래를 지어 바쳤다고 한다. '뜻깊은'은 소크라테스의 대부분 삶이 시와 비극과 예술과 전쟁을 치렀던 반면, 죽기 바로 직전 이와 정반대로 예술을 창작하는 데 헌신했음을 의미한다. 소크라테스는 시를 창작하고 노래를 지음으로써 예술과 철학의 조화를 시도했지만, 궁극적으로 철학이 예술보다 우월한 예술 중 예술이라는 것을 증명하고자 했다.

좋은 질문은 새로운 영역을 낳는다. 소크라테스와 예술의 관계 파악은 쉽지 않다. 소크라테스와 예술의 관계를 적대적 관계로 설정하는 것 역시 쉽지 않다. 소크라테스와 예술의 관계를 포용적으로 설정하는 것은 아주 어렵다. 니체는 좋은 질문을 던짐으로써 이 문제를 해결했다.

니체는 왜 소크라테스가 죽기 직전 음악을 했는가라는 천재적인 질문을 던졌다. 니체는 소크라테스와 예술의 적대적 관계를 논증한 후, 다시 정반대로 소크라테스를 새로운 예술의 창조자로 평가한다. 만약 니체가 소크라테스를 예술에 적대적인 자로 취급했다면, 『비극의 탄생』은 있을 수 없다. 하지만 니체는 소크라테스의 예술 포용을 포착한다. 그럼으로써 니체는 철학자나 이론가가 아닌 음악가로서의 소크라테스를 멋지게 드러낸다.

음악하는 소크라테스, 시를 쓰고 거기다 음을 붙이고 대중적으로 발표하는 소크라테스를 상상이나 해 본 적이 있는가? 지금 식으로 이야기하면 일흔 살이 넘은 소크라테스가 싱어송라이터가 되어 우리들 앞에서 기타를 치고 노래를 부르는 것이다. 니체는 음악하는 소크라테스라는 천재적인 발상을 한 후, 왜 소크라테스는 음악을 할 수밖에 없었는가를 질문한다.

7. 음악을 하는 소크라테스

저 오만한 논리가는 특히 종종 예술에 대해서 부족하다거나, 아무 성과가 없었다거나, 절반쯤은 비난을 받았다거나, 상당히 오랜 동안 의무감을 느꼈다. 그가 감옥 안에서 친구들에게 설명했듯이 똑같은 꿈의 형상이 자주 그에게 찾아와 '소크라테스여, 음악을 해라!'라고 항상 말하곤 했다. 그는 자신의 최후의 날까지 자신의 철학이 가장 높은 수준의 음악예술이라는 견해에 마음이 편안했으며, 신이 자신에게 '세속적이며 대중적인 음악'을 상기시켰을 것이라고 믿지 않았다. 마침내 양심의 짐에서 벗어나기 위해서 감옥에서 그는 자신에게 부족한 것으로 여겨졌던 저 음악을 함에 동의했다. 그리고 그는 이러한 생각으로 아폴론에게 바치는 노래를 지었고, 몇몇 이솝 우화를 시로 바꾸었다.[1]

이것은 다이몬이 경고하는 목소리와 유사하여, 그를 이러한 행위로 몰아가는 어떤 것이다.[2] 이것은 야만족의 왕이 고귀한 신상을 이해하지 못하고 위험에 빠지는 것과 마찬가지로 자신도 무지로 자신의 신에게 죄를 짓는다는 자신의 아폴론적 통찰이었다.[3]

소크라테스적인 꿈의 형상이 한 저 말은 논리적 본성의 한계에 대한 의혹의 유일한 증거이다.[4] 그는 스스로 다음과 같이 물어야만 했다. 경우에 따라서 내가 이해하지 못한다고 해서 이해 불가능한 것이 아니지 않을까? 어쩌면 논리가가 쫓겨난(논리가가 다루지 못한) 지혜의 영역이 존재하지 않을까? 아니면 예술은 학문에 반드시 필요한 상관물이자 보완물이 아닐까?

1. 소크라테스가 죽기 전 시를 썼다는 고백은 플라톤의 『파이돈』 60c~61b에 걸쳐 나온다. 평생을 철학에 바친 소크라테스가 감옥에서 시를 지은 것에 놀란 케베스가 왜 시를 짓는지 물어보았다. 소크라테스는 살아오면서 같은 꿈을 여러 차례 꾸었다고 고백한다.

그 꿈들이 여러 차례나 지시한 것이 정말로 이런 시가를 지으라신 것이라면, 양심에 께름칙한 것이 없게 하느라고 한 것이라고 말일세. …… 지나간 나의 생애에 있어서 똑같은 꿈이 여러 차례에 걸쳐 내게 나타나서는, 그때마다 다른 모습으로 보이기는 했지만, 똑같은 것들을 말하는 거야.

소크라테스는 죽기 전 단 하나라도 양심에 위배되는 일을 하지 않기 위해서 이솝 우화를 운문으로 바꾸고 아폴론신에 대한 찬가를 지었다. 소크라테스는 이런 시를 지으면서도 '철학은 가장 위대한 시가'라고 생각했기 때문에 '통속적인 의미의 시가'인 '이런 시가'가 아닌 시를 지어야 한다고 생각했다. 그 때문에 소크라테스는 "정녕 시인이 되려고 한다면 우화들을 지어야지 논술하는 글들을 지어서는 안 된다."라고 생각했다.

니체는 14장 첫머리를 젤레트의 우화로 장식하고, 끄트머리를 소크라테스의 우화짓기로 맺는다. 니체는 에우리피데스식 프롤로그와 에필로그를 이용한 글쓰기를 하면서, 소크라테스식 우화시가 비극 시를 어떻게 절멸하는가를 보여 주었다.

2. 소크라테스에게 '꿈속의 환영'은 주로 권유하거나 정보를 제공하는 것으로 나온다. 시를 지으라고 권유하는 꿈속의 환영이 여러 차례 나온 것이 그 예이다. 또 다른 예는 『크리톤』도입부이다.

아름답고 잘생긴 한 여인이 소복을 하고서 내게로 다가와서는 나를 부르더니만 말한 것 같았어. '소크라테스여, 그대는 셋째 날에 비옥한 프티아에 이르리라.'라고.[192]

소크라테스는 일반인의 상식으로는 이해하기 어렵다. 다이몬이 금지한 것은 절대 하지 않았으며, 꿈속의 환영이 권고한 것은 죽기 직전이라도 반드시 수행한 사람이 소크라테스이다. '금지'의 다이몬과 '권유'의 꿈속 환영은 소크라테스의 정신세계를 규정하는 가장 큰 원천이다. 다이몬에 대해서는 13장 5절에서 설명했다.

3. '야만족의 왕'은 디오니소스이자 비극 무대에서 디오니소스의 분신인 프로메테우스와 오이디푸스이자 여러 주인공들이다. '고귀한 신상'은 아폴론이자 아폴론적인 가치를 뜻한다. '자신도'는 소크라테스를 말한다. '자신의 신'은 아폴론을 말한다. '아폴론적 통찰'은 '너 자신을 알라'와 '도를 넘지 말라'이다.

이 문장을 정확히 이해하기 위해서는 4장 2절을 뒤집어엎어야 가능하다. 니체는 4장 2절에서 디오니소스적인 것의 대표자인 프로메테우스와 오이디푸스가 아폴론적인 통찰인 '너 자신을 알라'와 '도를 넘지 말라'를 위반해 커다란 고통에 빠졌다고 설명한다. 니체는 이 절에서 아폴론의 적자 중 적자인 소크라테스가 아폴론적인 가치에 너무 치중에 '너 자신을 알라'와 '도를 넘지 말라'를 위배했을 경우 문제가 발생할 수 있다고 암시한다.

소크라테스가 아폴론적인 가치에 너무 집중하여 정반대의 가치인 디오니소스적인 가치를 무시하거나 방기했을 경우, 그 역시 아폴론적인 가치를 무시한 프로메테우스와 오이디푸스처럼 고통을 당한다는 말이다. 소크라테스가 그토록 중시했던 아폴론적 가치인 척도와 자를 무시해서 커다란 위험에 처할 수 있다고 니체는 암시한다. 도덕과 윤리의 시조이자 아폴론적인 논리가인 소크라테스가 오만해져서 양심과 이성과는 또 다른 영역인 감정이나 감성을 무시하는 어리석음을 범하는 위험에 처할지도 모른다고 니체는 진단한다.

하지만 소크라테스는 '아폴론적 통찰'에 의거해 이런 우를 범하지 않기 위해서 말년에, 죽기 직전에 음악을 하라는 꿈속 환영의 말을 듣고 순응했다. 소크라테스는 이성과 양심의 균형을 맞추기 위해서 음악과 예술에 종사한다. 단 소크라테스는 아폴론적 기준에 맞는 음악과 예술에 매진했다는 게 니체의 비판 내용이다. 소크라테스는 음악과 예술을 아폴론적 가치를 실현하기 위한 수단으로 이용했을 뿐이다.

4. 7절 맨 앞의 '오만한 논리가'와 맨 마지막 '논리적 본성의 한계'는 서로 대응하는 말이다. 오만한 논리가라면 논리에 한계가 없다고 생각할 것이다. 오만한 논리가인 소크라테스는 그렇게 생각했을 것이다. 소크라테스는 수많은 소피스트, 정치가, 연설가 등을 산파술과 문답법으로 격파했고, 논쟁이라면 진 적이 없다. 논리로 세상을 정복한 자가 소크라테스이다.

일반적으로 오만과 자만 뒤에 오는 후회는 무엇보다 더 크다. 소크라테스는 평생 논리를 중심으로 살았기 때문에 후회가 컸을 것이다. 오만한 논리가로서 소크라테스 스스로 고백했듯이, 음악을 하라는 꿈을 계속 꾸었다. 바로 죽기 직전까지 꿈의 환영이 소크라테스에게 음악을 하라고 권유한다.

소크라테스는 질문에 빠진다. 논리가 아닌 또 다른 세계가 존재하는 것은 아닐까? 소크라테스는 철학이 최고의 시이고 가장 높은 수준의 음악이라고 자부하지만, 논리로 이뤄진 학문의 세계 이외에 다른 세계가 있지 않을까 고민한다. '음악을 하라'는 아폴론의 제자 소크라테스가 '오만'에 빠져 프로메테우스와 오이디푸스처럼 고통에 처하지 않기 위한 마지막 처절한 몸부림이다.

소크라테스는 양심의 검열 장치를 이용한다. 여기서 양심의 검열 장치는 논리적으로 작동한다. '내가 음악을 하고 시를 짓는다면, 그 시와 음악이 논리적일 뿐만 아니라 철학의 보완물이 된다면, 나는 논리 이외 또 다른 영역인 예술을 한 것이지 않을까?', '시와 음악을 해 본 나는 논리뿐만이 아니라 논리 이외 또 다른 영역인 예술도 수행한 것이 아닐까?', '철학은 음악과 시를 이용하여 더 완결된 형태가 되지 않을까?'

양심의 검열 장치를 논리적 기계장치로 바꾼 소크라테스는 비로소 마음이 편안해진다. 그는 음악과 시를 철학에 종속시키고, 철학을 최고 학문의 지위로 격상시킬 준비를 했다. 이제 음악과 시는 철학의 시녀로 살아갈 것이라고 소크라테스는 생각한다. 소크라테스는 외눈박이 키클롭스로 살고 싶지 않았지만, 결국 다시 외눈을 통해 인간과 세상을 바라보았다. 두 눈으로 세상을 보고 싶었던 소크라테스는 다시 외눈박이 키클롭스가 되었다.

다시 보기

소크라테스는 죽기 바로 전, 감옥에 갇힌 한 달 동안 왜 음악을 했을까? 음악하는 소크라테스에 대한 니체의 상상력이 폭발한다. 니체는 철학이 아닌 예술적이고 창조적인 소크라테스를 상상한다.

니체는 소크라테스에게 묻는다.
"왜 당신은 죽기 바로 직전 음악을 했습니까?"

소크라테스는 건성으로 대답한다.

"논리적인 사유와 행동을 추구하다 혹시 놓칠지도 모를 또 다른 진리의 세계를 탐구하지 못했을까 하는 '양심의 짐에서 벗어나'고 싶다."

니체는 이 답변에 만족하지 못한다. 소크라테스가 자기만족적인 답변을 했기 때문이다. 니체는 또 묻는다.

"왜 음악을 했습니까?"

소크라테스는 니체의 눈치를 보며 답한다.

"내용적으로 본다면, 예술과 철학은 조화를 이루는 게 좋다. 예술적이지 못한 철학이란 인간의 감정을 다루지 못한 외눈박이 키클롭스의 철학이고, 철학적이지 못한 예술이란 인간의 이성을 다루지 못한 절름발이 헤파이스토스의 예술이기 때문이다."

니체는 이 답변에 격노한다. 소크라테스의 답변이 형식적인 균형, 기계적 양비론이기 때문이었다. 니체는 또 묻는다.

"음악을 한 의도는 무엇입니까?"

소크라테스는 외눈을 부라리며 대답한다.

"철학은 예술보다 월등히 우월하다. 철학 자체가 예술인데, 철학을 한 대철학자인 내가 그까짓 예술, 그 중에서도 언어를 다룬 시를 못한다는 것이 말이 안 된다."

니체는 소크라테스의 솔직한 답변에 그제야 웃음을 지으며 경의를 표한다. 한 눈을 살짝 찌푸리며 비웃던 니체는 한 번 더 묻는다.

"소크라테스 당신이 음악을 한 진짜 목적은 무엇인가?"

소크라테스는 이마에 주름을 잔뜩 짓고 답한다.

"예술은 인간의 감정을 위하지만 궁극적으로 인간의 도덕과 윤리를 위해 봉사해야 한다. 도덕을 파괴한 예술, 윤리를 내팽개치는 예술은 예술이 아니라 술 먹고 취해 떠드는 것과 다름없다. 모름지기 예술이란 도덕, 윤리, 양심을 더 고상하게 만들어야 한다. 예술이란 양심과 도덕을 최고의 가치로 삼는 철학의 시녀로서 역할해야 한다. 이것을 보여 주기 위해 나는 우화를 시로 바꾸었고, 노래를 지어 척도의 신 아폴론에게 바쳤다. 예술은 예술을 위한 것이 아니라 철학을 위해 봉사해야 한다."

니체는 비로소 환하게 웃는다. 니체는 소크라테스의 산파법을 의문법으로 격파하고 소크라테스 마음속 깊이 있는 이론가의 욕망을 읽어 냈다.

한 번 더 니체의 천재적 발상을 살펴보자. 니체가 소크라테스를 음악가와 예술가로 규명하지 못했다면, 『비극의 탄생』은 탄생하지 못했을지도 모른다. 『비극의 탄생』의 원제목은 '음악정신으로부터 비극의 탄생'이다. 소크라테스를 철학자와 이론가로만 규정했다면 책의 구성 자체가 흔들린다. 책 전체는 고전 비극에서 출발하여 에우리피데스의 왜곡된 비극과 소크라테스적인 예술을 거쳐, 소크라테스 음악의 연장으로서 오페라, 마지막으로 고전 비극의 부활로서 바그너 음악극으로 나아간다.

소크라테스에 대한 니체의 음악적 평가는 왜곡된 비극의 모든 기원이자 다양한 변종이다. 소크라테스를 예술가와 음악가로 해석하지 않았다면, 고전적 비극이 왜 중요하고 우수한지 설명할 수 없으며 왜곡된 비극이 무엇인지 이론적으로 규명할 수도 없다.

니체는 책 전체의 이론적 토대와 튼튼한 허리로서 역할을 소크라테스에서 찾았다. 도덕에 기여하는 예술, 윤리에 봉사하는 예술, 양심을 드높이는 예술이야말로 최고 예술이라는 소크라테스적 예술관을 니체는 끄집어낸다. 니체는 소크라테스를 음악가이자 예술가로 규정함으로써 비극의 탄생이라는 전방위적 가치 파괴 저작의 아귀를 꿰맞출 수 있었다.

14장 다시 보기

콩깍지 벗어 버리기, 편견 버리기, 냉정한 시선으로 바라보기는 항상 중요하다. 특히 위대한 사람을 평가할수록, 커다란 사건을 찾아볼수록, 내 자신의 관점과 편견을 버리고 새로운 질문을 던지는 것이 중요하다. 니체가 소크라테스를 바라보고 질문을 던졌듯이…….

플라톤은 스승 소크라테스의 괴벽, 기벽, 변태적 삶을 신격화 장치로 사용한다. 이른바 보색 대비 효과이다. 플라톤은 스승의 고귀한 사상을 돋보이게 하기 위해 정반대의 기이한 삶을 드러내 보이는 전략을 사용한다. 예컨대 술 마시고 질펀하게 노는 『향연』에서 소크라테스는 아무리 술을 먹어도 취하지 않는 두주불사이자, 술의 신 디오니소스에 버금가는 자로 묘사된다. 그는 술을 마시지만 실수하지 않을 뿐만 아니라 술을 마시고 취한 나이 어린 제자들을 하나하나 다 챙기는 멋진 인생 선배로 그려진다. 술에 취해 불콰해진 붉은 소크라테스의 얼굴은 술 마신 후 그의 멋진 행동을 위한 보색 장치이다.

플라톤의 책 전체는 보색 장치를 이용하여 소크라테스를 신격화한다. 플라톤이 묘사한 보색 장치를 걷어 내 보자. 실제 소크라테스는 돈 한 푼 없이 엄청나게 술을 마시며 길거리를 배회하는 미치광이 노인이다. 실제 소크라테스는 잘생긴 청년들을 꼬시기 위해(마치 새로운 신자를 끌어들이기 위해 지하철을 배회하는 자들처럼) 레슬링장을 어슬렁거리는 종교인이다. 실제 소크라테스는 귀에 소리가 들린다고 광장에서 떠들고 다니는 편집증자이거나, 양심을 지키지 않으면 죽을지도 모른다고 생각하는 강박증자이거나, 여신이 꿈에 나타나 길을 가르쳐 준다고 말하는 과대망상증자이다.

니체는 소크라테스를 성인이나 대철학자라는 편견으로 가득 찬채 바라보는 우리들에게 실제 소크라테스를 보라고 말한다. 인류는 소크라테스라는 외눈박이 거미의 섬세하고 강고한 거미줄에 갇혔는지도 모른다. 소크라테스의 옷자락 끝이라도 붙잡으면 마치 세상의 모든 걸 잘 이해한다고 떠드는 것이 우리인지도 모른다. 니체는 단언한다. 소크라테스는 인류에게 예술을 빼앗아 가고, 예술마저 도덕과 윤리의 굴레에 가둔 천하에 둘도 없이 고약한 놈이자 나쁜 놈이라고 말이다. 니체는 소크라테스를 죽여야 인류가 산다고 선언한다. 이것이 소크라테스의 본모습이다.

15장

이론적 인간으로서
소크라테스

1. 해질녘 그림자와 같은 소크라테스의 영향

이러한 상황에서 마지막에 던져진 의구심으로 가득 찬 질문을 염두에 두고서 다음에 답해야 한다.

소크라테스의 영향은 이때부터 어떻게 모든 미래에 걸쳐서, 마치 황혼녘에 점점 더 길어지는 그림자처럼 후세에까지 확장했는가.[1]

소크라테스의 영향이 어떻게 **예술**—이미 형이상학적이며 확장되고 심화된 의미로 예술—에서 항상 다시 요구되고[2], 소크라테스 자신의 영원성Unendlichkeit을 통해서 예술의 무한성Unendlichkeit을 보증했는가.[3]

[1]. 15장에서 다룰 문제 설정과 답을 찾아야 할 것 하나. 소크라테스 영향력, 그의 이론적 영향력은 어떻게 해서 그리고 왜 시간이 갈수

록, 역사가 흐를수록 점점 더 확장되고 강해지는가?

일반적으로 하나의 사상이나 이론은 시간과 공간(지역)의 제한을 받는다. 사상과 이론은 발생할 당시 시대의 문제이자 그 지역이 당면한 문제를 해결하기 위해 발생한다. 소크라테스의 사상과 이론은 그 당시 아테네가 처한 문제를 해결하기 위한 하나의 대안이었지만 현재에 이르기까지 지속적으로 강화되고 확장되었으며, 앞으로도 확장되어 갈 것이다. 그 이유는 무엇 때문인가를 니체는 질문한다.

'황혼녘'은 소크라테스가 살던 시대를 말하는 동시에 니체가 살던 시대와 서구 문명이 기울어지고 있음을 뜻한다.

2. 15장에서 다룰 문제 설정과 답을 찾아야 할 것 둘. 왜 예술은 소크라테스를 지속적으로 받아들이고, 필요로 하는가? 소크라테스가 예술에 영향을 준 것이 아니라 예술이 소크라테스를 받아들이는 이유는 무엇인가?

우리가 알고 있는 대부분의 예술은 절대자나 종교적 가치 등을 노골적으로 구현하지는 않는다. 하지만 그 내면을 들여다보자. 악에 대한 선의 승리, 올바름의 구현, 정의의 승리, 악한 자의 파멸, 도덕과 윤리의 승리, 절대미나 아름다움을 추구하는 경향이 만연한다. 최종적으로 올바름을 추구하지 않으면 파괴적, 전위적, 시대착오적이라며 외면받는다.

예술도 먹고 사는 방편이므로, 예술을 위한 예술은 살아남기 힘들어서 예술가는 올바름이나 초월적 아름다움을 비틀어서라도 다루어야 한다. 예술은 형이상학적 가치를 조형적으로 드러내는 시녀이고, 예술가는 형이상학적 가치를 표현하는 손놀림이 좋은 장인이다. 형이상학적 가치를 어떤 형태로든 개입시키지 않는 예술은 살아남기 쉽지 않다. '형이상학적이며 확장되고 심화된 의미의 예술' 이외에는 살아 남기 쉽지 않다.

3. 15장에서 다룰 문제 설정과 답을 찾아야 할 것 셋. 형이상학적 가치를 추구하는 소크라테스적 예술은 어떻게 해서 영원한 생명을 지니게 되었는가? 소크라테스와 그의 영향력이 사라지지 않는다면, 소크라테스의 가치를 구현한 예술은 영원한 생명을 지니기 마련이다. 소크라테스는 형이상학적 가치를 조성하는 예술의 아버지이고, 대다수 예술은 소크라테스 사상으로 태어난 자녀들이다.

다시 질문을 던지자. 왜 소크라테스 사상은 영원히 존속하는가? 왜 영원히 존속할 것이라고 가정하는가? 수많은 사상가들과 이론가들을 제치고 소크라테스는 왜 철학과 사상을 넘어 예술 앞에 우뚝 서 있는가? 소크라테스는 상업적 가치가 있기 때문이다. 누군가 소크라테스와 그의 사상과 가치를 필요로 하기 때문이다. 그들은 누구인가? 형이상학적인 초월적 가치로 시민을 억압하고 순치시키고 싶어 하는 자들이다.

또 다시 질문을 던져 보자. 소크라테스를 살해한다면 어떻게 될까? 소크라테스의 사상과 이론의 영향성을 인류의 정신에서 제거한다면 어떤 일이 발생할까? 소크라테스의 영원성에서 자양분을 취하는 예술은 사라진다. 그 방법은 무엇인가? 니체는 답한다. 그리스 비극을 보라. 그리스 비극은 소크라테스와 그의 사상을 살해하기 위한 비밀 병기이자, 시민 해방을 위한 진정한 예술의 첫걸음이다.

다시 보기

니체는 14장 말미에서 낯선 질문, 누구도 하지 않았던 질문을 던졌다. 음악하는 소크라테스, 죽기 전 예술에 매진하는 소크라테스라는 낯선 형상이 우리에게 나타난다. 니체는 14장에서 소크라테스와 음악, 소크라테스와 예술의 결합을 어떻게 바라보아야 하는가, 소크라테스는 왜 예술을 할 수밖에 없었는가, 이론적 인간인 소크라테스가 왜 예술적 인간 소크라테스로 전환할 수밖에 없었는가 등의 도발적인 질문을 던진다. 그리고 그는 15장에서 자신의 도발적인 질문들에 대해 획기적인 해답으로 갈음한다.

니체는 '예술은 학문에 반드시 필요한 상관물이자 보완물'이란 테제를 던진다. 학문으로는 절대 규명할 수 없는 또 다른 지식과 지혜의 영역, 이론으로는 절대 파헤칠 수 없는 정신의 영역이 존재한다. 프로이트식으로 말하면 '이성과 사유의 자아'와 '윤리와 양심의 초자아'만으로 인간의 정신을 다 규명할 수 없는 또 다른 정신 영역인 '욕망의 이드'가 존재한다.

모든 걸 다 알 수 있고 파헤칠 수 있다는 학문과 이론은 편집증에 걸린 환자와 같다. 올바름을 위해 살아가야만 행복할 수 있다는 윤리와 도덕은 과대망상증에 걸린 환자와 같다. 학문과 윤리는 현실감을 상실하기 마련이다. 그들은 삶의 즐거움을 기꺼이 포기하고 자멸의 길로 들어간다. 그들을 치유할 수 있는 것은 찬란한 예술이다.

니체는 이런 해답을 상세히 설명하기 위해 15장 1절에서 다시 질문을 던진다. 첫째, 왜 소크라테스의 영향력은 시간이 갈수록 커지는가? 둘째, 왜 예술은 소크라테스를 필요로 하는가? 셋째, 어떻게 해서 소크라테스의 영향을 받은 예술은 영속성을 지니게 되는가? 우리는 또 다시 당혹스러워진다. 도대체 어떤 예술이 소크라테스를 필요로 한단 말인가? 또 소크라테스의 영향을 받은 예술은 불멸이라는데 왜 그런가? 도대체 소크라테스는 누구인가? 신비에 싸인 소크라테스는 예술에 어떤 족적을 남겼는가?

소크라테스에게 영향을 받은 예술은 니체가 말하는 예술이 아니라 양심과 학문과 이론이 추구하는 예술이다. 그 예술은 자신의 두 발로 우뚝 선 예술이 아니다. 그 예술은 한 손으로는 양심과 도덕으로, 다른 한 손으로는 학문과 이론으로 무장한 아름다움을 추구하는 예술이다. 그 예술은 디오니소스적인 것이 가미된 예술의 숨통을 조이는 탈아폴론적 예술이다. 15장은 반디오니소스적인 동시에 탈아폴론적인 소크라테스적 예술을 서술한다.

2. 소크라테스 앞에서 주눅 든 아테네인들

위 질문들을 이해하기 전, 모든 예술이 그리스인, 즉 호메로스에서 소크라테스에 이르기까지의 그리스인들에게 얼마나 깊이 의존하고 있는가를 설득력 있게 설명하기 전, 아테네인들이 소크라테스 앞에서 위축되었듯이ergehen 우리는 이러한 그리스인들 앞에서 쪼그라들었다ergehen.

거의 모든 시대와 문화 단계는 극도로 불쾌해하면서 그리스인들로부터 벗어나려고 애썼다. 그리스인들 앞에 서면 자신들이 이룬 모든 것, 명백하게 완전히 독창적인 모든 것, 참으로 솔직히 놀라운 모든 것이 갑자기 빛과 생기를 잃고, 조악한 모조품이나 희화로 전락했기zusammenschrumpfte 때문이다. 그래서 모든 시대의 모든 타국 문화를 감히 '야만적'이라고 명명했던 저 오만한 민족에 대해 마음속 깊이 우러나오는 분노가 새롭게 분출하곤 했다. 그들은 아주 짧은 기간의 역사적인 찬란함,[2] 아주 한정된 영역에 국한되는 제도,[3] 의심스러운 풍속Sitte의 미덕[4]을 드러내고 음란한 악습[5]을 표출했음에도 불구하고, 대중들 속에서 천재에 걸맞는 명예와 특별한 지위를 여러 민족들 사이에서 요구한 저들은 도대체 누구인가라고 사람들은 묻곤 했다.

유감스럽게도 사람들은 저러한 태도를 단숨에 제거할 수 있는 독배를 발견할 만큼의 행운은 없었다.[6] 스스로 만들어 낸 어떤 격노, 질투, 중상, 분노도 저 자기만족적인 장엄함Herrlichkeit을 절멸하는 데까지는 이르지 못했다. 따라서 사람들은 그리스인들 앞에서 부끄러워지고 그리스인들을 두려워했다. 왜냐하면 사람들이 모든 사실Wahrheit을 존중하고, 그리스인들이 우리 문화와 모든 문화의 마부로서 요구할 근거를 가지고 있다는 것, 대부분의 마차와 말에 대해 너무 조잡하고 그들 지도자의 영광에 부적당하다고 여긴다는 것, 그래서 그러한 말과 마차를 절벽에 떨어뜨리는 것—아킬레우스가 강물에 뛰어들면서 말과 마차를 버리듯이—을 농담하듯이 한다는 이러한 사실을 어쩔 수 없이 받아들이기 때문이다.[7]

1. 아테네인과 소크라테스 그리고 우리와 그리스인의 관계를 다룬 내용이다. '우리'(서구인)는 일반적으로 그리스인들의 문화 앞에서 위축된다. 이 말은 일반적으로 쉽게 이해할 수 있다. 서구 문화 기원의 한 축이 그리스이기 때문이다.

아테네인들이 소크라테스 앞에서 위축되었다는 것은 조금 설명이 필요하다. 아테네인들은 페르시아 전쟁에서 승리 이후 한껏 자신감과 자만감에 차 있었다. 그들은 전쟁 승리에서 얻은 대가로 엄청난 경제적 이익을 누리고 있었으며, 그리스 내 다른 도시국가들의 부러움을 살 만큼 풍족하고 여유롭게 지냈다. 하지만 아테네인들은 건강하고 강인한 풍습을 잃었고 전염병의 창궐, 스파르타와의 전쟁에서 패배, 삼류 국가로 전락했다. 개인적인 이익과 삶만이 중요하다고 생각하는 인생관과 세계관이 아테네인들을 지배했다. 결과적으로 아테네인들 사이에는 방종과 태만, 나태와 무기력이 팽배했다. 니체식으로 표현하면 '황혼녘'이자 염세주의가 팽배했던 시대가 소크라테스 당시 아테네이다.

이런 소용돌이 속에서 소크라테스가 객관적으로 보편타당한 올바름을 중심으로 마라톤 전쟁 시대의 과거 건강한 아테네로의 회귀를 주장한다. 아테네인들은 올바름과 건강한 아테네를 주장하는 소크라테스의 말을 부정하거나 거부할 수 없었고, 이런 주장을 청년들에게 설파하는 소크라테스 앞에서 위축되었다. 이는 마치 이념과 생각이 다르더라고 올바르게 살아야 한다고 주장하는 사람을 부정하지 못하고 그 앞에 서면 위축되는 현재 우리들처럼 말이다. 그들은 소크라테스를 혐오하거나 부정했지만 소크라테스가 말한 내용 자체의 정당성을 부정하지 못했다. 니체는 이런 사실을 바탕으로 아테네인들이 객관적으로 보편타당한 올바름을 주장하는 소크라테스 앞에서 위축되었다고 말한다.

아테네인과 소크라테스의 관계는 이 점에서 우리들(서양인)과 객관적으로 보편타당한 아름다움을 예술로 표현한 그리스인들과의 관계와 같다. 즉, 서양인들은 보편적 미를 표현한 그리스인들 앞에서 위축되었듯이 아테네인들은 소크라테스 앞에서 쪼그라들었다.

이 문장은 번역본마다 많이 다르고, 오역도 많다. ergehen이란 단어가 옮기기 만만치 않아서이고 소크라테스 당시 사회적, 정치적, 문화적 상황에 대한 이해 부족에서 기인한다. 위 번역은 많이 의역했다. ergehen을 뒷 단락에 나오는 zusammenschrumpfte와 연결하여 의역했다.

아테네인들이 소크라테스를 만나면 어떻게 되는가? 우리(서양인)가 그리스인과 그리스 문화를 만나 얻은 것은 무엇인가? 올바름, 훌륭함, 앎과 행복을 연결시켜 목숨을 바쳐 설교하는 소크라테스 앞에서 명예를 얻기 위한 '질투심'이 강하고, '획득물'을 얻기 위해 목숨을 바치며, '올바름'을 인정하지 않는 그리스인들'[193]은 위축될 수밖에 없었다. 우리(서양인) 역시 고대 그리스인들이 일궈 놓은 장엄한 신전과 신상, 고전적 사유로 대표되는 그리스 철학 앞에서 쪼그라들 수밖에 없다. 이런 맥락을 바탕으로 번역해야, 그 뜻이 정확하게 전달된다.

2. 시간적으로 본다면, 아테네 또는 아테네를 포함한 그리스 전체에 적용될 수 있다. 아테네의 전성기는 좁게 한정한다면 기원전 448~430년이다. 그 뒤 스파르타는 기원전 404~371년에 전성기를 맞이했고, 테베는 기원전 371~362년에 전성기를 누렸다. 그리스의 연장선에 있는 헬레니즘 문명은 기원전 323(알렉산드로스 대왕 사망)~146년(로마에 병합)이다.

뒤에 나오는 '아주 한정된 영역에 국한되는 제도'와 연관하여 공간적으로 본다면 이 구절은 아테네, 스파르타, 테베의 정치, 사회 제도를 중심으로 이야기한 듯하다.

3. 그리스 국가들은 지금 우리가 생각하는 국가와 달리 아주 작은 도

시로 구성되었다. 각 국가마다 서로 다른 정치, 경제 등의 제도를 갖고 운영되었다.

4. '의심스러운 풍속Sitte의 미덕'이 무얼 의미하는지는 분명하지 않다. 유추할 수 있는 근거는 전몰장병을 어떻게 기릴 것인가를 보여주는 페리클레스의 연설문과 플라톤의 『메넥세노스』이다. 이 두 글에서도 의심스러운 풍속의 미덕은 발견하기 쉽지 않다.

또 다른 근거는 플루타르코스의 『영웅전』 중에서 스파르타의 입법자 리쿠르고스 편과 아테네의 개혁자 솔론 편이다. 이들은 사치스러운 결혼과 장례를 금지시켰다는 점에서, 의심스러운 풍속의 미덕은 사치스러운 결혼과 장례일 가능성이 있다. 또한 플라톤도 호화로운 장례 대신 격에 맞는 장례를 제안한다[194]는 점에서 호화로운 장례는 이에 해당할 수 있다.

또 다른 점에서 본다면, 리쿠르고스는 건강한 아이의 출산을 위해 공공연하게 혼외정사를 장려했는데, 이 혼외정사도 의심스러운 풍속에 해당할 수 있다. 이런 점에서 본다면, 플라톤이 『국가』에서 제안한 공유 방식의 혼인제도[195] 역시 의심스러운 풍속일 수 있다.

5. 니체가 무엇을 '음란한 악습'으로 표현했는지 구체적으로 알 수 없다. 추론한다면 고대 시대에 사랑하는 방법의는 하나였던 동성애Homosexualität가 이에 해당할 수 있다. 하지만 근거는 없다. 그 당시 동성애는 '음란한 악습'이 아니었기 때문이다. 또한 니체가 동성애와 관련된, 남성간의 동성애Urningismus, 여성간의 동성애die lesbische Liebe 등의 어휘나 내용을 다룬 적이 없고, 부정적으로 표현한 적도 없어 보이기 때문이다.

6. 아테네인과 소크라테스, 우리(서양인)와 그리스인의 연장선에서

아킬레우스의 교육 (외젠 들라크루아, 1862년경, 게티 센터)

이 문장을 바라보자. 그리스인들은 자신들을 한없이 위축시켰던 소크라테스를 독배로 제거했다. 그렇다면 모든 시대 모든 문화를 야만적인 것으로 몰아간 그리스인과 그리스 문화에 대해 우리는 어떻게 대처할 것인가? 아테네인들이 소크라테스를 독배로 제거한 것처럼, 우리 역시 그리스인과 그리스 문화를 독배로 처리하면 좋다. 하지만 그리스 문화를 능가할 또 다른 문화인 독배를 찾아내지도 못했고 만들지도 못했다. 우리(서양) 문화는 그만큼 그리스인과 그리스 문화에 깊이 의존하고 있다.

7. 아킬레우스가 도약한 내용은 『일리아스』 21장에 나온다. 아킬레우스가 말과 마차를 버렸다는 것은 니체의 문학적 상상력이다. 『일리아스』 20장에 다음과 같은 말이 나온다. 이에 따르면 아킬레우스가 여러 말이 끄는 마차 위에 타고 있음을 알 수 있다.

아킬레우스의 군마들이 내달리자 강력한 발굽이 시신들과 방패들을 동시에 짓밟았다. 아킬레우스 마차의 모든 굴대에 피가 튀었다.[196]

아킬레우스는 21장에서 크산토스강에 이른다. 여기에서도 아킬레우스가 강물에 뛰어드는 장면과 서 있는 장면 사이에 말과 마차가 어떻게 되었는지 호메로스는 설명하지 않는다.

명성이 자자한 창수槍手 아킬레우스는 둑에서 강 한가운데에 뛰어들었다.[197]

굽이치는 파고가 아킬레우스의 방패를 내리치고 그를 덮치자 아킬레우스의 발은 쉴 곳을 찾지 못했다.[198]

호메로스의 묘사에 따르면 아킬레우스는 말과 마차를 버리고 뛰어내리지 않았다. 하지만 니체는 강에 뛰어드는 아킬레우스가 말과 마차를 버리는 것으로 그 간격을 메꿨다. 왜 니체는 무리할 정도로 과감하게 상상력을 발휘했는가?

니체는 시간의 차이와 공간의 간격을 상상력으로 채움으로써 비교를 시도한다. 그는 마부, 그리스인, 아킬레우스 대 말과 마차, 우리 문화를 동시에 비교한다. 그리스인은 모든 시대 모든 문화의 마부로서, 아킬레우스가 도약하기 위해 말과 마차를 버려 버리듯이 모든 시대 모든 문화를 멸시하고 경멸할 수 있다. 그리스인은 아킬레우스처럼 필요하다면 언제든지 우리의 모든 문화를 거리낌 없이 버려도 될 만큼 우월한 문화를 이뤘다. 니체는 이런 비유를 하고 싶어 상상력으로 아킬레우스를 끌어들인다.

다시 보기

서양인들은 그리스 문화와 사유 앞에서 덮어놓고 주눅 든다. 서양인들은 로마 정치와 군사력 앞에서 사지가 마비되듯 얼어 버린다. 서양인들은 유대교와 기독교의 유일신과 구원 앞에서 무조건 무릎부터 꿇는다. 서양의 문화가 그리스에 얼마나 많은 빚을 졌는가? 서양 철학과 사유가 그리스에 얼마나 깊이 의존하고 있는가? 헤아릴 수 없이 많고 측량할 수 없을 만큼 깊어 두말할 필요가 없다.

아테네인들은 독배로 소크라테스를 제거할 수 있었지만, 서양인들은 그리스 문화와 사유를 제거할 수 없고 제거하려는 상상조차 하지 않는다. 그 한 기원에 소크라테스라는 어마어마한 거인이 있다. 그는 철학과 사유를 넘어 예술까지 정복한 거대한 거인이다.

3. 형이상학적 광기

소크라테스 역시 그러한 마부의 자리를 차지할 수 있다는 것을 입증하기 위해서,[1] 우리가 가장 먼저 해야 할 일은 그 이전에 들어 본 적이 없는 삶의 유형(Daseinsform 존재 형태), 즉 통찰Einsicht에 도달하는 것이 그 의미와 목적인 **이론적 인간**[2]의 유형이 소크라테스 안에 이미 있었음을 인정하는 것이다.

또한 이론적 인간은 예술가와 마찬가지로 현존하는 것 Vorhandenen에 끝없이 만족하는 자이며, 예술가와 마찬가지로 현존하는 것에 만족함으로써 염세주의의 실천적 윤리와 어둠 속에 빛나는 링켄의 눈Lynkeusaugen으로부터 보호받는다.[3] 더 자세히 말하자면, 예술가가 모든 진리를 폭로하고서 현재 폭로 뒤에 여전히 베일에 감싸여 있는 것을 황홀한 눈으로 바라본다면, 이론적 인간은 이미 벗겨진 베일에 만족하고 즐기며 자신의 힘에 의해서 마침내 폭로되는 과정 자체에 최고의 목적을 둔다.[4]

학문에 저 단 하나의 **벌거벗은** 저 여신[5]만이 존재했다면, 다른 어떤 것이 존재하지 않았다면, 학문은 존재하지 못했을 것이다. 왜냐하면 학문에 종사하는 청년들은 한 구멍으로 지구를 뚫으려는 것과 비슷한 다음과 같은 기분이 들기 때문이다. 요컨대 한 사람이 평생 동안 엄청 노력해도 단 하나의 깊은 심연에서 작은 구멍만을 뚫고 있을 뿐이며, 그마저도 자신의 눈으로 보고 있는데도 불구하고 바로 옆의 연구에 의해서 다시 메꾸어지고, 제3자가 시추를 위해 선택한 새로운 자리가 더 나아 보인다는 것이다.

이제 누군가 이와 같은 직선적인 길로는 정반대 지역에 도달하지 못한다는 걸 입증한다면, 땅을 파는 동안 귀한 광석을 찾아내지 못하거나 자연법칙을 발견하지 못한다는 것에 만족하지 못한다면, 도대체 누가 그 낡은 터널 속에서 계속 일하려 할 것인가.[6] 그 때문에 가장 존경받을 만한 이론적 인간인 레싱은 진리 자체보다는 진리를 찾는 것에 더 관심이 있다고 과감하게 말했다. 이 때문에 놀랍게도 학문에 종사하는 자의 분노에도 불구하고 학문

의 비밀이 폭로되었다.[7]

이러한 상황에서 지나치게 오만한 것이 아니라 너무 정직한 레싱의 폭로와 같은 드문 인식과 동시에 소크라테스라는 인물로 처음 출현하는 심각한 **망상**Wahnvorstellung[8]이 나타난다. 이 망상은 아리아드네의 실과 같은 인과성[9]에 입각한 사유가 존재Sein의 가장 깊은 심연에까지 도달할 수 있을 뿐만 아니라 존재를 **정정할** 수도 있다는 저 흔들리지 않는 믿음이다. 이와 같이 고상한 형이상학적 광기Wahn[10]는 학문이 본능으로서 주어지며, 학문을 그 한계에 이르기까지, 즉 학문을 **예술**로 전환시켜야만 하는 한계에 이르기까지 몰고 간다. **이러한 메커니즘을 고려한다면, 이것은 학문에서 원래 예정되었던 것이다.**

1. 니체는 소크라테스가 그리스인들 중의 하나이며, 인류의 문화와 정신을 이끌어 온 마부 중 하나라고 말한다. 인류를 이끌고 온 마차에는 여러 종류가 있다. 그 중에 하나가 학문이며, 학문이라는 마차를 처음 끌고 나온 자는 소크라테스라고 니체는 말한다.
2. 이해하기 쉽게 번역하면 다음과 같다. 소크라테스 역시 그러한 마부의 자리를 차지할 수 있다는 걸 입증하기 위해서, 우리가 가장 먼저 할 일은 이전에 들어 본 적이 없는 삶의 형태인 이론적 인간의 유형이 소크라테스 안에 있었음을 인정하는 것이다. 이때 이론적 인간이란 통찰Einsicht에 도달하는 것이 그 의미와 목적인 인간을 말한다.

니체는 소크라테스를 '이론적 인간theoretischen Menschen'으로 정의한다. 니체는 소크라테스를 13장에서 다이몬에 의해 조정을 받는 '양심적 인간'으로 규정했다. 니체의 관점에서 소크라테스는 이론적 인간이자 양심적 인간이다. 니체는 14장에서 양심적 인간인 소크라테스가 왜 음악과 예술을 할 수 밖에 없었는가를 규명한다면, 15장에서는 이론적 인간인 소크라테스가 왜 음악과 예술을 할 수 밖에 없었는가를 추적한다.

이론적 인간의 의미와 목적은 통찰에 도달하는 것이라고 니체는 규정했다. 이론적 인간은 '무엇에 대해' 통찰하고 싶은 자인가? 플라톤식으로 대답한다면 이데아에 대한 통찰을 뜻하고, 일반적으로 말한다면 초월적 진리에 대한 통찰, 철학적으로 말한다면 형이상학적 진리에 대한 통찰, 종교적으로 말한다면 신의 존재에 대한 통찰이다.

이론적 인간은 초월적 진리에 대한 통찰에 도달하기 위해 인과율과 논리적 메커니즘을 사용한다. 감성과 오성은 사물과 현실을 바라보는 데 일정한 한계에 빠질 수밖에 없고, 초월적 진리에 도달하기 위한 수단으로 부족하다고 이론적 인간은 생각하기 때문이다.[199]

니체에게 이론적 인간은 비판의 대상이다. 니체는 이론적 인간을 이론적 천재인 소크라테스의 비판을 위한 도구로 사용한다. 또한 니체는 이론적 인간을 확장시켜, 이론적 연구자, 교수, 학자처럼 연구실에서 일생을 바치는 대다수 연구자를 비판하기 위한 도구로 사용한다. 니체는 자신이 교수였던 시절을 넌더리 내며 교수직을 사직했다. 그는 이론적 인간의 전형인 학자에 대해서 『자라투스트라는 이렇게 말했다』 2부 '학자에 대해서'에서 신랄하게 비판한다.

학자들의 특징은 대략 다음과 같다. '학자들은 시원한 그늘에 앉

아서 관망만 하는 자들이다.', '학자들은 지혜롭다고 자부하지만 퀴
퀴한 냄새가 나고 개구리 소리를 내는 자들이다.', '학자들은 시계나
마찬가지여서 태엽만 감아 주면 정해진 시간에 떠든다.', '학자들은
서로를 감시하며 믿지 못한다.', '학자들은 조심스럽게 독을 제조하
는 자들이다.', '학자들은 주사위로 농간을 부릴 줄 안다.' 결론적으
로 말하면 자유를 사랑하고 신선한 대지에서 땀 흘리기를 좋아하는
자들과 학자는 상극이다.

3. '염세주의의 실천적 윤리'로부터 '보호'를 받는다는 것은 자살하
지 않고 살아남는다는 뜻이다. 염세주의는 현재 세상을 부정적으로
본다는 의미이고, 염세주의를 실천한다는 것은 스스로 죽는 걸 말
한다.

　'링켄의 눈Lynkeusaugen으로부터 보호'받는다는 것은 유추가 필요하
다. 링켄lynx은 고양이과 동물로, 짧은 꼬리와 독특한 귀 모양을 가
진 것으로 알려져 있다. 그리스 신화에서 링켄은 링케우스Lynceus를

링켄 (엘리아스 베르홀스, 1596~1610년, 암스
테르담 국립 미술관 소장)

말하며, 아르고호의 항해에 참여했던 영웅이다. 그는 이다스와 쌍둥이 형제이며, 아파레우스와 아레네의 아들로서 시각이 무척 발달하여 땅 밑에 무엇이 있는지 알 수 있었다고 한다. 그는 뛰어난 눈을 가진 덕분에 칼리돈의 멧돼지 사냥에도 참여했으며, 또 다른 쌍둥이 형제인 카스토르·폴리데우케스와 함께 훔친 소를 가지고 싸운 것으로도 유명하다. 신화에서 링켄은 보이지 않는 걸 볼 수 있는 능력을 갖췄음을 뜻하며, 일반적으로 과학자와 지식의 탐구자를 지칭한다.

이론적 인간이 '링켄의 눈으로부터 보호'를 받는다는 것은 소크라테스가 과학자와 자연과학적 지식의 탐구자로부터 보호를 받는다는 걸 비유적으로 표현한 것이다. 이는 소크라테스의 학문상 위치에서 설명해야 한다. 소크라테스 이전에는 탈레스로 대표되듯이 '자연에 관한 탐구'와 '모든 것의 원인'에 관해 탐구하는 자연철학자들이 주류였다. 소크라테스는 자신의 무능 때문에 이런 자연철학과 담을 쌓고 인간에 대한 관심을 갖는다.

> 열과 냉기가 일종의 부패 과정을 겪게 되면, …… 바로 그때 생물들이 조직화되는가? 그리고 우리가 생각을 할 수 있게 해 주는 것은 피인가, 공기인가, 아니면 불인가? …… 그리고 하늘과 땅에서 일어나는 사태들에 대해서 고찰해 보노라니, 마침내는 이런 고찰에는 내 자신이 전혀 소질이 없다는 생각이 들기에 이르렀네.'[200]

이후 소크라테스는 자연과학에 대한 탐구에서 인간에 대한 탐구로 방향을 돌린다. 소크라테스는 자연과학에 적용될 만한 인과율과 논리적 탐구를 '현존하는' 인간, 인간과 인간의 관계, 인간과 신, 인간과 사회, 인간과 국가 등에 관한 탐구에 적용한다. 소크라테스는 현존하는 인간과 그 문화와 제도를 탐구함으로써, 그 이전에 자연과학적 탐구를 하지 않는 새로운 유형의 철학자 또는 학자라는 지위를 갖게 된다.

이상을 바탕으로 추론해 보자. '링켄의 눈으로부터 보호'를 받는다는 것은 이론적 인간인 소크라테스가 자연과학적 연구를 하는 기존의 탐구자와 연구자들로부터 벗어나 자유롭게 사회과학과 인문학을 연구할 수 있음을 뜻한다.

이 문장은 전체적으로 이론적 인간과 예술가의 공통점을 말한다. 이들은 첫째, 현재 존재하는 것에 만족한다. 그 때문에 이들은 낙관주의자이기도 하다. 이들은 둘째, 낙관주의자인 덕분에 죽지 않고 예술가는 예술가로서 예술을 창작하고, 이론적 인간은 이론적 인간으로서 이론 연구에 매진한다.

4. 이론적 인간과 예술가(특히 비극 예술가)의 차이점을 말한다. 단순하게 말한다면 예술가의 기쁨은 모으기, 종합 그리고 시너지에서 오는 반면, 이론적 인간의 즐거움은 나누기, 해체 그리고 분석에서 온다. 비극 작가는 대화만이 아니라 율동과 춤, 음악을 하나로 모아 비극을 창조하는 데에서 기쁨을 얻고, 이론적 인간은 대상과 자연, 사건을 자르고 나누어서 분석하여 하나의 이론을 정립하는 데에서 즐거움을 얻는다.

1장에서 3장으로 되돌아가 이를 이론적 측면에서 살펴보자. 비극 작가는 마야의 베일에 감싸인 것을 황홀하게 바라보며, 이를 축제처럼 표현하는 것, 인간과 인간이 하나가 되고, 인간과 동물이 하나

가 되고, 인간과 자연이 하나가 되고, 마침내 인간이 작품의 일부가
되는 것에서 기쁨을 느낀다. 비극을 보는 관객 역시 작품 속 주인공
이 되고 작품의 일부가 되어 버리는 게 축제이고 비극이다.

반면 이론적 인간은 아폴론의 개별화 원리에 충실한 자이자 개
별화 원리를 극단까지 몰고 가는 자로서, 모든 대상을 하나하나 낱
낱이 나누고 분석한다. 이론적 인간은 나누기를 거듭한 나머지 아
폴론적 형상마저 해체하는 자이며, 그 결과 아폴론적 미학마저 파
괴한다. 이론적 인간은 개별화 원리의 초극대화에서 즐거움을 얻
는다.

일반적으로 말하면 비극을 창조하는 자(이해하기 쉽게 말하면 영화
감독, 뮤지컬 감독, 연극 연출자)는 주변에서 볼 수 있는 모든 재료, 음
악, 대화, 춤, 그림 등을 모아 하나의 예술로 승화시키는 자이다. 반
면 이론적 인간, 즉 학자나 연구자는 뭉뚱그리는 게 아니라 대상,
사건, 자연을 주제로 더 이상 자를 수 없을 때까지 자르고 또 잘라
서 그 분야의 최고 전문가가 되어야만 직성이 풀리는 자이다.

5. '단 하나의 **벌거벗은** 여신Göttin'은 저 베리타스Veritas 여신을 말한
다. 베리타스 여신은 진리의 여신으로, 하얀 옷을 입은 모습이나 거
울을 들고서 벌거벗은 모습으로 표현되었다. 베리타스는 로마의 진
리의 여신으로 그리스의 '진리의 여신' 알레테이아Aletheia와 유사하
다. 베리타스와 알레테이아는 신화의 계보상으로 보면 같다. 그들
은 크로노스의 딸이자 비르투스의 어머니이기도 하다.

니체는 다른 글에서도 알레테이아란 말을 전혀 사용하지 않고 베
리타스라는 말만을 사용한다. 니체는 '영원한 진리'라는 뜻으로
veritas aeterna를 자주 사용한다.[*201]

의문이 발생한다. 그리스를 그토록 사랑하고 존경하는 니체는 왜 진리의 여신을 그리스의 알레테이아가 아니라 로마의 베리타스로 표현했는가? 진리의 여신이기는 하지만 서로 다른 의미를 지니고 있기 때문이다. 베리타스는 니체가 '영원한'이란 말을 붙이는 데에서 알 수 있듯이 초월적 진리, 실체로서 유일한 진리 등을 뜻한다. 반면 알레테이아는 그리스 신화에서 망각의 여신 레테와 대비되는 뜻으로 드러냄, 비은폐성 unconcealment, 감춰진 걸 드러냄을 뜻한다. 알레테이아는 탐구의 과정 그 자체가 중요한 반면 베리타스는 초월적 진리의 존재 그 자체가 중요하다.

니체는 진리의 여신을 베리타스로 명명함으로써, 학문이 영원한 진리를 탐구한다고 보는 것을 비판한다. 니체에 따르면 학문은 은폐되고 감추어지고 망각되어진 사실이나 실제를 눈에 뜨이도록 드러내는 게 아니라, 영원한 진리를 믿고 그 진리를 탐구하고 찾아내려고 노력하는 것이다.

세계의 많은 대학들이 알레테이아가 아니라 베리타스를 모토로 삼는다. 이는 대학이 다양한 진리를 탐구하는 과정을 중시하지

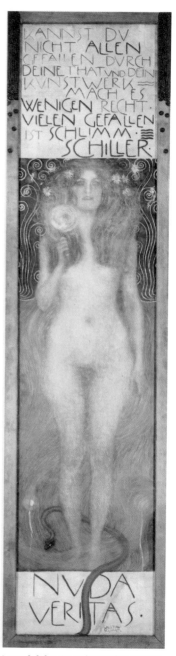

누드 베리타스 (구스타프 클림트, 1899년)

않고, 초월적 진리를 교조적으로 연구하고 있음을 무의식 중에 드러내는 것이다. 즉, 대학의 모토에 들어 있는 베리타스는 형이상학적 초월적 진리를 추구함을 보여 준다. 이 절 마지막 단락에 나오는 학문의 가치란 탐구 행위 그 자체 있다는 레싱의 언급은 베리타스와 정반대 지점에 있다.

6. 학문의 목적은 진리 탐구인가? 아니다. 단 하나의 진리, '단 하나의 **벌거벗은** 저 여신'만 있다면, 진리는 탐구할 필요가 없다. 그 진리를 믿으면 될 뿐이다. 진리는 다양하다. 학문은 사실과 사건을 보는 시각과 관점의 차이일 뿐, 어떤 경우에도 진리를 찾지 못한다. 절대 진리는 존재하지 않고 상대적 시각과 관점만 존재할 뿐이다. 절대 진리를 주장하는 형이상학적 연구는 거짓이고, 절대 진리를 찾을 수 있다고 믿는 형이상학적 연구는 허구이다.

연구자들은 니체가 표현한 이 문장에 충분히 공감할 것이다. 그 분야 최고의 전문가라고 자부하는 순간 이미 그 분야에서 뒤처지고 있다는 것, 후학들에 의해 처절하게 짓밟히고 있다는 것, 전혀 다른 관점에서 치고 들어오는 연구자들이 즐비하다는 것, 아무리 연구해도 끝이 없다는 것, 결국 주기적으로 지진아가 아닌가라는 자괴감에 **빠져** 버린다는 것(솔직하게 자기고백을 할 수 있을 정도로 열심히 연구한 자만 이런 느낌에 **빠진다**.), 이것은 학자와 연구자의 숙명이다.

7. 학문의 가치는 진리 찾기라는 탐구 과정에 있을 뿐이다. '학문의 비밀'은 진리 탐구가 아니라 탐구 과정에 있을 뿐이다. 레싱이 인류에게 드러낸 진리이다. 베리타스를 상징으로 들고서 '진리는 나의 빛'이라고 떠드는 것은 허구이고, '자유, 정의, 진리'를 외치는 것은 선동이며, '진리, 자유'를 강조하는 것은 말뿐인 성찬이다.

8. 소크라테스는 인과율과 논리적 사유로 존재(인간)의 가장 깊은 본질을 이해할 수 있다고 주장한다. 또한 소크라테스는 학문을 통해 인간의 가장 깊은 내면까지 이해할 수 있다고 주장한다. 또한 소크라테스는 학문의 또 다른 측면인 교육을 통해 인간을 개조할 수 있다고 주장한다.(이번 장 6절에서 니체는 이 내용을 다룬다.) 소크라테스가 산파술적인 문답법을 통해 수많은 청년 제자들의 무지의 지를 깨우치려고 노력하는 과정이 그 증거이다.

소크라테스의 신념과 행위를 확장한다면, 인간은 학문을 통해 존재(자연과 인간)의 가장 깊은 본질에 이를 수 있고, 학문을 이용하여 존재(자연)를 인간의 목적에 맞게끔 이용할 수 있을 뿐만 아니라 존재(인간)를 사회와 국가의 목적에 맞게끔 개조할 수 있다.

니체는 이런 소크라테스가 망상 장애, 그것도 과대망상증에 걸렸다고 조롱한다. 니체는 소크라테스가 현실감을 상실했다고 본다. 아무리 이성적인 인간이라 할지라도, 인간은 자연Natur 앞에서 나약한 존재에 지나지 않으며 본능Natur 앞에서 무기력할 뿐이다. 어떤 인간은, 아니 대다수 인간은 아무리 교육을 시켜도 자신의 본능적 사유와 행동을 버리지 못한 경우가 태반이다. 인간은 아무리 이성적 사유를 해도 자연과 본능을 다 알지 못할 뿐만 아니라 자연과 본능을 바꿀 수 없다.

거울을 바라보는 고양이가 거울 속에서 사자를 보는 것은 과대망상이다. 인과성과 논리적 사유에 의해 세상의 모든 걸 파악하고 바꿀 수 있다는 소크라테스의 주장은 과대망상증이다.

9. '아리아드네의 실과 같은 인과성das Denken· an dem Leitfaden der Kausalität'은 니체가 소크라테스를 비판하는 주요 사상 중 하나이다. 우리가

미로로 둘러싸인 올림포스산 (로렌조 레온브루노, 1510년, 만토바 두칼레궁 소장)

무척 소중하게 여기는 사유를 니체는 부정적으로 평가한다. 사유
란 무엇인가? 니체는 사유를 인과성으로 정의하고, 아리아드네의
실과 같다고 비유한다. 사유란 아리아드네의 실처럼 인과성을 따
른다.

테세우스는 사람의 몸에 소의 머리를 가진 괴물 미노타우로스를 미
궁에서 살해하고 빠져나온다. 그는 미노스왕의 딸 아리아드네가 전해
준 붉은 실을 미궁에 들어갈 때 늘어뜨리고 들어갔고, 나올 때 역시 그
실을 따라 나온다.

사유란 비유적으로 말하면, 아리아드네의 실처럼 따라가면 위험에

서 탈출하여 안전한 곳에 도달할 수 있는 한 방법이다. 사유란 인과성의 원칙, 원인이 있으면 결과가 있다는 원칙에 근거한다. 사유란 현재 벌어진 원인을 보고서 미래 결과를 유추하는 것이고, 이미 나온 결과를 보고서 과거 원인을 추론하는 것이다. 원인과 결과의 상호 추론 과정은 아리아드네의 실을 따라가는 것과 같다.

소크라테스는 인과론적인 사유를 정확하게 수행한다면, 존재의 본질에 도달할 수 있다고 확신했으며, 심지어 사유를 통해 본질 자체를 수정할 수 있다고 보았다. 니체는 이런 소크라테스를 망상에 빠진 자라고 규정한다. 이를 뒤집어 말하면 니체는 소크라테스의 사유를 부정한 것이고, 이는 곧 인과성을 부정하는 것이다.

원인이 있으면 결과가 있다는 것을 우리는 너무 당연하다고 생각하지 않는가? '아니 땐 굴뚝에 연기 나랴'는 인과성을 함축적으로 보여 준 속담이다. 우리는 이 속담을 부정하지 않는다. 하지만 니체는 인과성을 부정함으로써 우리의 일반적인 상식을 뒤집어엎는다. 심지어 인과성을 망상이라고 규정하고, 사유의 원조 소크라테스를 광기에 가득 찬 자로 명명한다.

니체는 인과성에 대한 더 심화된 비판을 18장 4절에서 다룬다. 인과성이 무엇이 문제인지 여기에서 더 살펴보도록 한다.

10. '광기'에 대해서는 「자기비판의 시도」 4장 3절 해설에서 다루었다. 플라톤은 광기가 신의 선물로 주어지며 창작에서 아주 중요한 역할을 한다고 주장한다. 이 단락에서 '형이상학적 광기'는 학문에서도 나타난다. 철학을 포함한 대부분 학문은 형이상학적인 초월적 존재를 찾거나 믿는 것이며, 형이상학적 질서의 현실 적용을 인정하기 위한 것에 지나지 않는다.

니체는 형이상학적 광기의 한 종류인 학문이 결국 예술적 창작에 매달린다고 말한다. 학문은 어쩔 수 없이 예술로 넘어갈 수밖에 없으며, 소크라테스 역시 형이상학적 광기를 지닌 자로 죽음에 임박해서는 예술에 의지할 수밖에 없었다라고 니체는 말한다. 학문의 예술에의 필연적 의지에 대해서는 자세하게 설명할 수 없다. 광기가 왜 나타나는지, 어떤 과정을 통해 발현되는지 알 수 없기 때문이다.

우리가 알 수 있는 것은 광기의 결과일 뿐이다. 플라톤은 광기가 '신이 선물로 부여한 것'이라면 좋은 결과를 낳는다고 말할 뿐이다. 학문도 신의 선물로 형이상학적 광기를 발휘할 경우 좋은 결과를 낳는다고 볼 수 있다. 반대로 광기가 '신의 선물로 부여'된 것이 아니라면 대단히 유해한 결과를 낳는다. 유해한 결과는 5절에서 형이상학적 광기의 일종인 학문이 개인이나 집단의 이기적 목적에 사용될 경우 발생하는 파멸적 결과로 설명된다.

니체는 소크라테스가 왜 예술을 할 수밖에 없었는가를 15장에서 두 개의 절에서 근거를 들어 설명한다. 첫째, 여기 3절에서 형이상학적 광기의 한 형태인 학문은 내적 필연성으로 인해 예술을 추구할 수밖에 없다는 것, 둘째, 7절에서 이론적 낙관주의가 좌절하면 학문은 예술에 의지할 수밖에 없다는 것이다.

다시 보기

철학자이건 정치학자이건 어떤 학자들이건 간에 일종의 망상증에 시달린다. 인과론이 망상증을 유발한다. 인과론은 인간에게 아주 익숙하다. 첫 번째 이유는, 인간은 시간의 흐름에 따라 생각하는 습관이 있기 때문이다. 시간은 과거 현재 미래로 흐른다. 과거에 어떤 일이 있으면, 현재 그 영향이 나타나기 마련이고, 또 현재 벌어진 사건이 미래를 결정한다. 과거에 열심히 일을 했으면 현재 먹고 살 만하고, 현재 열심히 일하면 미래에 많은 돈을 모을 수 있다. 과거에 나쁜 일을 하면 현재 벌을 받기 마련이고, 현재 그 벌을 받지 않았다면 미래에 벌을 받을 것이다. 살아서 그 벌을 받지 않았다면 죽어서라도 그 벌을 받을 것이다. 인과응보는 인과론의 전형적 사유의 하나이다. 이런 식의 인과적 사유는 인간에게 너무 익숙한 사유 논법이다.

두 번째는, 자연이 인간에게 인과론을 가르치기 때문이다. 날씨가 흐린데 따뜻하면 비가 내리고, 추우면 눈이 온다. 비가 적당히 내리면 농사짓기 좋다. 비가 너무 많이 내리면 강물이 넘친다. 자연은 인간의 인과론 교사이다.

학자는 연결되는 원인이 있으면 결과가 있다는 인과론을 바탕으로 모든 걸 이해할 수 있고 모든 문제를 해결할 수 있다고 생각한다. 철학자는 인과성을 바탕으로 존재의 심연에 들어갈 수 있다고 주장한다. 존재란 무엇인가? 우리의 눈에 보이는 자연Natur과 우리가 매일 접하는 인간의 본능Natur이다.

인과론을 바탕으로 우리는 자연과 본능의 그 깊고 깊은 심연에 들어갈 수 있는가? 자연과학이 자연의 심연, 물질의 본질에 들어간다고 말하지만, 우리는 아직 그 본질을 알지 못한다. 원자, 중성자, 미립자, 전자 등을 나열하지만 우리는 아직 존재가 무엇인지 알지 못한다. 인간의 본능을 인과론으로 설명할 수 있는가? 열 길 물속은 알아도 한 길 사람 속은 모르는 것이 우리이다. 인과론적 사유는 그

럴듯하기는 하지만 존재의 문제에 대해서는 여전히 미지수이다.

원인 없는 결과로 나타나는 일이 얼마나 많은가! 쇼펜하우어가 전율이 왜 발생하는가에 대해 설명한 걸 상기해 보자. 니체가 공포가 왜 발생하는가에 대해 설명한 걸 참고해 보자. 뻔한 결과가 도출될 것을 알면서도 인간은 왜 그렇게 어처구니없는 돌발적 행동을 하는가!

니체는 소크라테스가 인과성에 입각하여 존재의 심연에 도달하지 못하고 실패할 때 예술과 비극으로 침몰했다고 말한다. 왜 소크라테스는 죽기 직전 예술에 침잠했는가? 지성을 담당하는 이성과 양심과 윤리와 도덕을 다루는 오성은 아무리 인과론에 입각해 인간을 설명해도 인간의 욕망과 감성을 절대 이해하지 못하고, 여기에서 발생한 행동도 절대 설명하지 못한다. 이성과 오성은 인간의 정신에서 10분의 1도 안 된다. 빙산의 일각이다. 나머지 10분의 9의 정신은 감정과 욕망 속에서 꿈틀거리고 있다.

학문은 인과론에 근거하여 이성적 행위와 사물의 질서를 확인할 수 있다. 학문의 궁극적 목적인 형이상학은 인과론에 입각하여 인간의 도덕적 행위와 윤리적 행위의 지향점을 제시할 수 있다. 하지만 학문과 형이상학은 인간의 감정적 행위의 표출 형태인 예술에 대해서 거의, 아니 전혀 모른다.

진정한 학자라면 이 난관 앞에서 좌절한다. "양심에 께름칙한 것" 없이 "이 세상을 떠나"[202]고 싶어서 소크라테스는 시를 쓴다. 소크라테스의 이 말은 이성과 오성만으로는 절대 알 수 없는 지식이 있다는 것, 그것은 다름 아닌 감정과 욕망의 세계가 존재함을 간접적으로 그리고 역설적으로 인정한 것이다.

과학적 세계를 다룬 이성과 윤리와 도덕의 세계를 다룬 오성에 근거한 학문이 모든 걸 다 알 수 있다고 생각하는 것 자체가 망상이다. 학문에서 하나의 진리만 존재한다고 생각하고 말하는 것 자체가 망상이다. 유일한 진리가 존재한다고 윤리와 도덕의 자식이자 아버지인 종교가 말하는 것 자체가 망상이다. 인과론에 입각하여 모든 걸 알 수 있다고 자부하는 학문은 과대망상증상의 표현이다. 학문은 출발할 때부터 망상증에 걸린 병자이다. 학문의 시조 소크라테스는 인류 최초의 망상증 환자이다. 그가 과대망상증 환자였다는 것은 앞에서 여러 차례 다루었다.

4. 학문을 위해 목숨을 던지는 소크라테스

이제 우리는 이러한 사유의 횃불을 들고서 소크라테스를 보도록 하자. 그러면 소크라테스는 저 학문 본능의 도움으로 살아갈 수 있을 뿐만 아니라 죽을 수도—더 넓은 의미에서—있는 최초의 인간이다.[1]

그 때문에 아는 것wissen과 근거에 의해 죽음의 공포에서 벗어난 인간으로서 **죽어 가는 소크라테스**의 형상은 모든 사람들에게 삶Dasein[2]을 이해할 수 있으며 살 만한 것gerechtfertigt으로 드러낸다고 하는 정의를 상기시키는 학문의 출입문 위 문장紋章이다.[3]

물론 근거가 충분하지 않을 경우 결국 내가 바로 앞에서 학문의 필연적 결론이자 확실히 학문의 목표라고 규정지었던 **신화**가 그 근거에 차용될 수 있다.[4]

1. 13장 5절에서 소크라테스는 '신적인 소명'으로 죽음을 향해 달려

간다. 소크라테스는 다이몬의 금지 명령을 지키는 소명을 다하기 위해 죽음을 선택한다. 15장 4절 여기에서 니체는 '이론적 인간'인 소크라테스가 학문 덕분에 죽음을 두려워하지 않았으며, 죽음을 향해 달려갔다고 평가한다. 자신이 연구하는 학문을 위해 목숨을 바칠 수 있는 최초 인간의 초상이 소크라테스에게서 나타난다.

2. Dasein은 삶 또는 현존재, 존재 등으로 해석 가능하다. 인간과 연관될 경우는 삶으로 이해하면 좋고, 사물이나 자연과 관련될 경우는 현존재 또는 존재로 이해하면 좋다. 여기에서는 삶으로 이해하는 것이 좋다. 소크라테스는 자연과학을 연구한 게 아니라 인간을 연구했기 때문이다.

3. 이 문장은 3장 2절에 나온 미다스와 실레노스의 대화와 비극 예술의 목적과 반대로 이해해야 한다. 이 글을 분석하기 위해 다음과 같은 단계를 밟아 보도록 하자.

> 소크라테스는 죽음의 공포에서 벗어난 사람이다.
> 소크라테스가 사용한 방법은 아는 것과 근거에 의해서이다.
> 소크라테스는 삶이란 무엇인지 이해할 수 있으며, 삶이 살 만함을 논증하는 방법을 알았다.

이를 바탕으로 다음을 추론할 수 있다. 학문의 목적은 삶이 무엇인지 이해하고, 삶이 살 만하다는 걸 논증하는 것이다. 자연과학의 목적과 비교한다면, 소크라테스가 말하는 학문의 목적은 무척 협애할 뿐만 아니라 종교적 목적에 기여할 가능성이 무척 높아진다.

학문이 사용하는 첫 번째 방법은 아는 것이다. 아는 것이란 인과율로, 착하면 죽어서 복을 받고 악하면 사후에 벌을 받는다는 뜻이다. 학문이 사용하는 두 번째 방법은 근거이다. 소크라테스는 이를 설명하기 위해 삼단논법, 산파술 등을 사용한다. 학문의 결과는 죽음의 공포에서 벗어나는 것이다. 즉, 올바르고 착하게 살았다면 죽는 것마저 두렵지 않다. 소크라테스의 죽음이 그 증거이다.

결론적으로 말하면 다음과 같다. 죽어 가는 소크라테스의 형상은 학문의 출입구에 걸려 있는 문장이다. 학문에 종사하는 학자는 인간을 올바르고 착하게 살도록 계도하는 데 최선을 다해야 한다. 소크라테스는 학자적인 삶을 살았던 최초의 인간으로서, 자신이 올바르게 살았음을 확신했기 때문에 죽음마저 두려워하지 않고서, 죽음을 향해 달려갈 수 있었다. 소크라테스는 종교인에 버금갈 정도로 승화된 삶을 살았고, 종교인을 뛰어넘을 정도로 죽음을 두려워하지 않았다. 소크라테스는 인간을 계도하고 계몽하는 학문이라는 종교의 창시자이다.

소크라테스는 삶이 무엇이고, 왜 살아야 하고, 어떻게 살아가야 하는지 알았다고 주장한다. 인간은 삶이 고통스럽더라도 올바름을 위해 살아가야 한다는 것이 소크라테스의 주장이다. 그는 현재 현실에서 복을 받기 위해서가 아니라 죽어서 행복하기 위해서라고 단언한다. 소크라테스는 이것을 알았고, 이를 논거를 들어 논증했다고 주장한다. 소크라테스의 학문은 곧 양심을 다루는 도덕과 윤리로 나아간다.

4. '신화'란 '망상'을 말한다. 소크라테스의 망상은 인과성에 입각하여 존재(삶)의 가장 깊은 심연에 도달하고 존재(삶)를 정정할 수 있다는 뜻이다. 이 문장은 소크라테스가 논증한 논거가 충분하지 않

을 경우, 다시 말하면 삶이 무엇이고, 선과 악의 인과율에 따른 사후 보상을 충분히 입증할 수 없을 경우, 소크라테스적인 망상을 믿을 수밖에 없다는 뜻이다.

학문, 그 중에서도 대부분의 인문학과 사회과학은 궁극적으로 윤리적인 것을 설교하고, 착한 자의 사후 행복을 주장한다. 하지만 이를 논증하는 것은 불가능하다. 초월적 실체에 관한 형이상학적 주장과 형이상학의 변종인 종교의 주장은 주장일 뿐 입증할 수 없다.

증명할 수 없다면, 어떻게 해야 하는가? 형이상학적 초월적 실체가 있다고 믿는 수밖에 없듯이, 신의 존재와 사후세계가 있다고 믿는 수밖에 없다. 학문 역시 인과성, 존재의 변화 가능성을 믿는 망상일 뿐이다. 학문이 고작 이런 역할을 한다면, 학문은 신화의 변종일 뿐이다.

다시 보기

니체가 바라본 소크라테스의 죽음에 대한 또 다른 평가이다. 13장에서 니체는 소크라테스의 죽음을 양심과 연관시켜 바라보았다. 인간에게 가장 큰 공포는 죽음이다. 인간은 죽음의 본질과 죽음 이후의 세계를 전혀 알지 못한다. 인간은 죽음에서 달아나고 싶지만 어떤 방법을 사용해도 죽음에서 벗어날 수 없다. 인간은 언젠가 반드시 죽는 필멸의 존재이다. 죽음 앞에서 인간이 할 수 있는 것이라곤 죽음에 대한 공포에서 벗어나는 것이다.

죽음에 대한 공포에서 벗어나는 방법이 있다. 죽음은 피할 수 없으므로 체념하는 것이다. 또 다른 하나는 사후세계라는 가상과 상상의 세계를 만들고 그 안에서 영원히 행복하게 살 수 있다고 믿는 것이다. 종교가 이를 대표한다. 종교가 아닌 또 다른 방법이 있다. 소크라테스가 이 질문에 대한 답을 던진다.

이 절에서 소크라테스는 학문의 도움을 받아 "죽음의 공포에서 벗어난 인간으로서 죽어" 간다. 소크라테스는 도대체 어떤 방법으로 죽음의 공포에서 벗어났는가? 소크라테스는 양심적인 인간으로 살면 죽어서 왜 행복한지를 학문과 이론의 관점에서 밝혔다. 소크라테스는 '올바름이란 무엇인가'라는 이론적인 질문을 끝없이 던졌고, 그 질문에 대한 학문적인 답을 찾았다. 소크라테스 그 자신이 올바르게 살았기 때문에 죽어서 행복할 것이라고 답한다.

> 진정으로 철학(지혜에 대한 사랑)으로 생애를 보낸 사람은 내가 보기에는 죽음에 임하여 확신을 갖고 있으며, 또한 자기가 죽은 뒤에는 저승에서 최대의 좋은 것들을 얻게 될 것이라는 희망에 차 있을 것이 당연하다. ......'203

지혜를 사랑한 자는 사후에 보상을 받는다는 게 너무 확실하기 때문에 스스로 죽음을 선택할 수 있다고 철학을 사랑하는 자 소크라테스는 단언한다.

> 철학에 옳게 종사하여 온 사람들은 모두가 다름 아닌 죽는 것과 죽음을 스스로 추구하고 있다는 것을 다른 사람들이 실은 모르고 있는 것 같으니.'204

소크라테스는 스스로 지혜를 사랑했기 때문에 죽음 앞에서 당당했고, 죽음에 대한 공포에서 벗어났다. 죽음에 대한 공포가 없었기 때문에 소크라테스는 사형을 유도하고 사형을 받는 국가 타살적 자살을 선택한다. 소크라테스는 학문의 도움을 받아 이런 방식으로 죽음에 대한 공포에서 벗어났다.

13장 5절에서 소크라테스는 양심적인 이유로 "소크라테스는 아주 편안하게 죽음 속으로 걸어갔다." 소크라테스는 양심을 위한 순교자이다. 소크라테스는 양심적인 인간으로, 윤리적인 인간으로, 도덕적인 인간으로 살다 죽으면 복을 받는다는 것을 학문적으로 그리고 이론적으로 논증했다. 소크라테스는 양심적으로 살면 죽어서 복을 받는다는 것을 철학과 학문을 통해 확신했다.

소크라테스의 양심과 학문은 동전의 앞뒷면이다. 소크라테스에게 양심은 실천 수단이고 학문은 증명 수단이다. 소크라테스는 학문을 통해 양심을 논증했고, 사후 행복이라는 전대미문의 결론을 도출한다.

5. 실천적 염세주의자

다음과 같은 사실이 누구에게나 명백해진다. 학문이라는 밀교의 사제인 소크라테스가 죽은 후, 마치 파도가 치는 것과 같이 하나의 철학 학파가 다른 철학 학파에 의해 교체되었다는 점, 교양이라는 가장 넓은 영역과 모든 사람의 더 높은 능력을 위한 고유한 의무로서 앎에 대한 탐욕이 전대미문으로 널려 퍼졌으며, 이 탐욕이 학문을 난바다로 끌고 갔으며, 학문은 이 바다에서 결코 추방된 적이 없다는 점, 이러한 보편성을 통해 전 지구 위에 사유의 공통적인 사슬이 전 태양계의 법칙성에 대한 전망과 함께 형성되었다는 점[2]이다. 현재 놀라울 정도로 고도화된 지식 피라미드 전체와 더불어 위에서 설명한 모든 것을 떠올려 본 사람이라면, 그는 소크라테스에게서 소위 세계사의 전환점과 소용돌이를 볼 수밖에 없다.[3]

그 다음으로 저 세계적인 경향에 소모된 이러한 헤아릴 수 없이 많은 힘의 총량이 인식에 기여하는 것이 **아니라** 개인과 민족의 실천적인, 즉 이기적인 목적에 적용된다고 생각해 보자. 그러면 삶에 대한 본능적 욕망은 십중팔구 일반적인 절멸 투쟁과 끊이지 않았던 민족 대이동에서 줄어들 것이다. 자살Selbstmord의 일상화 속에서 피지섬의 원주민처럼 한 개인이 아들로서 자신의 양친을, 친구로서 자신의 친구를 교살한다면, 그는 아마도 마지막 의무를 다했다고 느낄 것이다. 동정에 근거한 민족 살해라는 끔찍한 윤리를 낳는 실천적 염세주의는 이미 전 세계 도처에서 존재했으며 현재에도 존재하고 있다. 예술이 그 밖의 다른 형태로 특히 종교와 학문의 형태를 띠고 저 독기의 치료제와 방어제로 나타나지 않았던 곳에서 이런 일이 자행되었다.[4]

1. 소크라테스 사후에 소크라테스의 제자들이 만든 다양한 학파를 말하는 동시에 일반적으로 소크라테스 이후 다양한 학문이 만들어진 것을 뜻한다.

소크라테스의 제자들은 각자 학파를 만들었다. 예컨대 안티스테네스는 디오게네스로 잘 알려진 견유학파를, 아리스티포스는 쾌락을 중시하는 키레네학파를, 에우클리데스는 감각을 부정하고 선한 존재만을 인정하는 메가라학파를, 소크라테스의 임종을 지켜보고 전달한 파이돈은 엘리스학파를 만들었다. 또한 우리가 잘 알고 있는 플라톤도 학교를 세워 자신만의 이론을 정립했다. 이들 학파들은 소크라테스가 살아 있을 때 주장했던 한 가지 사상을 심화 발전시켰다. 이들 학파들은 소크라테스 주장의 한 자락을 붙들고 일희일비했던 자들이다.

자연과학에서 학파는 무의미하다. 하지만 인간, 사회, 국가를 연구하는 학문에서 학파는 유의미하다. 자연과학은 단 하나의 증명을 하기 위해 노력하지만 사회과학과 인문과학은 서로 다른 가정, 가설에 입각하여 설명한다. 자연과학은 증명된다면 어떤 가설에 입각해서 설명했는가는 의미 없다. 증명하는 순간 증명하지 못한 다양한 이론은 다 쓰레기 더미에 묻힌다. 반면 인간, 사회, 국가를 연구하는 학문은 증명이 중요한 것이 아니라 그 학파가 얼마나 더 설득력 있는가, 얼마나 더 많은 영향력을 가지고 있는가, 얼마나 더 많은 실질적 힘을 가지는가가 더 중요하다.

자연과학에서는 자연이라는 단 하나의 학파만 존재한다면, 사회과학과 인문과학은 개나 소나 다 다른 학파를 만들 수 있다. 소크라테스 이후 인문과학과 사회과학은 끝없이 논쟁하고 있다. 인문과학과 사회과학의 각 학파는 거센 파도가 치고 풍랑이 이는 거친 바다 위에 떠 있는 조그만 돛단배와 같다.

2. 이론적 인간의 이론적 사유가 전 지구를 지배하기 시작한 시점은 언제인가? 신 중심의 천동설이 아니라 인간 중심의 지동설이 주장되고 받아들여졌을 때부터이다. 그때부터 이론적 인간은 지구를 지배하기 시작했다고 니체는 설명한다.

3. 소크라테스가 세계사의 전환점과 소용돌이가 되었다는 것은 소크라

테스를 기준으로 이전과 이후를 나눌 수 있다는 뜻이다. 마치 예수를 기준으로 기원전(예수 이전. Before Christ, B.C.)과 기원후(예수의 해, Anno Domini, A.D.)로 나누듯이, 세계사 그 중에서도 서양사를 소크라테스 이전과 이후로 나눌 수 있다는 뜻이다. 앎을 강조한 소크라테스 이후에 앎, 앎의 보편화인 교양, 앎에 대한 탐욕이 보편화되었다는 뜻에서 니체는 이렇게 말한다.

동양사를 기준으로 나눈다면, 『논어』 첫머리에서 "배우고 때때로 그것을 익히면 또한 기쁘지 아니한가(學而時習之 不亦說乎)"를 강조한 공자가 기준이 된다.

4. 니체의 의도가 정확하게 무엇인지 파악되지 않는 문장이다. 하나씩 따져서 추론해 보도록 하자. 이 단락을 흐름에 따라 정리하면 다음과 같다.

하나. 학문의 보편화가 인식이 아니라 개인과 민족의 이기적인 목적에 사용된다.

둘. 삶에 대한 본능적 욕망die instinktive Lust zum Leben은 십중팔구 개인적인 이기적 측면에서 일반적인 절멸 투쟁Vernichtungskämpfen과, 민족의 이기적인 측면에서 민족 대이동Völkerwanderungen에서 약화될 것이다.

셋. 삶에 대한 욕망이 줄어든 개인적인 예는 피지섬에서 일어난 부모 살해와 친구 살해이다.

넷. 삶에 대한 본능적 욕망이 줄어든 민족적인 예는 동정심Mitleiden에서 발생한 민족 살해이며, 이는 실천적 염세주의로서 예나 지금이나 횡행한다.

다섯. 개인 간의 절멸 투쟁과 민족 살해를 막을 수 있는 것은 예술이며, 이 예술은 다양한 종교와 학문의 형태로 나타나기도 했다.

하나씩 풀어 보도록 하자.

하나. 일반적인 이야기이다. 학문은 인식을 위한 것이 아니라 이기적인 목적에 사용될 수 있다. 니체는 학문을 구멍파기에 비유했다. 진리가 단 하나라면 학문의 목적은 진리 신봉이다. 하지만 진리는 존재하지 않는다. 따라서 학문은 진리를 찾는 행위 그 자체에 의미가 있으며, 그 덕분에 학문이 찾는 진리는 여러 개의 구멍으로 존재할 수 있다.

한발 더 나가면 각각의 구멍은 누군가를 위한 학문이자 무엇인가를 위한 학문이다. 학문은 객관적인 진리 탐구가 아니라 누군가 또는 무엇의 이익을 위해 종사하는 시녀이다. 우리가 가치중립적이라고 생각하는 자연과학마저도 누군가의 또는 무엇인가의 이익을 위해 봉사한다. 천동설이 종교적 이익을 위한 것이 아니라고 한다면, 객관적 관찰에 의해 훨씬 이전에 무너져야 했다. 인문과학과 사회과학이 특정 계급, 계층, 지역, 민족 등의 이익을 위해 기여한다는 것은 두말할 나위 없다.

이를 비극과 연결하여 살펴보자. 니체는 11장 3절에서 대중이 철학을 하고 난 뒤에 똑똑해졌으며, 그 결과 토지와 재산 소송을 진행할 수 있게 되었으며, 비극에서 철학적 소크라테스였던 에우리피데스가 이 역할을 수행했다고 비판했다. 앎의 목적이 진리 탐구가 아니라 개인의 이익 증진을 위한 것이라고 니체는 비판한다.

둘. 학문의 보편화가 삶에 대한 본능적 욕망을 축소시킨다. 소크라테스의 삶 그 자체가 이를 보여 준다. 소크라테스는 앞에서 살펴보았듯이 현재 현실에서 착하게 살면 사후 복을 받는다는 것을 알았다. 이 앎이 낙관주의적 명랑성이다.

인과론에 의거하여 선량하고 절제적인 삶을 살았다고 자부한 소크라테스는 사후 행복을 기대하고 고통스러운 삶의 현장을 떠나 기꺼이 죽음의 길로 들어선다. 소크라테스의 이 행위는 현재의 현실을 부정하고 사후 행복을 추구하는 실천적 염세주의이다. 앎의 철학자 소크라테스는 인간이라면 누구나 더 살고 싶은 삶에 대한 본능적 욕망을 포기한다. 정도의 차이는 있지만 학자들은 대부분 전공과 결혼하고 삶에 대한 본능적 욕망을 축소한 자이거나 상징적 의미에서 거세당한 자들이다. 그들의 자식은 논문과 저서이다.

셋과 넷. 학문의 보편화에 의한 삶에 대한 본능적 욕망이 줄어든 사례는 개인적인 이기적 측면에서 일반적인 절멸 투쟁이고, 민족의 이기적 측면에서 민족의 대이동이다. 이 두 가지 사실이 무엇을 의미하는지 구체적으로 알 수 없다. 니체는 앎과 이론에서 비롯된 이기심과 피지에서 발생한 부모와 친구 살해, 민족의 대이동과 동정심에서 비롯한 민족 살해를 연결시켜 전혀 설명하지 않았다. 니체는 피지에서의 부모 살해와 민족 대이동을 단 두 번만 언급했다. 하나는 『소크라테스와 그리스 비극』이고, 다른 하나는 바로 이 부분이다. 하지만 두 내용은 똑같으므로, 여기를 제외하고는 언급한 적이 전혀 없는 셈이다.

셋 다시 하나. 삶에 대한 본능적 욕망이 줄어든 개인적인 예, 다시 말하면 스스로 목숨을 버리는 경우는 피지섬에서 일어난 사건이다. 이 내용은 스탄톤Stanton의 보고서 '1838~1842년간 미국의 탐사 보고서The Great United States Exploring Expedition of 1838_1842'에 나온다. 이 보고서는 미국이 태평양 주변의 섬들을 조사한 것이다. 1848년 독일의 『다스 아우스란트Das Ausland』에 피지섬에서 부모 살해나 친구 살해와 같은 글이 실렸다고 한다. 니체는 도덕의식이나 의무에 의한 살인을 다음과 같이 인용했다.

> 피지인들은 스스로 목숨을 바친다. 그들은 비참한 이러한 삶으로부터 자신을 해방시키기 위해서 자신들의 최고 친구를 살해하는 것이 정당하다고 여긴다. 부모가 자식에게 죽여 달라고 부탁하면, 그들은 실제로 자식이 자신의 부모를 교살하는 것이 자신들의 의무라고 여긴다.[205]

이 글은 니체가 스스로 죽음을 선택한 것을 좋게 평가하면서 인용한 내용이다. 하지만 니체는 이 글에서는 학문적 보편화가 만연하여, 자신의 이익을 위해 살해한 것으로 적용하여 설명한다. 즉, 학문적인 보편화가 이뤄지면, 인간이 자기 이기심을 극대화하기 위해 살인도 마다하지 않는다. 즉, 부모를 살해하거나 친구를 살해해서라도 자신의 이익을 극대화한다. 마치 에우리피데스 극의 주인공들이 자신의 이익을 쟁취하기 위해서 법정에서 교묘한 논변으로 다투는 것과 마찬가지이다. 이는 자신의 이익을 위해 타인의 삶에 대한 본능적 욕구를 제거함을 뜻한다.

넷 다시 하나. 삶에 대한 본능적 욕망이 줄어든 민족적인 예는 민족의 대이동에서 볼 수 있다. 동정심에서 발생한 민족 살해란 무엇인가? 설명하기 까다롭고 어렵다. 이를 우선적으로 해명하기 위해서 학문(앎)의 보편화와 동정의 관계를 규명해야 한다.

동정이란 일반적으로 타인의 고통을 함께 나누는 것이다. 타인의 고통을 이해하고 나누기 위해서 가장 먼저 필요한 것은 타인이 왜 고통을 겪고 있는지를 아는 것이고, 그 고통에 공감하는 것이며, 마지막으로 그 고통을 어떻게 하면 줄일 수 있는지 고민하는 것이다. 동정은 타인의 체험을 목격하고 자신의 것인양 받아들이는 것이다. 동정이 일기 위해서 타인에 대해 '아는 것'이 중요하다. 동물에게는 어떤 동정도 없다. 동물은 먹어야 할 대상에 대해 알려고 노력하지 않고, 안다고 해도 그 지식을 후세에 전하지 않는다. 인간만이 동정을 느낀다. 그 이유는 나이가 들면서 타인의 고통이 무엇인지 체험과 학습을 통해 알기 때문이다. 동정은 개인이 습득한 것인 동시에 학습을 통해 인간에게 내재화된 제2의 본능이 된다.

동정에 의한 민족 살해는 어떻게 일어나는가? 니체는 민족의 대이동이 무엇인지 구체적으로 말하지 않았다. 훈족과 게르만족의 대이동을 뜻하는 것인지, 아니면 일반적으로 민족과 민족, 종족과 종족, 부족과 부족의 갈등을 표현하는 것인지 불분명하다. 확실한 것은 니체가 양 집단의 갈등에서 동정심에 근거한 대학살이 일어난다고 주장한 점이다.

동정은 '우리'라는 범주 안에서 일어나지 다른 집단과의 관계에서 발생하지 않는다. 집단 간의 대립이 발생하면, 그 극단적 해결 방법은 대량 학살이다. 니체는 이런 대량 학살이 동정에서 발생한다고 말한다. 왜 그렇게 말했는지 추론해 보자.

동정은 내가 아는 동물이나 사람, '우리' 안에 포함된 사람이나 집단에서 발생한다. 우리 안에 배고프고 힘들어 고통당하는 사람이 있다면, 그 극심한 고통에서 구원할 필요성이 우리의 동정심을 자극한다. 동정은 나와 우리 밖에 있는 타자나 전혀 다른 집단에 대해서는 발생하지 않거나, 발생하더라도 극히 미미하게 발생한다. 동정은 외부 집단에 대해 안전이 확보되면 발생한다.

안전의 확보 이전에는 집단 간의 긴장이 모든 에너지를 흡수한다. 집단과 집단의 대립이나 갈등이 발생한다고 가정해 보자. 한 집단은 다른 집단에 대해 안전을 확보하고자 하고, 공동체 간의 긴장으로 개인들은 서로에 대해 일종의 동정, 우리, 애국심 등의 의식이 발동한다. 전우가 죽는다면, 우리 가족 중 하나가 적에 의해 살해당한다면 곧 연민과 동정의 극대화가 진행된다. '우리' 안의 동정적인 인간은 우리와 다른 타자나 집단을 절멸시킴으로써 동정적인 구원 행위를 실천하고 유쾌함이나 쾌락을 얻고자 한다.

> 고통으로부터 동정심을 구분해 주는 표시는 우리의 소유나 이와 유사한 어떤 것에 고통이 발생하는 것에 대한 분노이다. 우리와 적대적인 자의 고통은 적대적인 힘의 축소 징후로서 우리에게 유쾌함을 준다. 이질적인 것, 우리와 닮지 않은 것 역시 유사하게 유쾌함을 준다. 왜냐하면 이것 역시 우리에게 적대적인 것으로 여겨지기 때문이다. ……*206

개인에게서 학문적인 이기심이 발동해 살해가 발생하듯이, 집단에게서도 학문에서 비롯된 집단적 이기심은 집단 학살의 근원이 될 수 있다. 인류의 수많은 전쟁은 '우리'의 동정이 '다른' 집단이나 민족에 대한 학살로 귀결되었음을 증명할 뿐이다.

다섯. 개인 간의 절멸 투쟁과 민족 살해를 막을 수 있는 것은 종교나 학문의 형태로 변장한 예술이다. 예술이 결국 개인 학살과 집단 학살을 막을 수 있는 유일한 방법이란 뜻이다. 예술은 개인의 죽음과 집단 학살을 자행하는 학문과 종교를 능가하는 인간 사랑의 절대적인 하나의 힘으로서 인간에 의한 인간의 살해를 막을 수 있는 유일한 방법이다.

그리스 비극이라는 예술이 그 하나의 예이다. 2장 3절 디오니소스적인 것이 그리스로 쇄도할 때 아폴론이 메두사의 머리를 들고 맞섰다는 표현이 있다. 디오니소스 축제가 광란으로 빠지는 것을 아폴론적인 척도가 막아 주었으며, 그 덕분에 그리스에서는 디오니소스 축제가 비극 공연이라는 형태를 취하게 되었다. 8장 1절에서 합창가무단이 쇄도하는 현실을 막아서는 살아 있는 장벽이었다라는 표현이 나온다. 디오니소스의 시종들로 구성된 합창가무단은 춤과 노래로 무대 앞에서 아폴론적인 가치, 개체화되어 나타난 현실을 막아 주었다는 뜻인 동시에 아폴론적인 가치인 개별화가 그리스 사회에 팽배해지는 것을 막았다. 인간에 의한 인간의 죽음을 막는 역할을 해 준 것은 예술이었다.

1장에서 설명한 디오니소스 축제의 장을 상상해 보자. 인간과 동물, 인간과 자연이 하나가 되고, 모든 인간이 성별, 나이, 신분을 불문하고 모두 하나가 되었다. 여기에서는 집단에 의한 집단의 죽음이 없다. 모두 어우러질 뿐이다. 축제의 연장선상에 있는 비극은 집단에 의한 집단의 학살을 막을 수 있는 하나의 방편이다.

아폴론적인 것과 디오니소스적인 것이 만나 그리스 비극을 만들어 냈고, 아테네 비극은 그 결과 아테네인들이 개인이면서도 공동체의 일원으로 하나가 되도록 만들었다. 비극은 이 점에서 인간에 의한 살상, 집단에 의한 집단의 학살을 막는 방법이었다는 추론이 가능해진다.

긍정적 측면이 아니라 부정적 측면에서 학문은 어떤 기능을 하는가? 학문은 인간의 가장 기본적 본능인 삶에 대한 욕망을 약화시킨다. 학문은 학문을 하는 자의 삶에 대한 본능적 욕망을 약화시키는 동시에 학문에 세뇌된 대중들 역시 타인에 대한 삶의 본능적 욕망을 제거한다. 삶에 대한 본능적 욕망이 사라진다면, 인간은 본능이 거세된 길들여진 동물에 지나지 않게 된다. 인간이 길들여진 동물로 전락하는 것을 막아야 한다는 것이 니체의 기본 사상이다.

예술은 어떤 기능을 하는가? 소크라테스가 죽기 전 시와 예술에 집착했던 것은 학문에 모든 삶을 바친 결과물인 자신의 죽음 본능을 막기 위한 생명 본능의 발현이다. 예술은 소크라테스의 학문에서 기인한 죽음 본능을 생명 본능으로 대체시켜 주는 역할을 했다.

예술은 인간의 개인적 이기심에 의한 살해와 집단적 이기심에 의한 집단 살해를 막아 주는 치료제로서의 역할을 한다. 학문의 보편화 경향은 개인 간 절멸 투쟁과 민족 간의 살해로 나타난다. 이기심은 나만, 우리 가족만, 우리나라만, 우리 민족만 살아야 하는 것을 정당화시킨다. 인간은 생존을 위해 그 무엇도 마다하지 않고 행하는 존재이기 때문이다. 이것은 필연이다.

이것을 막을 수 있는 방법은 무엇인가? 예술이다. 아폴론적인 것과 디오니소스적인 것의 결합물인 그리스 비극과 같은 예술은 학문의 보편화에 의한 살해와 학살을 막을 수 있다. 이성이 팽배해져 냉정해진 인간의 감성이 무너지는 것을 막을 수 있는 치료제로서의 예술에 대해서 니체는 1장에서 서술했다.

디오니소스 축제, 한 편의 예술이 어떤 역할을 했는가? 디오니소스 축제의 어우러짐은 인간과 인간을 하나로 만들고, 인간과 동물을 하나로 만들고, 인간과 자연을 하나로 만들었다. 학문의 보편화는 인간의 개체화를 촉진하고, 개체화된 인간은 이기심을 바탕으로 인간과 인간의 갈등, 집단과 집단의 갈등을 증폭시킨다.

수많은 구멍 중 하나에 지나지 않는 학문은 누군가와 무엇인가의 이익을 위해 매진한다. 그 매진의 결과는 절멸 투쟁과 집단 간 살해이다. 그 긴장과 투쟁과 전쟁의 자리에 디오니소스 축제와 같은 한판 예술이 벌어진다고 가정해 보자. 나는 우리가 되고, 우리는 더 커다란 우리 안에 하나가 된다. 인간과 인간이 하나가 되고, 지역과 지역의 시새움을 넘어서고, 민족과 민족의 갈등도 사라진다. 마침내 인간은 인간과 하나가 되고, 인간은 동물, 자연과 하나가 되어 서로 어깨를 걸고 춤춘다. 니체가 디오니소스와 같은 예술에 부여한 가장 극적인 역할이다. 예술은 삶에 대한 본능적 욕망을 지켜 주고 키워 주는 기본 힘이다.

6. 이론적 낙관주의자

이러한 실천적 염세주의와 연관하여angesichts 소크라테스는 이론적 낙관주의자의 원형이다.[1] 사물의 본성에 관한 설명 가능성을 노골적으로 믿는 이론적 낙관주의자는 지식과 인식에게 만병통치약의 힘을 부여하며, 오류를 병으로 파악한다.[2] 소크라테스적인 인간은 저 근거들에 파고들어 가서 진정한 인식과 가상 및 오류를 구분하는 것을 가장 고귀하고 진정으로 유일한 인간적 소명으로 여겼다. 개념, 판단, 추론의 저 메커니즘은 소크라테스 이래로 가장 수준 높은 행위이자 다른 모든 능력의 우위에 있는 가

장 놀라운 천부적 재능으로 평가되었다.[3]

동정심, 희생심, 영웅심의 발동과 같은 고상한 인륜적 행위와 아폴론적 그리스인들이 소프로시네sophrosyne라고 이름 붙인 저 얻기 어려운 영혼의 바다와 같은 평정심은 소크라테스와 그와 생각을 같이했던 추종자들 이후부터 지금까지 앎의 문답법을 통해 지도될 수 있으며 그에 따라 학습될 수 있는 것으로 여겨졌다.[4]

소크라테스적인 인식의 탐욕을 경험하고 이와 마찬가지로 더 확장된 영역에서 전체 현상세계를 파악하려고 노력했던 자, 그는 그때부터 삶으로 몰고 갈 수 있는 어떤 자극도 저 소크라테스적인 인식의 획득을 완성하고 저 망을 촘촘하게 짜려는 욕심보다 고상하다고 느끼지 않는다.[5] 이를 그토록 공감했던 자에게 플라톤적인 소크라테스[6]는 완전히 새로운 '그리스적 명랑성'[7]과 삶의 축복의 교사로서 나타난다.[8] 이는 행위로 폭발하며, 이러한 발산은 최종적으로 천재의 출산을 목적으로 하는 고귀한 청년에 대한 산파술과 교육적 발전에서 발견된다.[9]

1. angesichts를 '비교하여' 또는 '반대로'의 뜻으로 해석하는 경우가 많다. 소크라테스는 한편으로는 실천적 염세주의자이지만 다른 한편으로는 이론적 낙관주의자이므로 '연관하여' 또는 '다른 측면에서 본다면'으로 번역하는 게 좋다.

염세주의자가 낙관주의자라고? 당연히 이런 반문이 들 수 있다. 하지만 '실천적' 염세주의자가 '이론적' 낙관주의자이다라고 말하고, 이를 소크라테스에 적용하면 맞다.

소크라테스는 이론적 관점에서, 즉 선한 삶을 살면 죽어서도 복을 받는다고 생각하고서 기꺼이 죽음에 뛰어들었다는 점에서 '이론적'이며, 현재 현실의 삶보다 사후의 삶이 더 소중하다고 생각했다는 점에서 '염세주의자'이다. 소크라테스는 사형을 받도록 유도하고 스스로 죽음으로 걸어 들어간 '실천적 염세주의자'이다. 소크라테스는 이론적 낙관주의자의 가면을 쓴 실천적 염세주의자이다.

모든 실천적 염세주의자가 이론적 낙관주의자는 아니다. 자포자기적 삶의 포기로서 실천적 염세주의자는 이론적 낙관주의에 근거한 것은 아니다. 그는 그저 살기 싫어하는 염세주의자일 뿐이다.

2. 니체는 소크라테스적인 앎이 윤리적인 영역과 이론적인 영역에서 차지하는 역할, 소크라테스적인 앎의 반대인 무지와 앎의 혼란인 오류가 가져오는 결과를 비교한다. 이 문장은 14장 4절 '훌륭함은 지식이다. 무지할 때에만 죄를 짓게 된다. 훌륭한 자는 행복한 자이다.'의 대구對句이다. 14장의 문장이 앎의 윤리적 도식이라면 15장은 앎의 이론적 도식이다.

14장의 문장이 지식과 선 그리고 무지와 죄를 연결시켰듯이, 15장의 이 문장은 지식(인식)과 만병통치약 그리고 오류와 악을 연결시킨다. 지식을 갖춘 자는 모든 병에 잘 듣는 만병통치약을 가진 것처럼 모든 문제를 해결할 수 있다고 믿는 반면, 지식을 제대로 갖추지 못해 오류를 범하는 자는 작은 병에 걸려도 제대로 대처를 못해 죽는 자처럼 어떤 문제도 해결하지 못한다.

3. 개념Begriff, 판단Urteil, 추론Schluss은 논리학의 성립 조건이다. 개념은 사물이나 사건 등에서 뽑아낸 공통 요소를 보편적인 관념으로 주조하고 언어로 표현한다. 판단은 개념으로 만들어진 명제의 옳고 그름을 판별한다. 추론은 판단 과정이 타당한지를 살핀다.

소크라테스는 문답법을 통해 최초로 논리학을 설명한 자이다. 이론적 인간은 개념, 판단, 추론을 자유자재로 가지고 놀 수 있어야 하며, 이 능력이 뛰어날수록 훌륭하다는 평가를 받는다.

4. 14장 4절에 나오는 "이제 훌륭함과 지식 그리고 믿음과 도덕 사이에 필연적으로 확인 가능한 연결이 반드시 존재한다."는 학문 종사자의 개인적 소신이다. 15장의 이 문장은 학문 종사자의 교육적 소신을 지적한 내용이다. 학문 종사자는 지식 탐구에서 훈련한 태도가 교육을 통해 아이들이나 제자들에게 전달될 수 있다고 믿는다.

최초의 논리학자인 소크라테스가 삶과 죽음을 대하는 태도는 고상한 인륜적 행위이며, 소크라테스가 하루 꼬박 또는 이틀에 걸쳐 한자리에서 사유하는 태도는 극도의 평정심이다. 고상하고 평정심에 가득 찬 소크라테스의 삶은 그의 많은 제자들에게 영향을 주었으며, 그 이후 학문에 종사하는 자는 소크라테스의 이러한 태도를 받아들였다. 또한 이론적 인간은 고상하고 평정심에 가득한 태도를 교육을 통해 훈련시킬 수 있다고 보았다.

우리가 현재 접하고 있는 모든 교육 제도는 교육을 통한 고상한 인륜적 행위와 평정심을 훈련시키기 위한 것이다.

5. 이론적 인간은 세상의 모든 현상을 이해할 인식을 완성하고자 하며, 세상의 모든 현상을 설명할 수 있는 완전한 인식을 얻고자 질주한다. 이론적 인간은 인식 중독에 빠진다. 이론적 인간은 자신의 인식을 공고화하기 위해 자신의 모든 땀과 피를 바치는 헌신자이다.

이론적 인간은 자신이 만든 이론과 인식틀을 한층 더 촘촘히 짜서 작은 모래알 하나도 빠져나가지 못하게 만들려고 한다. 이론적 인간은 강박증에 시달린다. 이론적 인간은 자신이 만든 이론을 단

하나라도 설명하지 못한다면 분노와 수치로 잠을 이루지 못한다.

지구를 뚫는 구멍의 비유에서 보았듯이, 이론적 인식은 최고 완성 또는 절대 완성에 도달하지 못한다. 옆의 구멍에서 나온 흙이 내가 판 구멍을 메꾸기 때문이다. 세상의 모든 걸 설명할 수 있는 이론은 존재하지 않는다. 그럼에도 학자는 당대 '최고'라는 소리를 듣기 위해 목숨을 걸고 연구한다.

6. '플라톤적인 소크라테스'는 플라톤이 우리들에게 전시 진열한 소크라테스를 말한다. 소크라테스는 실존했던 인물이지만, 제자들에 따라 다르게 묘사되었다. 크세노폰은 소크라테스를 인간적 소크라테스로 묘사했다면, 플라톤은 소크라테스를 이론적 소크라테스로 서술한다.

이론과 인식, 학문적 결과로 도출된 올바름과 훌륭함, 올바름에 근거한 올바른 삶의 태도, 올바름 그 자체를 위해 목숨마저 바칠 수 있는 소크라테스는 플라톤이 자신의 이데아 철학을 완성하기 위한 목적에 맞게 창조한 인물이다.

7. 그리스적 명랑성 앞에 있는 '완전히 새로운'에 강조점을 찍고 읽어야 한다. 소크라테스 이전에도 그리스적 명랑성이 존재했지만, 소크라테스는 이와는 '완전히' 다른 '새로운' 그리스적 명랑성을 창조한다. 니체는 소크라테스가 만들어 낸 그리스적 명랑성을 17장에서 '이론적 인간의 그리스적 명랑성' 또는 '알렉산드리아적 명랑성', '노쇠한 명랑성'이라고 이름 붙인다.

니체는 9장 1절 해설 6에서 '진정한' 그리스적 명랑성이란 고통과 고뇌에도 불구하고 삶을 담담히 바라보는 것이라고 말하고, 그 대표자로 오이디푸스를 들었다. 니체는 11장에서 진정한 그리스적 명랑성과 반대되는 명랑성을 하이네가 말한 안락함을 즐기는 '노예적 명랑성', '속물적 명랑성'으로 불렀으며, 그 예로 그래쿨루스적인 오디세우스를 들었다.

8. 그리스적 명랑성을 바탕으로 '삶의 축복의 교사'를 설명해 보자. 그리스적 명랑성은 세 가지가 있다. 니체가 말한 '진정한' 그리스적 명랑성, 에우리피데스의 극에서 나타난 그리스적 명랑성, 소크라테스가 창조한 그리스적 명랑성이다. 이 명랑성들의 공통점은 현재 현실의 삶을 긍정한다는 점이다. 이 때문에 '명랑' 또는 '명랑성'이란 말이 붙는다. 삶을 긍정한다는 점을 제외하면 커다란 차이가 있다.

'진정한' 그리스적 명랑성은 인간에게 주어진 삶이 고통스럽지만 그럼에도 죽는 것보다 낫다는 것을 말한다. 오이디푸스와 프로메테우스처럼 인간에게 주어진 고통을 기꺼이 감내하고 이겨 내는 영웅적인 삶을 살아가는 것이 진정한 그리스적 명랑성의 예이다.

에우리피데스적인 그리스적 명랑성은 '속물적' 명랑성으로 현재 삶의 말초적 즐거움을 누리면서, 현재 삶을 살아가는 것이다. 이 명랑성은 인간이 자기 삶의 주인으로서 자신에게 주어진 고통을 담담히 받아들이지 않는다. 이 명랑성은 인간이라면 피할 수 없는 고통을 회피하려고 애쓰고 고통을 잊기 위해 하루의 안락과 행복을 위해 살아가는 현실적이고 계산적인 명랑성이다. 이 명랑성은 고대 전사 사회에서 전투에서 진 후 목숨을 기꺼이 바치는 것이 아니라 하루라도 더 살기 위해 자신의 목숨을 구걸하는 노예들이 갖는 명랑성이다.

'소크라테스적인' 그리스적 명랑성은 이론과 인식을 통해 어떻게 살아가야 하는지를 알고, 착하고 선하게 살면 사후에 복을 받는 것을 뜻한다. 이 명랑성은 인간이라면 사후의 영원한 삶을 위해 현재의 하루살이 같은 삶을 올바르게 살아야 한다고 명령한다. 이 명랑성은 사후 행복을 위해 현재의 올바른 삶에 높은 가치를 부여한다. 이 명랑성은 현재보다는 죽음 뒤의 삶을 중시하는 '사후 지향적' 명랑성이다. 소크라테스는 현재 삶을 올바르게 살아야 한다고 가르치는 명랑성의 교사이다. 이점에서 '소크라테스적인' 그리스적 명랑성은 '삶의 축복의 교사'이다.

9. 소크라테스 어머니의 직업은 아이의 출산을 도와주는 산파이다. "자네는 내가 아주 고상하고 건장한 산파이신 파이나레테의 아들이라는 소리를 듣지 못했나?" 소크라테스는 어머니의 산파술과 동일한 기술을 사용하여 청년들을 가르친다고 말한다. "내가 동일한 기술에 종사한다는 것도 들어보았나?"[207] 소크라테스는 올바름을 가르치는 기술인 산파술이 청년을 교육시키는 데 유용하다고 보았다.

아테네인들이 소크라테스를 기소한 이유 중 하나는 '젊은이들을 타락'[208]시킨다는 것이었다. '고귀한 청년'이라는 말은 소크라테스의 제자들은 노예 출신인 엘리스의 파이돈을 제외하고는 대부분 좋은 집안의 출신이었다는 점에서 나온 말이다.

다시 보기

이론적 인간은 이론과 인식이 만병통치약이라는 신념을 갖고 있다. 이론적 인간은 진정한 인식과 오류를 구분하는 것을 소명으로 여긴다. 이론적 인간이 되기 위해서는 개념, 판단, 추론의 능력을 갖춰야 한다. 이론적 인간은 인륜적 행위와 평정심을 전수해야 하는 의무를 지니고 있다. 이론적 인간은 궁극적으로 교육을 통해 인간을 개조할 수 있다는 확신론자이다.

인간을 올바르게 살도록 교육하고 개조할 수 있다면, 인류의 오랜 역사에서 그 많은 감옥과 교도소는 필요로 하지 않았을 것이다. 대부분 어린 시절에 교육을 받지만 범죄를 저지르는 자가 여전히 많다. 교육을 통한 인간의 개조는 그리 쉽지 않다. 수많은 소크라테스나 공자 같은 위대한 이론적 인간, 그보다 못하지만 위대한 학자들이 이 세상을 살다 죽었지만, 그들 대다수는 자식 교육을 제대로 시키지 못했다. 하물며 학자 나부랭이들이나 일반 시민들이 뜻한 대로 인간이나 자식을 교육시킬 수 있을까?

인간의 자연인 본능은 교육으로 해결될 수 없는 또 다른 측면이 있다. 그렇다면 저 치명적인 본능을 어떻게 해야 할 것인가? 저 치명적인 독을 그대로 놔둘 것인가? 대안이 있다. 예술이 저 치명적인 독을 중성화시켜, 사회 속에서 어우러져 살아가게 만들 수 있다. 예술의 두 번째 기능이다. 인간과 인간, 인간과 동물, 인간과 자연을 서로 하나가 되게 만드는 디오니소스 축제, 예술이 그 전범이다. 예술은 이론적 인간이 치유할 수 없는 치명적 본능을 예술적으로 승화시킨다.

예컨대 소크라테스식 표현으로 교육되지 못하고 개조되지 못한 인간들이 모여 있는 교도소를 보자. 전국 교도소에 들락날락하며 달콤한 죽음을 맛보여 주는 소크라테스 따라쟁이들인 종교인 나부랭이들이 교도소의 죄수들을 교화시켰는가? 지금까지 못해 왔다면 앞으로도 못할 것이다. 그러므로 당연히 그들을 교도소 밖으로 쫓아 내야 한다.

그 대신 니체의 말을 들어야 한다. 감옥을 기타, 피아노, 바이올린, 첼로 선생님들로 채우고, 장구와 북과 징 그리고 꽹과리 소리가 울려 퍼지게 하라. 죄수들이 가요와 가곡 그리고 합창과 판소리를 부르게 하라. 죄수들이 비보이를, 사교댄스를, 시나위와 소고춤을 추게 하라. 범죄 이론과 실천 학교인 교도소를 춤과 노래와 악기 소리가 울려 퍼지는 예술 학교로 바꿔라. 이론적 인간이 하지 못한 교도사업을 예술가가 기꺼이 해낼 것이다. 본능은 예술 앞에서 하나가 되는 춤과 노래로 화답할 것이다.

7. 학문적 낙관주의의 한계

하지만 이제 학문은 자신의 강력한 망상에 자극을 받고서 끊임없이 그 한계에 다다른다. 그리고 그 한계 속에서 논리의 본질 속에 은폐된 학문적 낙관주의는 좌절한다. 왜냐하면 학문이라는 원의 원주는 헤아릴 수 없이 많은 점들로 구성되며, 원을 완전히 측정할 수 있는 방법을 전혀 배울 수 없음에도 불구하고 고귀하고 타고난 능력이 있는 사람들이 자신 삶의 중간에 또는 불가피하게 자신이 해결하지 못한 채 응시만 해야 하는 원주의 한계점 위에 들어서기 때문이다.[1]

그가 여기에서 경악한 채 논리학이 이러한 한계를 둘러싸고서 주위를 빙빙 돌고 있으며, 마침내 자신의 꼬리를 물고 있는 것을 보게 되면, 이때 인식의 새로운 형태인 **비극적 인식**이 터져 나온다. 비극적 인식은 견뎌 내기 위해서라도 방어제와 치료제로서 예술을 요구한다.[2]

1. 지구에 구멍을 뚫기로 한 학문하는 자의 비유는 절대 진리로서 학문이 없다는 것, 학문의 영역이 얼마나 넓은가를 보여 준다. 원주로 한 학문하는 자의 비유는 학문을 통해 절대 인식이나 절대 지식에 절대 도달할 수 없다는 것, 학문에서는 절대 완성이 있을 수 없으므로 겸손하게 죽을 때까지 노력해야 함을 보여 준다.

인간이 아무리 노력해도 파이 값을 구할 수는 없다. 공식으로 해결할 수 없기 때문이다. 마찬가지로 슈퍼컴퓨터 백 대를 연결하여 원주율을 계산해도 원주율의 값을 구할 수 없다. 무한이기 때문이다. 학문하는 자는 원주율과 파이 값처럼 절대 이룰 수 없는 그 무엇, 절대 지식을 얻고자 한다. 학문하는 자는 절대 지식을 얻을 수 있는 절대 인식 방법을 찾고자 한다. 하지만 세상의 모든 걸 설명할 수 있는 절대 지식도, 절대 지식을 얻을 수 있는 절대 인식 방법도 존재하지 않는다.

학문하는 자는 학문에 일단 발을 들여놓은 순간 원주율의 한 점에서 끝을 향해 끝없이 걷고 달리고 또 걷고 달린다. 학문하는 자는 절대 인식 방법과 절대 지식을 얻지 못하고 끝없는 무력감에 시달리고 한없이 추락할 뿐이다.

2. '그가 여기에서 놀란 채'에서 '그'는 소크라테스와 일반적인 학문 종사자 둘 다를 뜻한다. 학문에 종사하는 자가 한계에 도달하면, 그 한계를 돌파하기 위해서 어떻게 하는가? 이 질문은 14장의 문제의식이다. 그 답은 예술에 의지하는 것이다.

"경우에 따라서 내가 이해하지 못한다고 해서 이해 불가능한 것이 아니지 않을까? 어쩌면 논리가가 쫓겨난(논리가가 다루지 못한) 지혜의 영역이 존재하지 않을까? 아니면 예술은 학문에 반드시 필요한 상관물이자 보완물이 아닐까?"라고 14장 7절 마지막에 던진 세 질문이 학자가 학문의 원주라는 한계에 부딪쳤을 때 비극과 예술을 필요로 하는 이유이다.

소크라테스는 논리적인 사유, 이성으로 얻지 못한 지식이 있을 수 있음을 인정하고, 말년에, 죽기 바로 직전에 시를 썼다고 고백한다. 즉, 이성이 아닌 감성, 논리가 아닌 감정에 바탕을 둔 또 다른 지식세계와 정신세계, 예술로 표현되는 세계가 있을 수 있다고 소크라테스는 사형 직전에 고백한 셈이다. 소크라테스의 제자들인 학자들 역시 한계에 도달하면, 소크라테스와 마찬가지로 예술에 의지할 수밖에 없다.

다시 보기

이론적 인간인 소크라테스가 왜 시, 음악, 예술에 의지할 수밖에 없었는가를 니체는 15장 3절과 7절에서 구체적으로 다루었다. 이를 간단하게 표로 그려 보면 다음과 같다.

	3절	7절
비유	지구에 구멍 뚫기	원주 위를 걷고 달리기
근거	형이상학적 광기	이론적 낙관주의
목적	인과율에 의한 존재의 심연 이해 가능	교육을 통한 인륜적 행위와 평정심 고양
예술 의존	진리 발견 불가능한 상황 학문에 내재된 고유 메커니즘	꼬리에 꼬리를 무는 논리학의 한계
의존 이유	학문에 내재된 고유한 한계 신의 선물로서 광기(플라톤)	개선과 개조가 불가능한 인간의 교화
결과	학문은 방어제와 치료제(3절과 7절 말미)로서의 예술에 의존해야 하므로, 학문과 예술은 보조를 맞출 수밖에 없음.	

학문은 왜 마지막에 가면 예술에 의존할 수밖에 없는가? 학문은 태어날 때부터 형이상학적 광기를 배태하고 있다. 광기는 플라톤의 말대로 신의 선물로 주어질 때에만 좋은 역할을 할 수 있다. 하지만 학문적 능력은 신의 선물로 주어지는 것이 아니라 많은 부분에서 학문하는 자의 개인 노력에 의해 얻어진다. 학문에 나타난 형이상학적 광기는 신의 선물이 아니기 때문에 실패할 수밖에 없다. 또한 학문은 학문을 통해 얻고 싶은 것이 있는 자나 집단의 후원에 의존한다.

논리적 낙관주의는 무엇에 실패하는가? 개념, 판단, 추론으로 아무리 인간을 연구해도 해결되지 않은 영역이 존재한다. 인간의 본능에 관한 것은 해결할 수 없다. 논리적 낙관주의는 인륜적 행위와 평정심을 가르칠 수 있다고 자부한다. 진짜 그런가? 절대 그렇지 않다. 교육을 통해 인간을 개선시킬 수 있다는 신념은 힘을 가진 자들의 허위 논리일 뿐이다.

인간은 교육을 통해 개선되지 않는다. 교육은 인간을 도덕, 윤리, 사회와 국가에 맞게 길들이는 것에 지나지 않는다. 교육의 완성은 길들여진 짐승의 완성이거나 하루의 쾌락에 만족하고 사는 노예로의 입문이다. 인간의 본능Natur은 자연Natur이기 때문에 인간의 힘과 능력으로 제어할 수 없다.

논리적 낙관주의 실패의 지점에 비극적 예술이 떠오른다. 형이상학적 광기에 가득 차 있는 자이자 논리적 낙관주의자였으며 실천적 염세주의자였던 소크라테스는 왜 죽기 전 조잡한 예술이라도 해 보려 했는가? 소크라테스의 양심 실패이자 소크라테스의 이론 실패에 관한 처절한 자기고백이 그 답이다.

니체는 '죽기 전 소크라테스의 음악하기'라는 단 몇 마디 말에서 누구도 던지지 않았던 질문을 선구적으로 던지고 지성과 이성, 논리와 학문의 문제점을 천재적으로 날카롭게 파악한다. 그리고 니체는 학문의 대안으로 예술을 제시한다. 교도소에서 예술이 울려 퍼진다고 상상해 보라. 우리가 접하는 많은 끔찍한 문제가 해결될 것이다.

8. 예술에 귀의한 소크라테스

우리가 그리스인들을 접하고서 맑아지고 강력해진 눈으로 우리 주위에 흘러넘치는 가장 높은 저 세계의 영역들을 바라본다면, 우리는 소크라테스에게서 전형적으로 나타난 지나친 낙관주의적 인식의 탐욕이 비극적 체념과 예술적 욕구로 방향을 전환하고 있음을 목도하게 된다.[1]

물론 이러한 탐욕은 당연히 낮은 수준에서는 예술에 적대적이며, 특히 내적인 측면에 디오니소스적-비극적 예술을 혐오한다. 이것은 소크라테스주의에 의한 아이스킬로스 비극의 정복으로 묘사되었다.[2]

[1] 소크라테스가 말년에 시를 창작하면서 예술을 할 수밖에 없음을 지적한 내용이다.

[2] 낮은 수준의 학문은 예술에 적대적이지만, 높은 수준의 학문은 예술 친화적이라는 뜻이다. 소크라테스는 높은 수준의 학자였기 때문에 예술에 의지할 이유를 찾아냈으며, 그 결과 죽기 전 회개하듯이 시를 짓고 예술을 창작했다.

하지만 소크라테스에게서 저열한 것만 뽑아 추출한 소크라테스주의자들은 예술에 적대적이다. 그들은 진정한 비극 예술가인 아이스킬로스를 넘어뜨렸다. 대다수 학자들은 예술에 적대적이거나 예술에 문외한이다.

다시 보기

소크라테스의 말년 고백은 진지하다. 소크라테스는 양심적 연구자이자 이론적 낙관주의자로서 넘지 못할 커다란 벽에 부딪쳤을 때, 자신의 이전의 모든 삶을 반성하고 예술에 눈을 돌린다. 온몸으로 양심을 실천하고 모든 정신을 이론에 투신한 소크라테스이기 때문에 이렇게 할 수 있다.

얼치기 학자, 떠버리 학자, 연예인 학자, 권력 추종적 학자는 예술에 적대적이다. 학문 자체가 호구책인 자는 자기반성을 하지 못한다. 참회록조차 쓰지 못한다. 그들은 예술을 이해하지도 못하면서 이해한 척 거들먹거린다. 그들은 소크라테스주의자가 아이스킬로스 비극을 살해했던 것과 마찬가지로 예술을 학살한다.

소크라테스는 자기 한계에 부딪쳐 예술에 의존하지만, 어중이떠중이 학자들은 자기 한계에 부딪치지도 않으므로 예술을 보려고도 하지 않고, 예술을 보아도 예술인지조차 모른다. 그러한 학자들은 학문과 예술을 분리한다. 그들은 예술을 향유하고 즐기는 동시에 연구하는 학자들을 무시한다. 이는 그들이 높은 수준의 학문에 이르지 못했음을 증명한다. 그들이 높은 수준의 학자라면 예술 친화적이거나 최소한 예술을 향유하거나 즐길 것이다. 보라! 우리 주변에 학자로서 예술을 심각하게 고민하는 자가 있는가? 거의 없다. 현재 우리에게는 소크라테스처럼 진지하게 자기고백을 할 줄 아는 진정한 학자가 없다고 여겨도 좋다.

9. 예술과 종교, 예술과 학문의 전쟁

이제 여기서 우리는 불안한bewegten 마음으로 현재와 미래의 문을 두드려 보자. 저 '전환'은 항상 새로운 천재의 형성과 곧장 음악을 하는 소크라테스로 나가는가? 삶 위에 펼쳐진 예술의 망이 종교나 학문의 이름으로든 더 강고하게 그리고 더 섬세하게 매듭지어질 것인가? 아니면 오늘날 '현대'라고 명명되는 불안정하고 야만적인 충동과 소용돌이 속에서 산산조각이 날 것인가?[1]

걱정이 되겠지만 절망하지 말고 잠시 머물면서, 관조적인 자Beschaulichen로서 저 엄청난 투쟁과 변동의 목격자가 되는 것을 허락받아 보자. 아! 저 투쟁과 변화를 바라보는 자는 참전할 수밖에 없다는 것, 이것이 이 투쟁의 마법이 아닌가![2]

1. 현대와 미래 그리고 학문과 예술이 나아갈 세 갈래 길이 있다. 하나는 과거 그대로 '음악하는' 소크라테스, 이론적 관점에 의거하여 음악하는 소크라테스의 길이다. 니체는 이를 19장에서 다룬다. 다른 하나는 '음악하는' 소크라테스의 영향력이 점점 커져서 종교와 학문 등 모든 영역으로 확장되어 가는 길이다. 니체는 이를 17장과 18장에서 다룬다. 마지막은 소크라테스를 파괴하여 전복하는 길이다. 니체는 이를 16장에서 다룬다.

2. 니체는 관조자에 머물지 말고, 위의 세 갈래 길에서 세 번째 길에 들어서라고 요구한다. 「자기비판의 시도」 7장 마지막에서 "나의 청년 친구들이여, 당신들이 철저하게 염세주의자로 남고 싶다면 웃는 것을 배워야 한다."는 말을 기억해 보자. 니체는 자신과 함께 소크라테스와 소크라테스주의를 파괴하는 전사로 나서자고 선동한다.

문체의 변화에 주목하자. 10장의 마지막 절인 3절의 문체 변화가
『비극의 탄생』3부를 암시했듯이, 15장의 마지막 절인 9절의 문체
변화는『비극의 탄생』4부를 미리 보여 준다.

니체는 9절을 바탕으로 소크라테스적인 음악의 새로운 창조인
오페라에 대해서는 19장에서, 소크라테스적 영향력의 종교와 학문
으로 확장에 대해서는 17장과 18장에서, 소크라테스 전복의 길인
진정한 음악이란 무엇인가에 대해서는 16장에서 다룬다.

역사적 순서로 본다면 오페라의 발생과 소크라테스적인 영향력
의 종교와 학문으로 확장, 마지막으로 고대 그리스 고전적 비극의
재탄생인 바그너의 음악극으로 나아가야 한다. 또는 내용상의 흐름
으로 본다면, 소크라테스적인 영향력의 종교와 학문으로 확장, 오
페라의 발생, 마지막으로 고대 그리스 고전적 비극의 재탄생인 바
그너의 음악극으로 나아가야 한다.

니체는 왜 역순으로 서술하는가? 아니면 니체는 왜 내용상의 흐
름마저 부정하고 서술하는가? 이에 대해서는 16장 1절에서 구체적
으로 그 이유를 살펴보도록 하자.

13장, 14장, 15장은 소크라테스를 주로 다룬다. 13장은 다이몬의
영향을 받는 윤리적인 소크라테스, 14장은 예술가로서 소크라테스,
15장은 이론가인 소크라테스가 예술을 하게 된 이유를 다룬다. 이
세 개의 장은 후일 니체가 자신의 사상을 학문, 철학, 사회과학, 종
교 등 전방위적으로 확장시킬 수 있는 사상적 맹아이다.

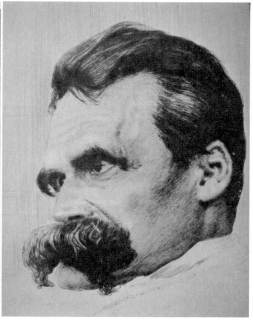

소크라테스와 니체 (왼쪽: 소크라테스의 흉상 그림, 1638년, 암스테르담 국립 미술관 소장, 오른쪽: 니체의 초상, 한스 올데, 1899/1900년, 잡지 『판Pan』 4호)

니체는 지금 보아도 파격적인 문제를 제기한다. 소크라테스를 음악적 관점에서 바라본 것 자체가 파격이고, 소크라테스를 인간 길들이기의 시초이자 원흉으로 파악하는 것도 파격이고, 죽음을 기꺼이 받아들이는 방식을 바탕으로 소크라테스를 자살한 자인 실천적 염세주의자로 몰아간 것도 파격이다. 니체의 소크라테스관은 파격 또 파격의 연쇄이다.

니체는 플라톤에 의해 만들어진 학문적 소크라테스, 이론적 소크라테스의 살해에 나선다. 니체는 소크라테스를 우상으로 규정한다. 소크라테스를 죽여야 인류가 살아난다는 듯이 니체는 우리에게 우상으로 만들어진 소크라테스의 형상을 파괴한다. 니체는 우리에게 '자, 내가 틀렸으면 지적해 봐! 틀리지 않았다면 나와 같이 소크라테스를 죽이자!'라고 말한다.

자, 이 길에 동참할 것인가? 아니면 니체의 이 주장에 귀를 막을 것인가? 니체의 선전에 귀를 막으면 새로운 관점에서 세상을 볼 수 있는 기회를 놓친다. 니체의 선동에 귀 기울이지 않으면 새로운 세상을 건설할 수 있는 길이 막혀 버린다.

니체는 바퀴벌레를 단번에 밟아 죽이듯이 소크라테스가 찍소리도 내지 못하게 밟아 버린다. 니체는 소크라테스를 죽임으로써 음악을 되살리고, 예술에 힘을 주고, 비극의 현대적 복원을 찾는다. 그 길은 멀리 있는 것이 아니라 니체 바로 앞에 있다. 바그너가 고대 아이스킬로스의 현신이다.(바그너도 니체는 후일 제거해 버린다.)

니체의 소크라테스 살해는 우리의 또 다른 우상들의 살해로 나아갈 수 있는 단초가 된다. 니체는 '자, 나와 함께 우상들과의 전쟁에 나서자!'라고 말한다. 소크라테스는 단순한 철학자가 아니라 인류를 노예로 만든 흉악한 철학자이다. 소크라테스는 도덕, 윤리, 국가 중심적 사고, 종교와 그 아류, 형이상학적 세계관의 씨앗이다. 소크라테스는 모든 우상들을 낳은 어머니이자 아버지이다. 니체는 소크라테스의 씨앗에서 발아한 모든 우상 파괴 전쟁에 나선다. 쇼펜하우어가 우상들과 치르는 전투의 지원군이다.(나중에 니체는 쇼펜하우어도 비판한다.)

니체의 전복적 사상은 소크라테스와의 전투에서 시작한다. 전복적 사상, 혁명적 사상을 갖고 싶다면, 우리 역시 소크라테스 죽이기에 나서야 한다. 니체를 따라 전복적 사상의 길로 나아가 보자.

『비극의 탄생』에 대하여

1. 어떤 책인가?

겉으로 보면 『비극의 탄생』은 총 네 번의 '비극'의 탄생을 다룬다. 『비극의 탄생』은, 첫째, 고전적인 고대 아테네 비극의 탄생, 둘째, 에우리피데스와 소크라테스에 의한 '죽은' 비극의 탄생, 셋째, 오페라적인 '죽은' 비극의 탄생, 넷째, 바그너에 의해 다시 새롭게 태어난 고전적 비극의 탄생을 시대 순으로 다룬다. 아테네 비극은 비극의 모범적인 전형이며, 바그너적인 비극의 탄생은 아테네 비극의 정신과 음악을 재탄생시킨 것이다. 반면 에우리피데스와 소크라테스에 의해 탄생한 비극과 오페라적인 비극은 고전적인 비극의 정신과 음악을 훼손한 '죽은' 비극의 탄생이다.

속으로 보면 『비극의 탄생』은 아폴론과 아폴론적인 것 그리고 디오니소스와 디오니소스적인 것을 기본 축으로 음악과 예술, 철학, 형이상학, 심리학, 문명 비판, 반도덕과 반윤리, 반기독교 등의 내용을 다룬다.

니체에게 『비극의 탄생』은 자기 사상의 출발점이자 귀결점이다. 니체는 이 책을 집필하면서 모든 기존 사상을 재평가할 단초를 마련했으며, 이 책을 자신의 모든 사상의 발전 토대로 삼았다.

> 『비극의 탄생』은 모든 가치에 대한 나의 첫 번째 재평가였다. 이 책 덕분에 나는 나의 의지와 능력이 성장한 토대로 되돌아간다.'209

니체의 모든 사상은 『비극의 탄생』의 변주이거나 발전이다. 니체 사상을 몸과 맘으로 실천하는 자인 자라투스트라는 비극의 탄생의 한 축인 디오니소스의 또 다른 분신이다. 영원회귀, 교양과 학문에 대한 부정적 관점, 선과 악, 도덕, 우상 등 니체의 복잡하거나 어려운 사상이 이해되지 않으면, 이 책을 다시 읽어 보면 큰 도움이 될 것이다.

인류 정신사의 측면에서 본다면 『비극의 탄생』은 모든 비판사상과 해방사상의 선구자적 위치와 유일 독점적 지위를 차지한다. 유럽의 지성사와 철학사가 플라톤에 대한 재해석이라고 한다면, 『비극의 탄생』은 플라톤과 정반대에 위치해 있다. 한마디로 말하면 『비극의 탄생』은 플라톤과 맞짱을 뜬 책이자, 기존의 모든 사상의 전복을 최초로 시도한 책이다. 『비극의 탄생』은 기존의 모든 사유 체계와 정반대되는 방향을 제시한 혁명적인 책이다. 이 책 안에는 우리가 물과 공기처럼 당연히 여기고 있는 기존의 모든 사상과 사유 체계를 전복하는 맹아가 있다. 28살 청년이 혼신을 담아 달뜬 열정으로 집필한 『비극의 탄생』은 인류 정신사의 새로운 길을 알려 주는 혁명적인 책이다.

2. 어떻게 읽을 것인가?

『비극의 탄생』은 일종의 서문이 세 번이나 쓰였다는 점에서 상당히 독특하다. 니체는 1872년 『음악정신으로부터 비극의 탄생』이라는 제목으로 책을 출판한다. 1886년 니체는 동일한 내용에다 「자기 비판의 시도」라는 글을 달면서 『비극의 탄생 또는 그리스 문명과 염세주의』라는 제목으로 책을 다시 출판한다. 그리고 또다시 1889년에 니체는 자신의 삶을 자전적으로 고찰한 『이 사람을 보라』라는 책을 출판하면서 이 책 안에 "비극의 탄생"에 대해서 집필한다. 세 번째 글 역시 『비극의 탄생』의 읽는 방향을 제시한다는 점에서 서문으로 봐도 무리가 없다.

위에서 열거한 세 개의 글은 강조점이 각각 다르다. 니체는 1872

왼쪽부터 『음악정신으로부터 비극의 탄생』 표지, 『비극의 탄생 또는 그리스 문명과 염세주의』 표지, 『이 사람을 보라』 표지(1889년)

년 『비극의 탄생』에서 '음악정신으로부터'에 강조점을 찍고, 1886년 『비극의 탄생』에서 '그리스 문명과 염세주의'에 방점을 찍고, 1889년 『이 사람을 보라』의 "비극의 탄생"에서 '삶에의 의지'를 부각한다. 니체는 저술 기준으로 초창기, 전성기, 말년 『비극의 탄생』을 읽는 세 가지 독해법을 제시한 셈이다. 이 책을 읽는 독자라면, 당연히 세 가지 서문마다 각기 다른 니체의 의도에 따라 책을 읽어 보는 게 좋다.

첫 번째 독해 방식은 '음악정신으로부터' 『비극의 탄생』을 읽는 것이다. 이 방식은 일종의 발생론적 관점에서 출발하여 음악과 비극의 관계를 집중적으로 조명한다. 이 방식대로 읽는 독자라면 비극이 음악을 토대로 언제, 어디에서 발생하고 발전했는가를 추적하고 언제, 어디에서, 무엇 때문에 몰락하는가를 찾아야 한다.

이 방식에 따른다면, 음악정신이 무엇인가를 찾아내는 게 가장 중요하다. 이 음악정신을 바탕으로 어떻게 비극이 발생했는가를 찾고, 음악정신에 토대를 둔 비극이 시민들에게 어떤 긍정적 기여를 하는가를 살펴봐야 한다. 반대로 비극에서 음악정신이 몰락하면 어떤 일이 발생하는가, 즉 비극에서 음악정신이 몰락하면 비극은 비극인가 아닌가라는 문제를 사색해 봐야만 한다. 나아가 음악의 몰락에 따른 비극의 몰락 시대는 어떤 시대인지를 살펴보는 게 역시 중요하다.

두 번째 독해 방식은 '그리스 문명과 염세주의'와 연관하여 『비극의 탄생』을 읽는 것이다. 이 방식은 현실과의 대화에서 출발하여, 비극을 문명 진단적 방법으로 살펴보는 것이다. 이 방식에 따른다면, 염세주의가 무엇인가를 찾고 이를 문명의 흥망성쇠와 연결시켜 살펴보는 게 중요하다. 또한 염세주의와 비극의 관계를 살펴보고, 어떤 문명에서 비극이 탄생하고 몰락하는가를 찾는 게 중요하다.

이 독해 방식은 기존 우리의 상식을 완전히 버리고 나서 읽어야 함을 강조한다. 우리 눈에 염세적인 것처럼 보이는 비극을 건강한 아테네 시민들은 청량음료처럼 필요로 했다는 것, 건강한 시민으로 구성된 국가 아테네, 페르시아 대제국을 몰락시킨 소규모 도시국가 아테네가 비극을 필요로 했다는 것, 염세적인 것처럼 보이는 비극이 시민들에게 건강한 정신을 제공했다는 것 등의 이유를 찾아봐야만 한다. 반대로 우리의 상식과 이론에 너무 익숙하고 건강한 것처럼 보이는 소크라테스와 그의 철학이 건강한 시민을 염세주의적으로 만드는 이유 역시 살펴봐야 한다. 니체의 가치 전복, 사유 전복의 시도는 우리가 상식적으로 알고 있는 염세주의의 전복과 비극에 대한 재평가에서 시작한다.

제목에 있는 '그리스 문명'은 모든 문명에 적용되고 비교될 수 있다. 건강한 그리스 문명은 니체 당대의 보불 전쟁에서 승리한 독일 문명과 비교될 수 있다. 더 확장하면 염세주의와 문명은 모든 시대의 문명과 사조에 적용될 수 있는 이론 틀이자, 현재 현실과 대화할 수 있는 기본 도구이다.

마지막 독해 방식은 '삶에의 의지'의 관점에서 『비극의 탄생』을 읽는 것이다. 이 방식은 기본적으로 염세주의적 독해 방식과 반대되는 것으로서 인간의 삶에의 의지를 강조한다. 이 방식은 인간에게 숙명처럼 주어진 고통과 그 고통을 이겨 내는 한 방법으로 비극을 고찰하는 것이다. 이 방식에 따른다면, 삶에 필연적으로 내재된 고통이 무엇인가 알아보고, 비극 속에서 '삶에 대한 긍정'을 찾아내는 게 가장 중요하다.

이 독해 방식은 우리의 삶이 고통으로 가득 차 있음을 전제로 한다. 인간의 삶을 고통의 바다로 바라보는 불교나 원죄에 따른 고통으로 이해하는 기독교의 견해를 따르지 않더라도, 인간의 삶이 고통 그 자체라는 것은 사실이다. 니체는 고통으로서 인간의 삶을 실레노스의 지혜로 표현한다. 대다수의 종교나 철학은 인간에게 주어진 필수적인 고통을 극복하기 위해서 금욕적이고 윤리적인 삶을 주장하고, 착하게 살아서 사후의 행복을 추구해야 한다는 만병통치약을 판다. 니체는 이런 종교적이고 철학적인 태도를 비판하고 삶이 고통스러움에도 불구하고 살 만하다고 강조한다. 니체는 비극 속에서 '삶에의 의지'라는 소중한 가치를 끌어낸다. '삶에의 의지'는 한겨울을 이겨 내고 봄에 잎을 피우는 포도나무 넝쿨과 같다. 포도 넝쿨은 디오니소스의 또 다른 표현이고, 디오니소스는 삶에의 의지를 보여 준다.

> 가장 낯설고 가장 가혹한 삶의 문제에 있어서 삶 자체에 대한 긍정; 삶에의 의지 …… 나는 이것을 디오니소스적이라고 명명한다.'[210]

염세주의적 관점이 가장 짙게 녹아들어 간 것은 현재 우리가 너무나 당연하게 받아들이고 하루도 빠지지 않고 학습하는 도덕, 윤리, 종교이다. 염세주의적 관점은 고통스러운 현재 삶의 대가로 사후의 행복을 추구한다. '삶에의 의지'는 고통스럽기 때문에 삶을 포기하는 것이 아니라 삶이 고통스러움에도 불구하고 살 만한 것으로 받아들인다. '삶에의 의지'를 보여 주는 디오니소스적 가치가 꽃을 피운 것은 바로 비극이다. 비극은 염세주의적인 것이 아니라 '삶에의 의지'의 찬양이다.

'음악정신'은 니체 사상의 뿌리이자 토대이며, '염세주의'는 니체 사상의 전방위적인 비판적 태도를 구성하고, '삶에의 의지'는 니체 사상의 미래지향점이다. 이 세 가지 독해 방식은 서로 낱낱이 분리된 게 아니라 상호 연결되어 있다. 디오니소스적 가치인 '음악정신'은 염세주의적 세계관과 대립하고 삶에의 의지를 강조한다. 염세주의적 세계관을 이겨 내기 위해서는 '삶에의 의지'가 필요하고, 현재의 고통을 이겨 내기 위해서는 '음악'과 '음악정신'을 필요로 한다. '삶에의 의지'는 염세주의적 세계관과 대립되고 고통스러운 삶을 살 만한 것으로 바꾸기 위해서 '음악'과 '음악정신'의 도움을 받는다.

세 개의 서문은 출발점과 강조점이 다르지만 종착점은 같다. 니체는 세 가지 독해 방식을 시간에 따라 다르게 제시했지만, 궁극적으로 '지독하게도 고통스럽지만 그래도 살 만한 삶'을 강조한다.

이 세 가지 독해 방식이 상호 연결되어 있다고 하더라고 각각의 강조점을 달리해서 읽는 게 중요하다. 출발점이 다르면 종착점에 도달하는 과정과 길이 각각 다르다. 길이 다르면 길에서 만나는 풍경도 다르듯이, 서로 다른 출발점은 서로 다른 사상, 사유, 논리, 강조점을 만나기 마련이다. 이 책을 읽을 때는 이 세 가지 서로 다른 관점을 유지하면서도 상호 연결하며 읽는 연습이 필요하다.

3. 어떻게 구성되어 있는가?

1) 읽기의 어려움

이 세 가지 독해 방식에 익숙해졌다면, 나만의 글 읽기가 필요하다. 문명사에는 두 개의 탑이 있다. 하나는 강력한 구심력을 발휘하는 소크라테스-플라톤적인 원탑이고, 다른 하나는 원심력을 발휘하는 니체적인 첨탑이다.

소크라테스-플라톤적인 원탑은 주변의 모든 것을 자기화시키는 강력한 '중력'을 발휘한다. 소크라테스-플라톤적인 원탑은 모든 것을 끌어들여 파멸시켜 버리는 블랙홀마냥 주변의 모든 것을 게걸스럽게 먹어 치우고 도덕, 윤리, 학문과 이론, 종교 등으로 무한정 게워 낸다.

니체적인 첨탑은 뾰쪽한 끝으로 원탑에 구멍을 내고 중력의 자장권에 있는 모든 것을 달아나도록 만든다. 소크라테스-플라톤적인 원탑은 복종을 요구하는 반면, 니체적인 첨탑은 탈주를 강조한다.

니체를 읽는다는 것은 '중력'을 벗어나 탈주를 시작한다는 뜻이다. 작지만 커져 나갈 탈주를 위해서 가장 먼저 해야 할 일은 『비극의 탄생』을 나만의 방식으로 읽는 것이다. 하지만 나만의 방식으로 읽기는 쉽지 않다.

이 책은 너무 어렵다. 처음부터 끝까지 인내심을 갖고 읽었다고 해도 남는 건 아폴론과 디오니소스뿐이다. 이 책은 너무 혼란스럽다. 읽다 보면 같은 이야기가 계속 반복되는 것 같다. 아폴론과 디오니소스에서 시작하여 이 두 이름으로 끝이 나는 것처럼 보인다. 이 책은 생경하다. 이전에 우리가 알고 있는 용어와 어휘, 인물을 아주 정반대의 내용과 모습으로 바꿔 버린다. 이 책은 너무 겁난다. 우리가 보편타당하고 올바른 것으로 받아들이던 모든 것을 전면 부정한다. 이 책은 너무 흔들어 댄다. 기존의 사유 체계를 다 뒤집어 엎고 완전히 새로운 사유 방식을 들이민다.

이런 곤란을 극복하기 위한 한 가지 방법이 있다. 제목이 없는

『비극의 탄생』의 각 장과 절에 제목을 달아 보는 것이다. 각 장과 절에 제목을 달면, 글 전체의 흐름을 완전하지는 않지만 비교적 정확하게 이해할 수 있다.

2) 책의 구성
『비극의 탄생』은 「자기비판의 시도」, 「바그너에게 바치는 서문」, 그리고 25개 장의 본문으로 이뤄져 있다. 「자기비판의 시도」와 25개 장의 본문에는 제목이 없다. 여러 책들의 목차는 대개 다음과 같다.

「자기비판의 시도」
「바그너에게 바치는 서문」
25개 장의 본문

「자기비판의 시도」와 본문의 내용은 일반 독자, 심지어 전공자도 다가가기 쉽지 않다. 각 장에 제목이 없어서 읽기의 어려움이 더 가중된다. 이해를 쉽게 하기 위해 각 장과 절에 임의로 제목을 달아 보자. 이 목차를 바탕으로 니체의 의도대로 독해하고, 더 나아가 나만의 방식으로 읽기 위해서 본문의 제목을 토대로 아래와 같이 재구성해 보자. 굵은 글씨는 이해를 돕기 위해 임의로 제목을 잡아 본 것이며, 각 장에다 단 제목 역시 이해를 돕기 위해 임의로 단 것이다.

「자기비판의 시도」
「바그너에게 바치는 서문」

1부_ [서론] 아폴론과 디오니소스 형제결의로서 비극

1장. 아폴론적인 것과 디오니소스적인 것의 결합으로서 예술
2장. 아폴론적인 예술과 디오니소스 축제
3장. 인간의 반영으로서 그리스 신들
4장. 아티카 비극의 철학적, 신화적 토대

2부_ 비극의 디오니소스적 요소

1. 음악 : 디오니소스의 본질
5장. 디오니소스적 서정시와 서정시인
6장. 디오니소스적 음악으로서 민요
2. 합창가무단 : 디오니소스의 시종들
7장. 비극의 핵심 요소로서 합창가무단
8장. 합창가무단의 역할과 기능
3. 주인공 : 디오니소스의 또 다른 분신들
9장. 능동적 영웅과 수동적 영웅
10장. 디오니소스의 가면을 쓴 비극의 영웅들

3부_ 고전적 비극의 죽음과 '죽은' 비극의 탄생

1. 에우리피데스에 의한 비극 살해
11장. 에우리피데스의 비극 살해와 '죽은' 비극의 탄생
12장. 악명 높은 기계장치의 신을 오용하는 에우리피데스
2. 소크라테스에 의한 비극 살해
13장. 에우리피데스의 동지, 소크라테스

이런 구분 방법이 믿을 만한가는 4장, 10장, 15장, 20장, 24장의 마지막 절에서 찾을 수 있다. 열거한이 장들의 마지막 절은 다른 절과 문체를 완전히 달리한다. 4장의 마지막은 '지금까지 내가 이 논문의 앞머리에서 언급했던 것을 아래와 같이 다시 상술하겠다.'라고 말하면서 1~3장을 요약한다고 분명히 밝힌다. 10장, 15장, 20장, 24장의 마지막 절들은 기존의 설득력 있는 논증 문체와 완전히 다르게 웅변체로 서술한다. 그리고 5장, 11장, 21장은 앞 장들과 전혀 다른 이야기로 시작한다.

10장 마지막 절은 '신성모독자 에우리피데스여'로, 15장 마지막 절은 '이제 여기서 우리는 불안한 마음으로 현재와 미래의 문을 두드려 보자'로, 20장 마지막 절, 마지막 단락은 '자, 나의 친구들이여, 나와 함께 디오니소스적 삶과 비극의 재탄생을 믿자'로 시작한다. 24장은 '나의 친구들이여, 디오니소스적 음악을 믿는 그대들이여'로 시작한다.

이 책의 대부분 다른 절들이 논증과 추론을 바탕으로 집필되어 있다면, 위 다섯 개 장의 각 절들은 요약하거나 강력한 웅변과 호소 형식의 문체로 쓰여 있다. 니체는 문체를 달리함으로써 각각의 '비극'의 탄생을 다루고 있음을 암시한다.

3) 세 개의 서문에 근거한 구성의 기본적 이해

위의 구성을 바탕으로 세 개의 서문에 근거하여 이 책을 간략하게 요약해 보자. 이 요약은 말 그대로 간략한 요약이므로 깊은 이해를 보여 주지는 못하지만, 이 책이 어떤 주장을 말하는가를 간단하게 볼 수 있는 장점이 있다.

첫째, 위의 목차 구성을 바탕으로 1872년 『음악정신으로부터 비극의 탄생』의 관점에서 내용을 분석해 보자. '음악정신'의 관점에서 『비극의 탄생』은 무엇을 이야기하는가를 살펴보자.

'음악정신'에 근거한 분석은 이 책의 형식적 구성 내용을 간명하게 보여 주는 동시에 가장 중요한 음악정신을 강조한다. 이에 따른다면 1부는 아폴론적인 것과 디오니소스적인 것의 결합을 설명한 서문에 해당한다. 2부는 음악에 근거하여 고전적인 고대 비극의 탄생과 그 구성 요소를 다루고, 3부는 고대 비극 작가인 에우리피데스와 소크라테스에 의한 음악의 죽음과 비극의 죽음을 다루고, 4부는 르네상스에서 시작된 오페라를 '죽은' 비극으로 고찰하고, 5부는 앞의 내용 전체를 요약하는 동시에 음악의 부활과 함께 고전적 비극의 독일적 재탄생을 다룬다.

2부가 서정시, 민요, 합창가무단 등의 음악과 주인공을 중심으로 비극의 구성 요소가 무엇인지를 다룬다면, 3부와 4부는 2부에서 다룬 음악적 요소가 에우리피데스와 소크라테스에 의해 소멸하면, 음악을 중심으로 만들어진 비극 역시 죽음을 맞게 됨을 다루고, 5부는 음악이 되살아나면 비극 역시 왜, 어떻게 되살아나는지를 다룬다.

둘째, 1886년 『비극의 탄생 또는 그리스 문명과 염세주의』의 관점에서 내용을 분석해 보자. '그리스 문명과 염세주의'의 관점에서 『비극의 탄생』은 무엇을 이야기하는가를 살펴보자.

'염세주의'는 '그리스 문명'을 재단하는 도구이다. 염세주의가 지배하지 않는 문명은 '건강한' 그리스 문명이고 염세주의가 지배하는 문명은 '병든' 그리스 문명이다. 1부는 염세주의가 지배하지 않는 '건강한 그리스 문명'이다. 그리스 문명이 건강할 수 있었던 이유는 고전적인 아테네 비극이 건강하게 유지되고 있는 데에서 비롯한다. 고전적 아테네 문명은 아폴론적인 것과 디오니소스적인 것이 잘 결합된 비극이 지배하는 문명이다.

2부는 비극의 음악적 요소와 주인공을 주로 다룬다. 서정시와 민요, 합창가무단, 주인공의 고통스러운 삶으로 구성된 비극이 시민들을 건강하게 만들었다는 내용이 주를 이룬다.

3부와 4부는 염세주의가 지배하는 '병든 문명'을 다룬다. 에우리피데스와 소크라테스는 도덕을 강조하고 종교적 세계관을 열어 놓았고, 이론과 지식을 중심으로 교양이 인간을 지배하게 만들고, 인간을 계산하기 좋아하는 속물로 만든다. 그들은 시민들이 현재의 삶보다는 사후의 삶을 더 고귀한 것으로 여기게 만듦으로서 염세주의가 횡행하게 만든다. 이들의 영향을 받은 문명이 르네상스에 시작한 오페라에도 그대로 투영되었으며, 르네상스 이후 시대 역시 염세주의가 지배하는 시대가 된다.

5부는 니체 당대의 시대에 지배적인 염세주의의 조종이 울리고 있음을 다룬다. 칸트와 쇼펜하우어의 철학, 특히 베토벤과 바그너의 음악이 염세주의를 몰아낼 수 있는 가능성을 보여 준다.

마지막으로 1889년 '삶에의 의지'의 관점에서 『비극의 탄생』을 다뤄 보자. 니체가 1889년에 '삶에의 의지'를 서문으로 달아 책을 냈다고 가정해 보자. 아마도 책 제목은 『삶에의 의지의 관점에서 본 비극의 탄생』 또는 『비극의 탄생과 삶에의 의지』일 것이다.

'삶에의 의지'는 1872년 '음악정신'의 내용이자 1886년 '염세주의’의 대항마이다. 1부는 ‘삶에의 의지’를 북돋워 주는 요소를 다룬다. 아폴론적인 것과 디오니소스적인 것이 제대로 결합된 비극은 ‘삶에의 의지’를 강화시켜 준다. 특히 2부는 삶의 능동성을 다룬다. 디오니소스적 요소인 서정시, 민요는 시민들이 더불어 하나가 되게 만듦으로서 삶에 필연적으로 따르는 고통을 잊게 하고, 고통받는 주인공은 개별 시민들에게 삶의 고통을 이겨 내는 힘을 키워 준다.

3부와 4부는 ‘삶에의 의지’를 꺾게 만드는 내용을 다룬다. 에우리피데스와 소크라테스는 현재의 삶보다는 사후 삶을 소중하게 만들고, 도덕적이고 윤리적인 삶 또는 종교적인 금욕적인 삶을 살게 함으로써 현재의 삶을 생동감 있게 살도록 만들지 않는다. 그들은 인간들에게 현재의 삶보다는 죽음을 더 숭고하게 만드는 염세주의의 시조이다. 소크라테스의 영향을 받은 이론적 정신과 학자적 관심에서 출발한 오페라 역시 현재의 삶 속에서 형이상학적 존재자와 하나가 되지 못하게 만든다는 점에서 염세주의적이다.

5부는 삶의 의지를 북돋워 주는 내용을 다룬다. 루터에서 시작한 새로운 찬송가는 민요적 요소를 보여 주고, 베토벤의 음악은 만인을 하나로 만들어 주고, 지크프리트의 삶은 신들의 황혼, 우상의 황혼을 가져온다.

앞에서 강조했던 것처럼, 이 책을 읽으면서 ‘음악정신’, ‘염세주의’, ‘삶에의 의지’를 상호 연결하는 동시에 분리하면서 읽는 것은 아주 중요하다.

4. 더 나은 글 읽기를 위해서

대다수의 사상이나 철학 책이나 글(우리가 아는 대부분의 글)들은 사전 준비 독서를 하면 좋다. 한 사상가의 글은 어느 날 하늘에서 뚝 떨어진 것이 아니다. 대개 사상은 현실에 닥친 문제를 해결하기 위해 출발한다. 니체는 「바그너에게 바치는 서문」에서 다음과 같이 말한다.

> 막 발발한 전쟁의 공포와 흥분 속에서 …… 우리가 독일적인 기대의 한가운데에서 소용돌이와 전환점으로서 적절하게 제기된 독일적인 문제를 얼마나 진지하게 다루고 있는지 ……

니체는 『비극의 탄생』이 현실과의 대화에서 비롯한다고 분명히 밝힌다. 하나의 글을 이해하기 위해서 그 글이 나온 당시의 정치적, 경제적, 역사적 상황 등을 살펴보면 더 좋다. 사전 정보가 많을수록 글 속에 담긴 숨은 뜻을 찾아내기도 쉽고, 그 정보를 현재에 맞춰 재해석하고 발전시킬 수 있는 가능성도 높아진다. 우리는 이 책을 읽기 위해서 니체가 다루고 있는 아테네 시대의 정치적, 사회적 배경을 미리 살펴보고, 니체가 접한 당면의 문제가 무엇인지를 살펴보기 위해서 니체가 살던 시대를 미리 알아볼 필요가 있다.

또한 우리는 이 글을 읽기 위해 많은 사전 독서를 필요로 한다. 대개의 글은 이전 사상과의 대화에서 출발한다. 『비극의 탄생』은 수많은 사상서나 철학서보다 짧은 글이지만 풍부한 사전 독서를 필요로 한다. 이 글은 비극의 내용적 독해가 아닌 음악적 이해를 시도하면서, 음악, 예술 일반, 문학, 철학, 종교 등의 영역을 전면에 다루고, 그 이면에 복잡한 정치적 상황을 깔고 있다. 이 글은 기존의 모든 사유 내용과 체계의 전복, 모든 지배 사상과 철학의 파괴를 시도하고, 소크라테스, 플라톤, 기존의 형이상학과 종교 등의 의심 불가의 성역을 하치장으로 보내야 할 쓰레기나 폐기물로 치부한다. 니체는 이러한 혁명적 전복을 시도하기 위해 기존의 모든 사상과 그 체계에 대한 철저한 이해를 바탕으로 대화를 하고 있다.

하지만 우리는 『비극의 탄생』의 현실적, 정치적, 문학적, 예술적, 철학적, 음악적 배경 등을 다 알 수 없고, 다 찾아볼 수도 없다. 이런 곤란함을 극복하기 위해서 해설 부분을 참조하면 좋다. 그래도 이해가 안 되거나 해설과 다르게 바라본다면, 아래 글들을 찾아 비교해 보는 것도 좋다.

고대 비극 작가 아이스킬로스, 소포클레스, 에우리피데스의 비극과 관련한 내용을 읽고 이해가 잘 안되면, 아이스킬로스의 『아가멤논』, 『제주를 바치는 여인들』, 『자비로운 여신들』을 최소한 읽어야 하고, 거기에 『결박된 프로메테우스』를 읽으면 도움이 된다. 소포클레스의 『오이디푸스왕』, 『콜로노스의 오이디푸스』, 『안티고네』 역시 도움이 된다. 에우리피데스의 『박코스의 여신도들』, 『키클롭스』, 『헤라클레스』, 『타우리케의 이피게네이아』, 『오레스테스』 등도 내용 파악에 도움이 된다. 특히 비극 축제의 상황과 관련해서는 『박코스의 여신도들』, 비극의 능동적 주인공과 관련해서는 『결박된 프로메테우스』, 수동적 영웅과 관련해서는 『오이디푸스왕』, 『콜로노스의 오이디푸스』를 참조하는 게 좋다.

다만 이 비극 작품을 읽으면서 주의할 게 있다. 이 비극 작품을, 우리에게 익숙한 책읽기 방식인 내용 중심으로 읽으면 안 된다. 이해하기 어렵고 실천하기 쉽지 않겠지만 니체의 조언대로라면 음악적으로 읽어야 한다. 번역어라는 한계가 있지만 합창가무단, 주인공, 등장인물의 대사를 마치 노래라고 생각하고 읊조리는 게 좋다.

고대 희극 작가 아리스토파네스의 다음 몇 가지 작품을 읽어 두면 큰 도움이 된다. 소크라테스의 기이한 행적을 그린 『구름』, 아이스킬로스와 에우리피데스가 저승에서 어떤 것이 진정한 비극인가를 두고 다툼을 벌이는 내용을 묘사한 『개구리』, 신 아티카 디티람보스 작가 키네시아스를 비판한 『새』, 유일하게 전승되는 사티로스극인 『키클롭스』 등이다.

또한 니체가 셰익스피어와 괴테를 논의한 글이 이해가 잘 안될 경우 『햄릿』과 괴테의 『파우스트』를 읽어 두면 좋고, 필요한 경우 부분 발췌 독서를 하면 도움이 된다. 이 두 저작은 이 책에서 자주 인용되고 있으며, 니체의 사상에서도 중요한 지위를 차지한다.

니체가 논쟁을 걸고 있는 철학 부분은 생각이 많이 다를 수 있다. 니체의 주장이 낯설거나 니체의 사상에 거부감이 느껴지면 다음 부분을 찾아 읽으면 도움이 된다. 우리가 가장 이해하기 힘든 부분은 헤라클레이토스의 사상을 다룬 글이다. 우리나라에는 소개된 적당한 글이 없다. 우리가 도움을 얻을 수 있는 것은 책세상출판사에서 나온 『니체전집』 1권 중 "플라톤 이전의 철학자들"과 3권 중 "그리스 비극 시대의 철학"에서 '헤라클레이토스' 부분이다.

소크라테스 4부작인 『에우티프론』, 『변론(변명)』, 『크리톤』, 『파이돈』을 읽는 것이 아주 중요하다. 니체의 평생 과업은 소크라테스의 철학적 시도의 전복이다. 『비극의 탄생』은 소크라테스의 인간학적인 철학적 시도를 예술론적인 심리학으로의 전환이라고 볼 수 있다. 니체는 소크라테스를 염세주의의 시초로 보았으며, 그 염세주의가 현재까지 강력한 권력을 행사하고 있다고 진단한다. 니체의 이런 주장은 우리에게 너무 낯설고 불편하다. 이런 생각이 들면 소크라테스 4부작을 읽어 보면 도움이 된다.

니체의 형이상학 관련 부분이 이해되지 않는다면 플라톤의 여러 저작 중에서 『국가』를 대칭적으로 읽으면 도움이 된다. 니체의 평생 과업은 한 측면에서 본다면 소크라테스에서 시작되고 플라톤에서 완성된 이데아적 형이상학을 예술적인 형이상학으로의 전환이자 플라톤적인 세계관의 전복이라고 볼 수 있다. 니체는 소크라테스 사상을 정교화한 플라톤을, 결국 종교를 포함한 수많은 우상들의 실질적 아버지로 간주하고 플라톤의 사상 제국 허물기를 시도한다. 그 때문에 플라톤의 사상이 집대성된 『국가』 중에서 형이상학 관련 부분을 찾아 읽는 게 중요하다. 또한 니체의 음악, 모방, 비극, 이데아 등의 용어가 잘 다가오지 않거나, 내가 알고 있던 내용과 다르다면, 『국가』의 2~7권과 10권이 도움이 된다. 또한 색인에서 모방, 비극, 음악, 이데아 등을 찾아서 읽어 보는 것도 큰 도움이 된다.

니체가 동정과 공포, 카타르시스 등을 논쟁적으로 제기한 부분이 낯설면, 아리스토텔레스의 『시학』이 도움이 된다. 『비극의 탄생』은 한 측면에서 본다면 아리스토텔레스가 한 비극의 문학적 이해를 음악적 이해로 전환시킨 것이다. 아리스토텔레스는 비극을 예술, 예술 중에서 문학, 문학 중에서 시에 국한하는 해석을 시도하고, 비극을 동정과 공포에 근거한 카타르시스로 해석한다. 니체는 이와 반대로 비극을 예술 중에서 음악의 관점에서 해석하고, 동정과 공포를 도덕과 종교의 맹아로 해석하는 철학적 도전을 시도한다. 니체의 근원적 힘은 비극을 문학적으로 이해하는 아리스토텔레스와 달리 음악에 토대를 두고 이해한 데서 비롯한다. 니체는 이 지점에서 지금까지 비극을 해석해 왔던 관점에서 완전히 벗어날 수 있는 길을 찾아낸다.

니체의 사상 중에서 너무 생소한 내용이 나오면 쇼펜하우어의 『의지와 표상으로서의 세계Ⅰ』 중에서 21장, 22장, 43장, 47장, 51장, 52장, 59장, 68장을 찾아 읽으면 좋다. 이 장들에는 『비극의 탄생』의 주요 토대가 되는 의지, 비극, 삶, 시, 예술 등에 관한 쇼펜하우어의 기본 사상이 담겨 있다. 『비극의 탄생』은 소크라테스와 플라톤이라는 주적을 사상과 철학에서 제거하기 위해 쇼펜하우어 사상에 의존하고 있다. 『비극의 탄생』에서 니체의 주요 철학적 주장은 쇼펜하우어의 변형이라고 봐도 무방할 정도이므로, 위의 글들은 읽어 보면 도움이 될 것이다.

마지막으로 니체의 음악관과 비극관이 이해되지 않으면 다양한 설명을 찾아 읽고, 여러 음악을 듣는 게 좋다. 우선 니체는 음악철학의 많은 부분, 특히 공통성으로서의 음악을 베토벤에게 의지하여 설명한다. 이 설명이 낯설다면 베토벤의 《전원》과 《합창》에 충분히 심취하는 것이 좋다. 또한 베토벤 7번 교향곡을 들어 보는 것도 좋다. 베토벤은 7번 교향곡 4악장을 평가하면서 "나는 인류를 위해 좋은 술을 빚은 바쿠스(디오니소스)이며, 그렇게 빚은 술로 세상의 풍파에 시달린 사람들을 취하게 하고 싶다."[211]라는 말을 하기도 했다.

음악에 근원을 두고 있는 『비극의 탄생』은 눈과 머리로 읽기보다는 몸과 마음으로 느끼는 게 훨씬 더 좋다. 쇼펜하우어가 모방음악의 전형으로 지적한 하이든의 〈사계〉를 듣는 것도 좋다.

니체가 바라보는 이상적 비극에 잘 접근할 수 없다면, 현재 니체가 말한 이상적 비극을 찾아보고 싶다면, 바그너의 〈로엔그린〉, 〈트리스탄과 이졸데〉, 니벨룽겐의 반지 4부작인 〈라인의 황금〉, 〈발퀴레〉, 〈지크프리트〉, 〈신들의 황혼〉이 도움이 된다. 『비극의 탄생』은 바그너에서 시작(헌정사를 표방한 서문)하여 바그너 작품의 예시를 통한 비극의 재탄생(4부)을 설명한 글이나 다름없다. 『비극의 탄생』을 집필할 무렵, 바그너는 니체의 학문의 스승이자 인생의 동반자이자 정신적인 아버지나 다름없었다. 헌정사에서 나온 '이 길 위에 서 있는 저의 숭고한 개척자'에서 보듯이 『비극의 탄생』은 바그너의 영향을 받아 바그너를 위해 집필한 책이라고 해도 과언이 아니다. 위에서 열거한 바그너의 작품들은 니체의 입장에서 고대 아테네 비극의 재탄생과 그 내용의 현대적인 재구현이다. 이 작품을 보는 데 아주 많은 시간이 걸리고, 바그너의 음악극이 맞지 않는다고 생각한다면, 대본을 찾아 읽어 보면 좋다. 이 음악극들은 니체가 이상적으로 바라본 비극이 무엇인지 알 수 있는 데 도움이 된다.

5. 무엇을 조심해야 하는가?

이 책을 읽으면서 주의할 점은 니체가 「자기비판의 시도」에서 스스로 인정한 자신의 한계를 중심에 두고 살펴봐야 한다는 점이다.

니체는 첫째, 「자기비판의 시도」 2장에서 청년 시절 집필한 『비극의 탄생』이 '청년기의 실수로 범벅', '지나치게 사족이 많고', '질풍노도로 가득 찬 책'이라고 스스로 비판하고 있다. 니체는 '이 책이 16년이 지난 요즈음 나에게 얼마나 혐오스럽게 보이며, 얼마나 이질적으로 보이는지'라며 스스로 비판한다.

우리는 이 글을 읽으면서 니체의 전복적인 문제 제기를 충분히 받아들이되, 아직 학문적으로 원숙하지 못한 글이라는 점을 염두에 두고 읽는 게 좋다. 우리는 이 책이 기존의 사상과 그 체계 전복의 시도로서 읽되, 그 시도가 완성되었다고 봐서는 안 된다. 그 완성은 읽는 독자인 우리에게 달려 있다. 어떤 용어나 문제의식이 나오면 이와 연관된 니체의 다른 글들을 찾아 읽어 보고, 이를 우리의 현실에 맞게 다시 생각해 보는 게 필요하다.

니체는 둘째, 「자기비판의 시도」 3장에서 이 책이 논리적 부정확성과 적절한 논증 부재의 오류를 범한다고 스스로 비판한다. 이 글을 읽으면서 우리는 눈을 부라리며 니체가 논리적으로 어떤 실수를 하는지 찾아야 한다. 이런 실수를 찾아 읽는 독자라면, 아마도 최고의 지적 능력을 갖춘 독자일 것이다. 니체가 논증하지 않고 넘어간 부분이 있다면, 그 부분을 채워 읽는 것도 필요하다. 채워 읽기를 위해서는 니체의 다른 저작을 두루 섭렵할 필요가 있다. 이런 노력을 하는 독자라면, 아마도 훌륭한 사유 능력을 갖춘 독자일 것이다. 우리는 이 책이 드문드문 비어 있고 헐겁게 짜 맞춰진 글이지 완성된 글이 아니라는 점을 반드시 기억하고, 비어 있는 부분을 채워 읽는 독서를 하자.

니체는 셋째, 「자기비판의 시도」 6장에서 이 책을 집필할 당시 나만의 언어세계와 사유 형식을 가지고 있지 못했다고 스스로 비판한다. 또한 그는 '나만의 **언어**를 사용하려는 용기(또는 대담함)를 가지고 있지 않았'으며, 칸트와 쇼펜하우어와 '정반대인 미지의 새로운 가치 평가를 칸트와 쇼펜하우어의 형식을 따라 표현'함을 부끄러워하고 스스로 비판한다. 또한 그는 바그너 중심의 독일 음악이 마치 그리스 음악과 정신의 계승자인 것처럼 오판했다고 고백한다.

우리는 칸트나 쇼펜하우어의 사상과 관련된 부분이 나오면, 긴장을 하고 읽어야 한다. 니체가 칸트와 쇼펜하우어의 용어와 사상을 어떻게 변화 발전시키고 있는지 꼼꼼히 추적해서 읽어야 한다. 니체는 후일 그토록 추종했던 바그너도 부정한다. 심지어 니체는 바그너를 전면 부정한다.

> 그 텍스트에서 바그너라는 말이 나오면, 주저하지 말고 나의 이름이나 '자라투스트라'라는 말로 대체해도 좋다.'[212]

이 글에서 바그너라는 이름이 나오면, 우리는 바그너가 가져온 혁명적 성격에 주의를 기울이는 동시에 어떤 한계가 있는지 미리 생각하면서 읽는 게 좋다.

우리는 이 책을 읽을 때 니체가 스스로 인정한 한계를 고려하자. 우리는 이 책을 니체의 모든 것이나 전부가 아니라 모든 것의 시작점으로 받아들이도록 하자. 우리는 니체가 어린 나이에도 '노숙한 문제'를 제기한 것에 주의를 기울이고, 니체의 근본 문제의식이 무엇인가를 집중적으로 살펴보도록 하자. 우리는 여기에 나오는 각종 용어와 문제의식을 니체 사상의 출발점으로 받아들이고, 현재 우리에게 필요한 것은 무엇이고 어떻게 발전시킬지를 생각하도록 하자. 이런 독해법이 충실히 달성되었다고 한다면 이제는 나의 길이다.

나만의 독해법으로 이 책을 읽어 보자.

자, 무엇을 얻을 것이고, 무엇을 버릴 것인가?

나에게 달려 있다.

주석

1. https://penelope.uchicago.edu/Thayer/E/Roman/Texts/Plutarch/Moralia/De_defectu_oraculorum*.html
2. NF-18개별화1,14[9]—Nachgelassene Fragmente Frühjahr 1871—Anfang 1872.
3. NF-1869,1[106]—Nachgelassene Fragmente Herbst 1869.
4. NF-1871,14[9]—Nachgelassene Fragmente Frühjahr 1871—Anfang 1872.
5. John Addington Symonds, Studies of the Greek Poets (Vol II of 2), Release Date October 30, 2014 [EBook #4723개별화], footnotes 187.
6. Mary R. Lefkowiz, The Lives of the Greek Poets, Booomsbury Publishing, 2013, p. 97.
7. https://livingpoets.dur.ac.uk/w/Origins_and_Life_of_Euripides_IV.
8. Aristophanes, Frogs, A Dual Language EditIon, Tr. by Ian Johnston Faenum Publishing, Oxford, Ohio, 2015, 1012~1015.
9. Aristophanes, Frogs, 1059~1060.
10. Aristophanes, Frogs, 1058.
11. Aristophanes, Frogs, 1078~1082.
12. Aristophanes, Frogs, 771~775.
13. Aristophanes, Frogs, 948~950.
14. Aristophanes, Frogs, 939~949.
15. Aristophanes, Frogs, 954.
16. 독일어 원문에 Scene로 쓰고 있으나 아마 Szene의 오기이거나, 아니면 독일어 Szene를 영어로 번역한 것일 것이다. Szene에 대해서는 8장 2절 해설 4를 참고하면 좋다.
17. GMD-1—Das griechische Musikdrama: § [1] Abgeschlossen ca. 18/01/1870.
18. NF-1870,7[131]—Nachgelassene Fragmente Ende 1870—April 1871.
19. Aristophanes, Frogs, 956~958.
20. Aristophanes, Frogs, 959~978.
21. Aristophanes, Frogs, 979~989.
22. Aristotle, Poetics, 1449a 15~20.
23. Aristotle, Poetics, 1456a 25~30.
24. ST-1—Sokrates und die Tragoedie: § [1] Abgeschlossen ca. 01/02/1870.
25. Aristophanes, Frogs, 1202~1203.
26. Aristotle, Poetics, 1449a 20~25.
27. Aristotle, Poetics, 1448b 29~30, 1449a 4~5.
28. WS-269—Menschliches Allzumenschliches II: § WS—269. Erste Veröff. 18/12/1879.
29. ST-1—Sokrates und die Tragoedie: § [1] Abgeschlossen ca. 01/02/1870.
30. GMD-1—Das griechische Musikdrama: § [1] Abgeschlossen ca. 18/01/1870.
31. NF-1869,1[62]—Nachgelassene Fragmente Herbst 1869.

32. 플라톤, 『법률』, 657e~659b.

33. 플라톤, 『국가』, 377c.

34. 플라톤, 『법률』, 659b~c.

35. 플라톤, 『국가』, 392a~b.

36. 플라톤, 『법률』, 8-1c~d.

37. Aristotle, *Poetics*, 1453a, 14~15.

38. Aristotle, *Poetics*, 1453a, 20~30.

39. Aristophanes, *Frogs*, 1182~1195.

40. Aristophanes, *Frogs*, 923~930. 굵은 글은 필자가 강조한 것임.

41. 플라톤, 『국가』, 377e~379a.

42. 플라톤, 『국가』, 380a~383a.

43. 플라톤, 『국가』, 380a.

44. 플라톤, 『법률』, 935e.

45. Aristophanes, *Frogs*, 1487~1491.

46. Aristophanes, *Frogs*, 1502~1503.

47. M-9—Morgenröthe: § 9. Erste Veröff. 31/07/1881.

48. GM-Vorrede-4—Zur Genealogie der Moral: Vorrede, § 4. Erste Veröff. 16/11/1887.

49. Euripides, *BACCHAE*, 420~426.

50. Euripides, *BACCHAE*, 409~413.

51. Diogenes Laertius, *Lives of Eminent Philosophers*, II, Chapter 5. SOCRATES.

52. Homer, *The Odyssey*, tr. by William Cowper, VI, 333~336.

53. Homer, *The Odyssey* tr. by William Cowper, VIII, 565~567.

54. JGB-96—Jenseits von Gut und Böse: § 96. Erste Veröff. 04/08/1886.

55. Plato, *Ion*, 535c.

56. Plato, *Ion*, 535b~c.

57. 플라톤, 『프로타고라스』, 309c.

58. Aristotle, *Poetics*, 1452b 10~13.

59. Aristotle, *Poetics*, 1453a 14~30.

60. Aristotle, *Poetics*, 1449b 27.

61. Euripides, *Orestes*, 1677~1678.

62. Euripides, *Orestes*, 1679~2000.

63. Aristotle, *Poetics*, 1454a 39~1454b 4.

64. 플라톤, 『변론』, 41d.

65. Euripides, *Ion*, 1617~1622.

66. Euripides, *BACCHAE*, 1772~1774.

67. Diogenes Laertius, *Lives of Eminent Philosophers*, BOOK II, Chapter 3. ANAXAGORAS.

68. Aristotle, *Metaphysics*, 984b 15~20.

69. PHG-15—Die Philosophie im tragischen Zeitalter der Griechen: § 15. Abgeschlossen ca. 05/04/1873.

70. Athenaeus, *Delinosophistae, Book I*, p. 35.

71. 플라톤, 『변론』, 22b~c.

72. Plato, *Ion*, 534a~c.

73. NF-1881,15[51]—Nachgelassene Fragmente Herbst 1881.

74. NF-1871,16[24]—Nachgelassene Fragmente Sommer 1871—Frühjahr 1872.

75. NF-1871,16[28]—Nachgelassene Fragmente Sommer 1871—Frühjahr 1872.

76. NF-1870,7[84]—Nachgelassene Fragmente Ende 1870—April 1871.

77. Aristotle, *Metaphysics*, 985a 18.

78. PHG-19—Die Philosophie im tragischen Zeitalter der Griechen: § 19. Abgeschlossen ca. 05/04/1873.

79. 플라톤, 『파이돈』, 97c~d.

80. 플라톤, 『파이돈』, 96a~c.

81. 플라톤, 『변론』, 28d~29a.

82. 플라톤, 『향연』, 219c~221.

83. Aristophanes, *Clouds*, 1009~1018.

84. Aristophanes, *Clouds*, 1054~1056.

85. Aristophanes, *Clouds*, 102~103.

86. Aristophanes, *Frogs*, 1491~1492.

87. Aristophanes, *Archarnes*, 395~410.

88. 플라톤, 『프로타고라스』, 312c~e.

89. 플라톤, 『소피스트』, 226a.

90. 플라톤, 『프로타고라스』, 310d.

91. Aristophanes, *Clouds*, 98~99.

92. 플라톤, 『변론』, 31b~c.

93. 플라톤, 『변론』, 23c.

94. Aristophanes, *Clouds*, 1110, 1315.

95. Aristophanes, *Clouds*, 355~360.

96. 플라톤, 『변론』, 21a.

97. Plato, *Charmides*, 153a.

98. Aristophanes, *Clouds*, 105.

99. 플라톤, 『변론』, 21a.

100. 플라톤, 『국가』, 382e.

101. 플라톤, 『변론』, 20e.

102. Aristophanes, *Clouds*, 503.

103. 플라톤, 『변론』, 21a.

104. Sophocles, *King Oedipus*, 1329~1330.

105. 아리스토파네스, 『구름』, 144.

106. Albert Henrichs, "The Last of Detractors: Friedrich Nietsche's Condemnat*I*on of Euripides", p. 387. 출처 https://grbs.library.duke.edu/article/viewFile/4871/5431

107. Aristophanes, *Frogs*, 786~794.

108. 플라톤, 『국가』, 320c.

109. 플라톤, 『파이드로스』, 268c~269a.

110. Aristotle, *Poetics*, 1456a 27.

111. Aristotle, *Poetics*, 1448 26.

112. Aristotle, *Poetics*, 1453b 25 이하.

113. Aristotle, *Poetics*, 1460b. 30.

114. Aristotle, Rhetorics, 1373a 34, b 9.

115. Sophocles, *Antigone*, 450~468. tr. by Paul Roche. http://www.napavalley.edu/people/
LYanover/Documents

116. 플라톤, 『변론』, 21c~22e.

117. 괴테, 『파우스트』, 1607행 이하에서 나온 정령들의 합창 내용이다.

118. 플라톤, 『변론』, 31c~d, 『테아게스』, 128d~131e.

119. 플라톤, 『에우티프론』, 3b.

120. 플라톤, 『변론』, 40a~c.

121. 플라톤, 『국가』, 496c.

122. 플라톤, 『크리톤』, 54d.

123. JGB-190—Jenseits von Gut und Böse: § 190. Erste Veröff. 04/08/1886.

124. NF-1875,6[4]—Nachgelassene Fragmente Sommer 1875.

125. ST-1—Sokrates und die Tragoedie: § [1] Abgeschlossen ca. 01/02/1870.

126. 플라톤, 『크리톤』, 44a~b.

127. 플라톤, 『파이돈』, 60e.

128. 플라톤, 『변론』, 37c.

129. 플라톤, 『크리톤』, 52c.

130. 플라톤, 『변론』, 37c~38a.

131. Diogenes Laertius, IX, 52.

132. 플라톤, 『변론』, 17c.

133. Diogenes Laertius, II, 40.

134. 플라톤, 『소피스트』, 225b.

135. 플라톤, 『변론』, 41a.

136. 플라톤, 『파이돈』, 117e.

137. 플라톤, 『파이돈』, 115a.

138. 플라톤, 『파이돈』, 116c.

139. 플라톤, 『파이돈』, 118a.

140. 플라톤, 『파이돈』, 116d~118a.

141. 플라톤, 『향연』, 206b~208b.

142. 플라톤, 『향연』, 210a~212b.

143. 플라톤, 『에우티프론』, 3b.

144. 플라톤, 『크라튈로스』, 397e~399c.

145. 헤시오도스, 『일과 날』, 122~123.

146. NF-1878,28[9]—Nachgelassene Fragmente Frühling~Sommer 1878.

147. 플라톤, 『테아이테토스』, 143e.

148. Hesiod, *Theogony*, 165~169.

149. 호메로스, 『오디세이아』, IX, 388.

150. 호메로스, 『오디세이아』, IX, 455.

151. 에우리피데스, 『키클롭스』, 22~23.

152. Plato, *Gorgias*, tr by Donald J. Zeyl, 502b.

153. 마지막 4행이 니체의 인용문이다. 번역의 차이는 원문의 차이에서 비롯한다. 니체가 앞뒤를 생략하고 인용한 듯하다.

154. 플라톤, 『법률』, 680a.

155. Homer, *Odyssey*, IX, 243~246.

156. Homer, *Odyssey*, IX, 317~318.

157. Homer, *Odyssey*, IX, 318.

158. 플라톤, 『법률』, 680d.

159. 호메로스, 『오디세이아』, 112~115. 플라톤, 『법률』, 680b~c.

160. 플라톤, 『파이돈』, 113d.

161. 플라톤, 『파이돈』, 113e~114b.

162. 플라톤, 『파이돈』, 60a~c.

163. 플라톤, 『국가』, 607a~d.

164. 플라톤, 『국가』, 493d~e.

165. 플라톤, 『국가』, 493d~e.

166. Diogenes Laertius, III, 5~6.

167. Diogenes Laertius, Book VI, Chapter 2. DIOGENES, 54.

168. 플라톤, 『향연』, 220a. 『파이드로스』, 229a.

169. 플라톤, 『향연』, 220c~d.

170. 크세노폰, 『회상』, 1권 VI.

171. 플라톤, 『향연』, 174a.

172. NF-1872,23[34]—Nachgelassene Fragmente Winter 1872~1873.

173. NF-1880,2[17]—Nachgelassene Fragmente Frühjahr 1880.

174. NF-1869,1[70]—Nachgelassene Fragmente Herbst 1869.

175. NF-1870,7[124]—Nachgelassene Fragmente Ende 1870—April 1871.

176. GD-Irrthuemer-3—Götzen-Dämmerung: Die vier grossen Irrthümer, § 3. Erste Veröff. 24/11/1888.

177. 플라톤, 『파이돈』, 85b.

178. ST-1—Sokrates und die Tragoedie: § [1] Abgeschlossen ca. 01/02/1870.

179. Schopenhauer, *Die Welt als Wille und Vorstellung I* , 51.

180. Schopenhauer, *Die Welt als Wille und Vorstellung I* , 51.

181. ST-1—Sokrates und die Tragoedie: § [1] Abgeschlossen ca. 01/02/1870.

182. NF-1872,23[35]—Nachgelassene Fragmente Winter 1872~1873.

183. 플라톤, 『변론』, 41c.

184. 플라톤, 『크리톤』, 54c.

185. 플라톤, 『파이돈』, 63e~64a.

186. 플라톤, 『파이돈』, 64c~65a.

187. 플라톤, 『파이돈』, 65a.

188. 플라톤, 『변론』, 41d.

189. Aristotle, *Poetics*, 1456 a 25~27.

190. Aristotle, *Poetics*, 1456a 27~30.

191. NF-1869,3[6]—Nachgelassene Fragmente Winter 1869~1870—Frühjahr 1870.

192. 플라톤, 『크리톤』, 44a~b.

193. M-199—Morgenröthe: § 199. Erste Veröff. 31/07/1881.

194. 플라톤, 『법률』, 717d, 719d~e.

195. 플라톤, 『국가』, 449c 이하.

196. Homer, *Iliad*, ⅩⅩ, 612~615.

197. Homer, *Iliad*, ⅩⅠ, 279~280.

198. Homer, *Iliad*, ⅩⅠ, 287~288.

199. NF-1870,7[125]—Nachgelassene Fragmente Ende 1870—April 1871.

200. 플라톤, 『파이돈』, 96b.

201. PHG-11, 12—Die Philosophie im tragischen Zeitalter der Griechen: § 11. 12. Abgeschlossen ca. 05/04/1873., HL-10—Nutzen und Nachteil der Historie für das Leben: § 10. Erste Veröff. 22/02/1874., MA-2—Menschliches Allzumenschliches I: § 2. Erste Veröff. 07/05/1878., NF-1885,40[20]—Nachgelassene Fragmente August~September 1885 등.

202. 플라톤, 『파이돈』, 60e.

203. 플라톤, 『파이돈』, 63e~64a.

204. 플라톤, 『파이돈』, 64a.

205. NF-1870,5[50]—Nachgelassene Fragmente September 1870—Januar 1871.

206. NF-1880,3[5]—Nachgelassene Fragmente Frühjahr 1880.

207. 플라톤, 『테아이테토스』, 149a.

208. 플라톤, 『변론』, 24b.

209. GD-Alten-5 — Götzen-Dämmerung: Was ich den Alten verdanke, § 5. Erste Veröff. 24/11/1888.

210. EH-GT-3 — Ecce homo: Die Geburt der Tragödie, § 3. Druckfertig 02/01/1889, GD-Alten-5 — Götzen-Dämmerung: Was ich den Alten verdanke, § 5. Erste Veröff. 24/11/1888.

211. www.doctorstimes.com/news/articleView.html?idxno=11899

212. EH-GT-4 — Ecce homo: Die Geburt der Tragödie, § 4. Druckfertig 02/01/1889.

찾아보기

참고문헌

니체 저서 약어

NW, Nietzsche contra Wagner, 『니체 대 바그너』

EH, Ecce homo 『이 사람을 보라』

AC, Der Antichrist, 『안티크리스트』

NF, Nachgelassene Schriften, 『유고』

GD, Götzen-Dämmerung, 『우상의 황혼』

GM, Zur Genealogie der Moral, 『도덕의 계보학』

M, Morgenröte. 『아침놀』

JGB, Jenseits von Gut und Böse, 『선악의 저편』

ZA, Also sprach Zarathustra, 『자라투스트라는 이렇게 말했다』

GT, Die Geburt der Tragödie aus dem Geiste der Musik, 『비극의 탄생』

DW, Die dionysische Weltanschauung, "디오니스스적 세계관" - 『유고』(1870-1873년)

GG, Geburt des tragischen Gedankens, "비극적 사유의 탄생" - 『유고』(1870-1873년)

VM, Vermischte Meinungen und Sprüche, "혼합된 의견과 잠언들" - 『인간적인 너무나 인간적인 Ⅱ』

GMD, Das griechische Musikdrama, "그리스 음악 드라마" - 『유고』(1870-1873년)

ST, Das griechische Musikdrama, "소크라테스와 비극" - 『유고』(1870-1873년)

MA, Menschliches, Allzumenschliches, 『인간적인 너무나 인간적인』

CV, Fünf Vorreden zu fünf ungeschriebenen Büchern, "쓰여지지 않은 다섯 권의 책의 다섯 가지 서문" - 『유고』(1870-1873년)

WS, Der Wanderer und sein Schatten, "방랑자와 그림자" - 『인간적인 너무나 인간적인 Ⅱ』

PHG, Die Philosophie im tragischen Zeitalter der Griechen, "그리스 비극 시대의 철학" - 『유고』(1870-1873년)

WB, Richard Wagner in Bayreuth, 『바이로이트의 리하르트 바그너』

HL, Vom Nutzen und Nachteil der Historie für das Leben, "삶에 대한 역사의 공과" - 『반시대적 고찰 Ⅱ』

BA, Gedanken über die Zukunft unserer Bildungsanstalten, "우리 교양기관의 미래에 관하여" - 『유고』(1870-1873년)

FW, Die fröhliche Wissenschaft, 『즐거운 학문』

WA, Der Fall Wagner, 『바그너의 경우』

SE, Schopenhauer als Erzieher, "교육자로서의 쇼펜하우어" - 『반시대적 고찰 Ⅲ』

니체 저서 출처 표기 방식

NW-loskommen-1 — Nietzsche contra Wagner: Wie ich von Wagner loskam, § 1. Gedruckt 02/01/1889를 가지고 알아보도록 한다. NW는 니체의 독일어 원문 Nietzsche contra Wagner, 우리 번역문으로는 『니체 대 바그너』를 뜻한다. Wie ich von Wagner loskam, § 1.은

Nietzsche contra Wagner(『니체 대 바그너』) 안에 있는 1절로 '나는 바그너에게서 어떻게 벗어났는가' 장의 1절을 뜻한다. 이를 바탕으로 국내 번역본을 찾아볼 경우에는 『니체 대 바그너』의 "나는 바그너에게서 어떻게 벗어났는가"의 1절을 찾아보면 된다. 원문과 대조하고 싶을 경우에는 http://www.nietzschesource.org에 들어가서 해당 부분을 찾아보면 된다. 이 책에 사용된 인용문은 국내 역자들과 용어와 번역을 달리하고 있으므로, 다른 점을 염두에 두고 읽어야 한다.

NF-1884,25[203] — Nachgelassene Fragmente Frühjahr 1884는 조금 다른 예이다. NF는 니체가 죽은 뒤 출판된 글을 말한다. 위 예시는 니체가 1884년에 생각을 정리한 25번째 203번이란 글이다. 국내 번역본에서는 『유고』 중 1884년이란 연도가 적힌 글 중에서 25번째 203번 글을 찾아보면 된다. 원문과 대조하고 싶은 경우에는 http://www.nietzschesource.org에 들어가 확인해보면 된다.

니체 원전 자료
http://www.nietzschesource.org/

니체 한글 번역
니체전집 1 ~ 21권, 2013년, 책세상.
니체전집 1 ~ 10권, 1993년, 청하.

국내
니코스 카잔차키스, 이윤기 옮김, 『그리스인 조르바』, 열린책들, 2017.
레지날드 J. 홀링데일, 김기복·이원진 옮김, 『니체-그의 삶과 철학』, 북캠퍼스, 2017.
마키아벨리, 이남석 해제, 『군주론-시민을 위한 정치를 말하다』, 평사리, 2017.
베르길리우스, 천병희 옮김, 『아이네이스』, 숲, 2011.
셰익스피어, 박종철 옮김, 『햄릿』, 민음사, 2009.
소포클레스, 천병희 옮김, 『소포클레스 비극 전집』, 숲, 2008.
아르킬로코스, 사포 외, 『고대 그리스 서정시』, 민음사, 2018.
아르투어 쇼펜하우어, 홍성광 옮김, 『의지와 표상으로서의 세계』, 을유문화사, 2018.
아이스킬로스, 천병희 옮김, 『아이스킬로스 비극 전집』, 숲, 2011.
아리스토텔레스, 김재홍 옮김, 『정치학』, 길, 2017.
아리스토텔레스, 천병희 옮김, 『시학』, 숲, 2011.
아리스토텔레스, 이종오, 김용석 옮김, 『수사학 Ⅰ, Ⅱ, Ⅲ』, 리젬, 2008.
아리스토파네스, 천병희 옮김, 『아리스토파네스 희극 전집 1』, 숲, 2010.
아리스토파네스, 천병희 옮김, 『아리스토파네스 희극 전집 2』, 숲, 2010.
아폴로도로스, 『원전으로 읽는 그리스 신화』, 숲, 2011.
에우리피데스, 천병희 옮김, 『에우리피데스 비극 전집 1』, 숲, 2009.
에우리피데스, 천병희 옮김, 『에우리피데스 비극 전집 1』, 숲, 2011.
오비디우스, 천병희 옮김, 『변신이야기』, 숲, 2011.
요한 볼프강 폰 괴테, 김인순 옮김, 『파우스트』, 열린책들, 2017.
크세노폰, 최혁순 옮김, 『소크라테스 회상』, 범우, 2015.
크세노폰, 오유석 옮김, 『경영론·향연』, 부북스, 2015.

크세노폰, 이은종 옮김, 『크세노폰 소작품집』, 주영사, 2016.

키케로, 김창성 옮김, 『국가론』, 한길사, 2009.

키케로, 성 염 옮김, 『법률론』, 한길사, 2007.

투퀴디데스, 『펠로폰네소스전쟁사』, 숲, 2011.

프로이트, 김인순 옮김, 『꿈의 해석』, 열린책들, 2010.

프로이트, 박성수, 한승완 옮김, 『정신분석학 개요』, 열린책들, 2009.

프로이트, 김명희 옮김, 『늑대인간』, 열린책들, 2009.

프리드리히 실러, 이재진 옮김, 『메시나의 신부』, 지식을 만드는 지식, 2011.

플라톤, 박종현 역주, 『에우티프론, 소크라테스의 변론, 크리톤, 파이돈』, 박종현 역주, 서광사, 2008.

플라톤, 박종현 역주, 『국가(정체)』, 한길사, 2007.

플라톤, 박종현 역주, 『법률』, 한길사, 2009.

플라톤, 김태경 옮김, 『정치가』, 한길사, 2009.

플라톤, 박종현 역주, 『필레보스』, 서광사, 2009.

플라톤, 박종현 김영균 공동 역주, 『티마이오스』, 서광사, 2000.

플라톤, 김주일 옮김, 『파이드로스』, 이제이북스, 2012.

플라톤, 강철웅 옮김, 『향연』, 이제이북스, 2011.

플라톤, 이정호 옮김, 『메넥세노스』, 이제이북스, 2008.

플라톤, 김인곤 옮김, 『고르기아스』, 이제이북스, 2011.

플라톤, 강성훈 옮김, 『프로타고라스』, 이제이북스, 2011.

플라톤, 강철웅, 김주일, 이정호 옮김, 『편지들』, 이제이북스, 2009.

플라톤, 김인곤, 이기백 옮김, 『크라튈로스』, 이제이북스, 2007.

플라톤, 김주일, 정준영 옮김, 『알키비아데스 Ⅰ, Ⅱ』, 이제이북스, 2010.

플라톤, 이상인 옮김, 『메논』, 이제이북스, 2010.

플라톤, 정준영 옮김, 『테아이테토스』, 이제이북스, 2013.

플라톤, 김주일 옮김, 『에우튀데모스』, 이제이북스, 2008.

플라톤, 이창우 옮김, 『소피스트』, 이제이북스, 2011.

플라톤, 이정호 옮김, 『크리티아스』, 이제이북스, 2007.

헤로도토스, 천병희 옮김, 『역사』, 숲, 2012.

헤시오도스, 천병희 옮김, 『신들의 계보』, 2009.

호메로스, 천병희 옮김, 『일리아스』, 숲, 2011.

호메로스, 천병희 옮김, 『오뒷세이아』, 숲, 2011.

국외

Aeschylus, tr. by Theodore Alois Buckley, *Prometheus Bound and The Seven Against Thebes*, DAVID McKAY, Philadelphia, 1987.

Aristophanes, tr. by Ian Johnston, *Clouds: A Dual Language Edition*, Faenum Publishing, Oxford, 2017.

Aristophanes, tr. by Ian Johnston, *Frogs: A Dual Language Edition*, Faenum Publishing, Oxford, 2015.

Aristophanes, *Archarnes*.

Aristophanes, tr. by Ian Johnston, *Birds: A Dual Language Edition*, Faenum Publishing, Oxford, 2017.

Aristotle, ed. by Jonathan Barnes, *The Complete Works of Aristotle*, Princeton Univ., New Jersey, 1995.

Athenaeus, tr. by C. D. Yonge, *The Deipnosophists, or Banquet of the Learned of Athenæus, Book Ⅰ*, London, 2011. https://www.gutenberg.org/files/36921/36921-h/36921-h.htm

Babich, Babette, "NIETZSCHE'S ARCHILOCHUS", *New Nietzsche Studies*, Vol. 10, Nos. 1 and 2 (Spring/Summer 2016), pp. 85~122.

Carey, C., "Archilochus and Lycambes", *The Classical Quarterly*, Vol. 36, No. 1 (1986), pp. 60~67. https://www.jstor.org/stable/638943

Davis, Malcolm., "Aristotle Fr. 44 Rose: Midas and Silenus", in *Mnemosyne*, Fourth Series, Vol. 57, Fasc. 6 (2004), pp. 682~683.

DiLeo, Daniel, "Tragedy against Tyranny", *The Journal of Politics*, Vol. 75, No. 1 (Jan. 2, 2013), pp. 254~265. https://www.jstor.org/stable/10.1017/s0022381612001004

Diogenes Laertius, tr. by C. D. Yonge, *The Lives and Opinions of Eminent Philosophers*, London, 2018. https://www.gutenberg.org/files/57342/57342-h/57342-h.htm

Euripides, tr. by Ian Johnston, *BACCHAE*, Vancouver Island University, 2003.
http://johnstoniatexts.x10host.com/euripides/bacchaepdf.pdf

Euripides, tr. by Ian Johnston, *Orestes*, Vancouver Island University, 2010.
http://johnstoniatexts.x10host.com/euripides/oresteshtml.html

Forley, Helene., "Choral Identity In Greek Tragedy", *Classical Philology*, Vol. 98, No. 1 (January 2003), pp. 1~30, The University of Chicago Press.

Henrichs, Albert., "The Last of Detractors: Friedrich Nietsche's Condemnation of Euripides" in *Greek, Roman and Byzantine Studies*, Cambridge, Mass., etc. Vol. 27, Iss. 4, (Winter 1986): 369. https://grbs.library.duke.edu/article/viewFile/4871/5431

Homer, tr. by William Cowper, *Iliad*, New York, 2005.
https://www.gutenberg.org/files/16452/16452-h/16452-h.htm

Homer, tr. by William Cowper, *The Odyssey*, New York, 2008.

Horace, tr. by C. Smart, *THE WORKS OF HORACE*, Pembroke College, Cambridge, 2004.
https://www.gutenberg.org/files/14020/14020-h/14020-h.htm.

Lucretes, tr. by Cyril Bailey, *Lucretes ON THE NATURE OF THINGS*, Oxford University Press, 1948.
http://files.libertyfund.org/files/2242/Lucretius_1496_Bk.pdf
https://www.gutenberg.org/files/24269/24269-h/24269-h.htm

Davies, Malcolm., "Aristotle Fr. 44 Rose: Midas and Silenus", *Mnemosyne*, Fourth Series, Vol. 57, Fasc. 6 (2004), pp. 682~697. https://www.jstor.org/stable/4433603

Plato, ed. by John M. Cooper, *The Complete Works of Aristotle*, Hackett Publishing Company, Indiana, 1997.

Plutarch, tr. by Aubrey Stewart and George Long, *PLUTARCH'S LIVES. VOL. III. LIFE OF ALEXANDER*, London, 2004. https://www.gutenberg.org/files/14140/14140-h/14140-h.htm

Podlecki, A. J., "Archilochus and Apollo", in *Phoenix*, Vol. 28, No. 1, Studies Presented to Mary
  E. White on the Occasion of Her Sixty Fifth Birthday (Spring, 1974).
  https://www.jstor.org/stable/1087227

Schiller, Produced by Tapio Riikonen and David Widger, "Of The Cause Of The Pleasure W
  Derive From Tragic Objects" in *The Aesthetical Essays*. 2008.
  https://www.gutenberg.org/files/6798/6798-h/6798-h.htm#link2H_4_0047

Schlegel, A. W. 1846. *Vorlesungen über dramatische Kunst und Literatur I*. Vol. 5 of Sämtliche
  Werke, ed. E. Böcking. Leipzig. Trans. John Black under the title *Course of Lectures on
  Dramatic Art and Literature*(London, 1846; reprint, New York, 1973).

Schopenhauer, tr. by R. B. Haldane and J. Kemp, *The World As Will And Idea I* , Kegan Paul,
  Trench, Trübner & Co. London, 2011.
  https://www.gutenberg.org/files/38427/38427-h/38427-h.html

Schopenhauer, tr. by E. F. J. Payne, *Parerga And Paralipomena VOLUME TWO*, CLARENDON
  PRESS·OXFORD UNIVERSITY PRESS, 2000.
  https://archive.org/stream/23341891SchopenhauerParergaAndParalipomenaV2/23341891-
  Schopenhauer-Parerga-and-Paralipomena-V-2_djvu.txt

Sophocles, ed. by Lewis Campbell, *The Seven Plays in English Verse*, Oxford Univ. Press,
  2004. https://www.gutenberg.org/files/14484/14484-h/14484-h.htm

Sophocles, tr. by Gilbert Murray, *King Oedipus*, Oxford Univ. London, 2008.
  https://www.gutenberg.org/files/27673/27673-h/27673-h.htm

Wagner, R., tr. by William Ashton Ellis, *Beethoven*, 1896.
  http://users.belgacom.net/wagnerlibrary/prose/wlpr0133.htm

Weiner, Albert, "The Function of the Tragic Greek Chorus", *Theatre Journal*, Vol. 32, No.
  2(May, 1980), pp. 205~212. http://www.jstor.org/stable/3207113.

기타 자료

김애령, 이대학보, "철학자의 우정 4. 자기 극복: 니체와 바그너", 2013. 5. 27.

이상일, "루터의 음악 신학과 예배에서의 음악 사용", *Korea Presbyterian Journal of Theology*,
  Vol. 48, No. 4, 2016. 12.

이효상, "개혁자 마르틴 루터와 두 가지 개혁운동"
  https://www.christiantoday.co.kr/news/294373.

오페라와 바그너 음악극 대본 및 번역자료 http://www.goclassic.co.kr

http://letteraturaartistica.blogspot.com/2018/03/winckelmann-etruscan-art.html

http://www.pressian.com/news/article.html?no=68194

https://www.literarymatters.org/11-1-archilochus-122/

http://www.doctorstimes.com/news/articleView.html?idxno=142155

https://penelope.uchicago.edu/Thayer/E/Roman/Texts/Plutarch/Moralia/De_defectu_
  oraculorum*.html

도판 출처

248쪽 4edges 그림, 2018년wikicommons